蔡賢隆，吳利平，王衛峰　著

交際場上的精準恭維

戴高帽不是拍馬屁！
掌握高效讚美的藝術
建立牢固的信任基礎

這是一個人際關係重於一切的世界
人際關係的好壞，往往影響甚至決定著你的人生！

為什麼交際中有的人如魚得水，而有的人卻如涸澤之魚？
為什麼有的人伶牙俐齒，卻禍從口出，招惹是非？
為什麼有的人交友頗多，但困難時卻無人相助？

可見，如何在社交場合上「吃得開」
是值得每個人下工夫研究的一門大學問！

目錄

第一計　火眼金睛
　　看著對方的眼睛說話 ……………………………… 13
　　交際中觀察表情與動作 …………………………… 14
　　從名片和花錢上看準一個人 ……………………… 17

第二計　甜言蜜語
　　學會給人戴「高帽」 ……………………………… 19
　　讚美人要到位，吹捧人手法要新 ………………… 21
　　讚美人要出其不意且高人一等 …………………… 22
　　甜言蜜語多多益善 ………………………………… 23
　　良言處處暖人心 …………………………………… 24

第三計　甘當配角
　　學會做配角，當一個好聽眾 ……………………… 27
　　談論對方感興趣的話題 …………………………… 29
　　以配角的姿態出現 ………………………………… 30
　　讓對方顯得高大完美 ……………………………… 31

第四計　不卑不亢
　　不卑不亢恰到好處 ………………………………… 33
　　從容自如，適可而止 ……………………………… 34
　　實事求是忍讓有度 ………………………………… 35

第五計　廣交朋友

　　廣交天下朋友助你事業成功　　39

　　要擴大交朋友的範圍　　40

　　雙手相握是一生的朋友　　42

第六計　避免失禮

　　社交場合要防止厚此薄彼　　45

　　防止熱情過度　　47

第七計　見縫插針

　　創造與人相識的機會　　49

　　一面之交也要利用　　51

　　巧找話題掌握交友的主動權　　52

第八計　察顏觀色

　　見風使舵察顏觀色　　57

　　聽話聽音　　59

　　眼觀六路　　61

第九計　悅上媚下

　　看著上司的眼色辦事　　65

　　上司就是比你高明　　66

　　在上司面前要收斂自己的鋒芒　　67

　　要對上司投其所好　　68

　　把功勞讓給上司　　68

　　收買人心不用金錢　　71

　　要顯示用人不疑的氣度　　72

目錄

第十計　學會拒絕
　　用抱怨拒絕對方的請求 75
　　用掃興話拒絕對方 75
　　拒絕別人的技巧 76
　　拒絕也要講藝術 77

第十一計　大智若愚
　　鋒芒勿太露 79
　　功成應身退 82
　　商戰，大智若愚深藏不露能成功 85
　　才高須謹慎 87
　　大聰明是深藏不露 88

第十二計　得禮讓人
　　得饒人處要饒人 91
　　二十二種增加容忍度的辦法 92
　　枝節問題不糾纏 93

第十三計　明哲保身
　　先發制人是上策 97
　　防止禍從口出 102

第十四計　處事要圓
　　不要輕易得罪人 105
　　曹丕夾著尾巴做人 106
　　該忘記的要忘記 107
　　如何得了便宜又賣乖 108

5

第十五計　圍魏救趙

　　圍魏救趙，巧解難題 　　　　　　　　　　111
　　司馬相如卓文君圍魏救趙得錢財 　　　　113
　　張儀巧施圍魏救趙計 　　　　　　　　　　114

第十六計　投其所好

　　投其所好給其所要 　　　　　　　　　　　117
　　投其所好，建立良好關係的妙方 　　　　　119
　　投其所好，以禮服人 　　　　　　　　　　120

第十七計　化敵為友

　　成大事者與敵人也要合作 　　　　　　　　123
　　親吻你的敵人 　　　　　　　　　　　　　126

第十八計　沉默是金

　　學會做一個好聽眾 　　　　　　　　　　　129
　　掌握傾聽規則 　　　　　　　　　　　　　131
　　沉默是金，牢騷太多防腸斷 　　　　　　　133
　　別怕別人把你當啞巴 　　　　　　　　　　135

第十九計　幽默社交

　　幽默社交高雅風趣 　　　　　　　　　　　139
　　幽默社交獲益良多 　　　　　　　　　　　141
　　幽默社交助你成功 　　　　　　　　　　　143

第二十計　魅力社交

　　高貴優雅的舉止助你社交成功 　　　　　　145
　　簡單而實用的十種交際技巧 　　　　　　　147

目錄

  交際中的常規裝束 147

  談吐不凡——成功交際的基礎 149

  用微笑展示社交魅力 152

第二十一計　善於合作

  眾人拾柴火焰高 155

  你好，我也好，合作起來更好 156

  優勢互補，事業成功 157

第二十二計　笑口常開

  笑話，交際中不可缺少的藝術 159

  笑臉贏得成功 160

  笑臉能帶來意想不到的交際效果 161

第二十三計　男女有別

  說話男女有別 163

  社交中的禁忌 165

第二十四計　難得糊塗

  外愚內智藏而不露乃真聰明 167

  藏起明白裝糊塗 169

  難得糊塗——別樣的交際情懷 172

第二十五計　敵變我變

  勇於接受事實，及時修正錯誤 175

  適應新形勢，不斷修正自己 176

  以變應變是生存發展的需要 177

第二十六計　真假虛實

　　真假虛實的煙幕術 179
　　真真假假，深藏不露 181
　　提防當面說好話背後下毒手的偽君子 183
　　怎樣做一個遇強示弱，遇弱示強的交際高手 ... 184

第二十七計　忍者有道

　　忍痛割愛理智處事 187
　　如果你的愛情是一杯苦酒，不要釀造它 188
　　該丟的面子不保留，後退一步天地寬 192

第二十八計　明理自律

　　曹操驕橫失西川 195
　　曹咎性情暴躁，不遵將令吃敗仗 198
　　董卓貪戀女色引殺身之禍 199

第二十九計　忠告悅耳

　　忠言也要順耳 205
　　不要直率指出對方的錯誤 207
　　學會用委婉的語言解決矛盾 208
　　該原諒時要原諒 210

第三十計　能屈能伸

　　成大事者能屈能伸 213
　　忍就是等待 214
　　小不忍則亂大謀，成大事忍亦不可避免 215
　　宰相肚裡能撐船 216

最痛苦的是忍，最好的方法是也忍　　217

　　化解冷遇有妙方　　218

　　受點委屈又何妨　　219

　　小不忍則亂大謀　　221

　　勾踐能伸能屈，臥薪嘗膽成霸主　　226

　　委屈求全化解矛盾　　227

第三十一計　軟磨硬泡

　　軟磨硬泡達到目的　　229

　　軟磨硬泡一試就靈　　230

　　好事多磨，死皮賴臉達到目的　　234

　　跑斷腿磨破嘴，不到黃河心不死　　235

第三十二計　以退求進

　　以退求進達目的　　237

　　退讓一步又何妨　　239

　　以退求進天地寬　　242

　　「新瓶裝舊酒」，以退求進達目的　　243

　　兩虎相鬥，後退一步為上　　244

第三十三計　左右逢源

　　左右逢源的交際法則　　247

　　左右逢源證實自己實力的幾種方法　　253

　　左右逢源化解矛盾　　259

　　左右逢源的技巧　　260

第三十四計　心理制勝

　　心理制勝退楚兵 263
　　人際心理制勝術 264

第三十五計　曲徑通幽

　　愛狗就是愛主人 267
　　保住別人的面子達到自己的目的 269
　　好事多磨，曲徑通幽 270
　　拐彎抹角達到目的，雙方皆大歡喜 271

第三十六計　講究謀略

　　搞關係要善套近乎 273
　　軟硬兼施達到目的 274
　　對別人的小過錯多加寬恕 276
　　學會眉來眼去 277
　　學會笑臉迎人 278
　　學會套近乎 279
　　留點錯誤讓上司挑 281
　　利用別人的同情心 283
　　用測驗的方法檢驗員工的能力 284
　　知錯能改路自活 287

前言

　　我們生活在一個人際關係重於一切的世界裡。人際關係的好壞，往往影響甚至決定著你的事業成功與否，所以交際的重要性人人皆知，但事實上，有的人在處理人際關係時遊刃有餘，事事成功，也有的人在人海中步履艱辛，處處碰壁。

　　為什麼交際中有的人如魚得水，而有的人卻如涸澤之魚；為什麼有的人伶牙俐齒，自以為口才不錯，卻禍從口出，給自己招惹是非，為什麼有的人交友頗多，自以為人緣不錯，但困難時卻無人相助，為什麼有的人逢迎諂媚，不但沒有得到好處，還招來大家的厭惡。可見，如何在社交場合上「吃得開」，用較小的代價獲得成功，是值得每個人下工夫研究的一門大學問。

　　我們處世做人，並在社會上找到自己理想的位置，就必須進行一番理性的思考，在總結別人經驗的基礎上，找出一些規律性的東西並用來指導實踐，幫助我們少犯錯誤，少走彎路，取得成功。如果你想讓自己的事業獲得成功，頭腦更加精明，處世更加老練，人際關係更加融洽，本書可以指點你一些為人處世的交際技巧，為你提供一把開啟人生幸福之門的鑰匙，使你成為精明的社交高手。

第一計　火眼金睛

看著對方的眼睛說話

「眼睛比嘴巴更會說真話」——這句話可說是一句名言。眼睛不僅能讓我們看見多彩多姿的世界，欣賞各種不朽的傑作，而且能夠幫助我們探測到他人的內心世界，無論一個人心裡正在打什麼主意，他的眼神都會立刻忠實的反映出來。

眼睛是人類心靈溝通的重要工具，經由眼神，可達到交換彼此意見的目的。就像剛才所說，人類內心的所思、所慮，不管對方嘴裡說得如何動聽，其眼神也會出賣他自己。

現在，讓我們來討論一下，在交談時怎樣從對方的眼神和視線裡探出對方的真正意圖。

（一）**和你談話時，並不看你，即使你在對他說些什麼，他的眼光也是遙視遠處。**

在說話進入正題的時候，對方時常移開眼光向遠處的話，不是他根本不關心你說些什麼，就是正在算計某些事情。特別是你決定和他結婚的對象，在你談到嚴肅的話題時，若是時常把眼光移向遠處，東張西望的話，我們可以判斷，他（她）的內心正在進行著各種打算。

（二）**瞪著你不放時。**

遇到對方有「啊！事到如今，聽天由命吧！」這種態度，則表示越到自己的

第一計　火眼金睛

謊言或罪過即將被揭穿時,越會顯示出這種故作鎮定的姿態。

(三) 對方眼神閃爍不定的時候。

當某人內心正擔憂某件事,而無法真正坦白說出來的時候,他會有這樣的眼神。可理解為對你有自卑感,或正想欺騙你。當你和朋友見面的時候,看到對方灰暗的眼光,就應該想到對方有不順心的事或發生了什麼意外的事情;而當你和對方交談時,對方的眼睛突然明亮起來,則表示你的話打中了他的心思和興趣。

在交際過程中,只要我們細心觀察,你就會發現眼睛確實會傳達出內心的想法。下面,是從對方視線中識破對方心理的一些其它的方法。

(一) 雖然想著對方,但總是裝出左顧右盼的樣子,這不但表示對對方具有強烈的關懷,而且他也不想讓對方知道自己的意思。

(二) 將視線集中於對方身上,很快的收回自己的視線的人,大多屬於內向性格者。

(三) 將視線沉下來看對方,表示有意對對方保持自己的威嚴。

(四) 盡量開拓視野,或者視野的方向變化得很厲害的人,這種人大體上懷有某種不安和警戒之心。

(五) 有些人一旦被別人注視的時候,會忽然將視線躲開,這些人大體上都懷有自卑感,或有相形見絀的感受。

交際中觀察表情與動作

人的第一印象是最不容易被抹除的,長相凶惡的人誰也不喜歡,沒有自信的人總是讓人覺得畏首畏尾。有些人就是特別容易得到別人的好感,但這也不過是長相給人的印象罷了。只是這第一印象往往與事實相差不遠,這正是長相的重要性。而表情就比長相更能說明問題。

人類的心理活動頗為微妙。自古就有「相由心生」之說。無論人們的心理變化有多麼神祕莫測,總是會反映到他們的臉部表情上。當你遇到高興的事情,臉頰肌肉會自然放鬆;遇到悲傷的事情,便會呈現一副哭喪的臉。可見,表情比

語言更能明顯的向外界傳達一個人的內心動向。不過，以表情窺視人心，看似簡單，實則不易。

美國心理學家曾經做過一項實驗，他讓一些人表現憤怒、恐怖、誘惑、無動於衷、幸福、悲傷等六種表情，再將錄製後的影片放映給許多人看，請觀眾猜何種表情代表何種感情。結果，觀看影片的這些人，對此六種表情，猜對者平均不到兩種。可見，表演者即使有意擺出憤怒的表情，也可能會讓觀眾以為是悲傷的表情。

更麻煩的是，人們常常為了不使他人察覺到自己的真實情感，便設法隱藏自己的表情。例如洽談業務的雙方，甲方明明在高興的傾聽乙方的陳述，而且不時點頭附和，似乎很想與乙方交易。乙方也因此對這筆生意充滿信心。沒想到甲方最後卻表示：「我明白了，謝謝你，讓我考慮一下再說吧。」這對乙方而言無疑是被當頭澆了一盆涼水。

上述兩個例子說明，人們在一般情況下無法從表情了解對方真實的情感，或無法由刻意做出的表情識破對方隱瞞著的本意的原因，通常在於識人者的經驗不多，人們雖不願直接表現感情，即壓抑自己的真實情感，但也許會不自覺的會以臉部肌肉動作，或身體其他部位的動作表現出來，無論以哪種方式來表現，由於這種做法都使當事人相當痛苦，故其表情與動作便會呈現出非比尋常的不平衡狀態。

一位百科全書的推銷員曾經透露：一個推銷員是否具有成功的推銷術，可以從他把樣本交給顧客，顧客默默的翻閱之際表現出來。這個時候，假使該推銷員漫不經心的環顧起房間陳設的話，那他就不是一個合格的推銷員。一般情況下，老練的推銷員常會目不轉睛的注視顧客的表情。最好坐在顧客側面，因為每個人臉部的側面肌肉的變化較為明顯。顧客在翻閱樣本的同時，腦海裡也正在盤算是否要買。其心意雖然故意不表現在臉上。但是，我們能夠從其臉部的微妙變化看出端倪。

我們經常會遇到一成不變的所謂「面無表情」者，他們無論聽到什麼話，或看到什麼事物，都會像刻意扼殺感情那樣的毫無表情。許多人遇到這種面無表情

第一計　火眼金睛

的臉時，都不知所措。其實，無表情並不代表沒有感情。隨著他們內心的變化。臉部肌肉也會發生微妙的變化。否則，將顯得很不自然。「面無表情」者實際上和你一樣蘊藏著多種感情。

人們也許會認為，謊言可以掩飾，可以裝作若無其事，可以不反應在臉部表情上，可是實際上呢？

人的嘴巴可以說謊，但人的身體絕不會說謊。當人們受到驚嚇、遇到喜事或者產生恐懼感時，情緒的變化必然會導致手心、腳底以及腋下汗腺細胞的興奮。這是由於大腦皮層前運動區或間腦視丘下部發生的興奮通過交感神經導致汗腺細胞的興奮。

我們知道，大腦皮層前運動區與視丘下部都是自律神經的中樞，它們與情緒的急劇變化以及行為前的思維反射具有密切關係。所以，情緒的急劇變化會同時導致手心、腳底汗腺的興奮。

當人們遇到突然的變故時，全身的肌肉會出現特有的收縮現象，並進入行為前的準備狀態，這時如果能稍加留意，就不難發現，手心、腳底早已被汗水浸溼了。

人們的理智動作是以語言為媒介的，情感則是非語言的。當一個人的語調、手勢等非語言資訊與所說的話不一致時，真正透露其情感的是表達方式而非表達內容。研究傳播學的人都知道，情感資訊有九成以上是非語言的。我們多半在無意識中接收這類資訊（如語調中的焦慮或手勢中的煩躁），我們不會特別注意資訊的性質，而只是默默的接收，然後做出反應，這種能力通常也是透過非語言的形式學習的。

眼神與視線。眼睛的清濁，極為重要。睡眼惺忪的人，一眼看上去就是一副傻相；而眼睛雪亮，目光炯炯有神的人，自然會顯得聰明伶俐。演技絕佳的演員靠眼睛表演。若某個歌手演唱時目光呆滯，絕不可能成為大明星。眼神的明亮有神或混濁呆滯，反映著一個人的閱歷、見識、聰愚、心境等。一個飽經風霜的政治家或一個滿腹學問的知識分子，跟一個生活生活圈很小的家庭主婦或一個目不識丁的農夫的眼神就是不一樣。目光呆滯的人，難得會有什麼自信。相反的目光

有神的人，則大多有自信。

另外就是初見面和交談時的視線。打招呼時，眼光不定，或是逃避別人的眼光，這有時是不尊敬及不禮貌的表示，而有時並不是本身沒有禮貌，而是自卑感作祟。有的人交談時一直不看對方的眼睛，多數情況下，是膽小、沒信心、怕難為情、畏縮。情侶初次相會，常常有這樣的情況。大人物們的眼神很難應付，他們講話或聽別人講話時，不會從對方的臉上移開視線。這是他們心底沒有懦弱的緣故。不過，有時女性面對男人常常躲閃視線，則不一定是自卑，而另有其他心態。

坐姿與動作。左腿交疊在右腿上，或是雙手交叉放在腿跟兩側，這種人有較強的自信心，他們非常堅信自己對某件事情的看法。堂堂正正盤腿的人，也是充滿自信的人。深深坐在椅子上的人，在心理上處於優勢或者想處於優勢。日常生活中我們經常看到用「點頭」或用「搖頭」，以表示自己對某件事情看法的肯定或否定。這也是自信者的動作。

大腿分開，腳跟併攏，兩手習慣於放在肚臍部位。這種人很有男子漢氣概，有勇氣，也很果斷。他們一旦考慮好某件事情，就會立即去付諸行動。

這種人與人談話時，只要他一張嘴，一定會有一個手部動作，擺動手、相互拍打掌心等等，好像是對他的說話內容的強調。他們做事果斷、自信心強，習慣於在任何場合都把自己塑造成一個主導型人物，很有男子漢的氣概，性格大多屬於外向型。

還有，握手時，用力回握自己手的人，是富於主動充滿自信的人，握手時無力的人，缺乏魄力，性格軟弱。

從名片和花錢上看準一個人

有時候，當你接到這種名片，就被上面花花綠綠的東西搞得無所適從。這類名片上密密麻麻寫著此人有生以來擁有的各種職位和頭銜，包括某某協會名譽顧問等等。

顯然，對方是個虛榮心極強的人，深怕別人小看他，所以列出他的諸多頭銜

第一計　火眼金睛

去說服別人：他不是一般老百姓，而是個舉足輕重、有社會地位的人物。但其實當別人接過他的名片時，都會暗地裡笑他，認為他是個愛面子和無聊的人。

交換名片是彼此表明自己身分的手段，在某些場合下是不可或缺的。但也有人在非工作場合或其他非正式的場合裡，動不動就掏出名片遞給對方，譬如，旅途中剛剛認識不久的朋友，餐廳裡恰好毗鄰而坐的人，酒吧裡初次相遇的女服務員等。為什麼要到處散發名片呢？

原來，這些人在評價他人的時候，運用的標準往往是職業和學歷，既然是以這些來衡量他人，他們自己的名片上當然也就亂七糟的羅列了一些足以讓人讚嘆、信任的頭銜。這些人以為如此就可使對方認為自己是第一流的人物（因為有第一流的頭銜）。可是他們無法察覺到一個事實：頭銜並不代表水準。相反的，這麼做反而讓人看透了隱藏在他們內心深處的自卑感。

動不動便遞名片的行為，還有以下原因：

想了解一個人，我們通常可透過與這個人頻繁的接觸來進行，等到對其有概括性認識之後，自然就會產生適當的評價。但喜歡遞名片的人認為，職業、學歷等背景就等於一個人的一切。因此，只有互相交換名片，了解對方的背景，他們才會產生「證實身分」的安心感。

不過，也有一些特殊情況。那就是每當升遷、榮調，名片上有了新亮眼頭銜時，一般人都會迫不及待的渴望散發名片。另外，推銷員為了洽談商務，增加客戶，也會隨時散發名片。

所以，由名片的使用情況來認識一個人，的確是一門學問。

從花錢上來看一個人，較為有趣的例子，是那些支出顯著不平衡的事例。例如：有些人不太重視吃住，僅住在一般的房子內，也不太重視外表，吃的方面也相當節省；然而，他們對於自己有興趣的事物，卻不惜花費鉅資。還有些人寧肯省吃儉用，將日常開銷降到最低，也要先花大錢買摩托車、電視、音響等享樂產品。可以說他們把生活與興趣的主從關係完全顛倒了。

這種人的內心深處，往往有著某種自卑感。這種自卑感阻礙了他們對衣食住行等基本社會生活的關切，而逃避到他自己創造的興趣世界中。至於那些有意、不適當的揮霍、顯擺，也往往是不自信的表現。

第二計　甜言蜜語

學會給人戴「高帽」

　　恭維別人並不是輕而易舉的事，所謂的「拍馬屁」、「阿諛奉承」、「諂媚」，都是技藝拙劣的高帽工廠加工的劣質產品，因為它們不符合讚美和恭維的標準。

　　高帽儘管好，可是尺寸也得合乎規格才行。讚揚招致榮譽感，榮譽感產生滿足感，但當人們一旦發現你言過其實時，常常因此感覺他們受到了愚弄。所以寧肯不去恭維，也不宜誇大的給人戴高帽。

　　過分粗淺的溢美之詞同時會毀壞了你的名聲和品味。不論用傳統交際的眼光看，還是用現代交際的眼光看，阿諛諂媚都是一種卑鄙的行為。正人君子鄙棄它，小人之輩也不便明目張膽的應用它，即使被人公認的「馬屁精」，也會對這種行為嗤之以鼻。孔子有云：「巧言令色，鮮矣仁！」可見，阿諛諂媚者，無仁無義、俗不可耐。

　　在現實的人際交往中，凡是向別人敬獻諂媚之詞的人，總是抱著一定的投機心理，他們自信不足而自卑有餘，無法透過名正言順的方式博取對方的賞識，表現自己的能力，達到自己的目標，只好採取一種不花力氣又有效益的途徑──諂媚。

　　那麼如何給人戴好高帽呢？

第二計　甜言蜜語

一、恭維話要坦誠得體，必須說中對方的長處。

人們都是喜歡奉承的。即使明知對方講的是奉承的話，心中還是免不了會沾沾自喜，這是人性的弱點。換句話說，一個人受到別人的誇讚，絕不會覺得厭惡，除非對方說得太離譜了。

奉承別人首要的條件，是要有一份誠摯的心意及認真的態度。言詞會反映一個人的心理，所以輕率的說話態度，會很容易被對方識破，因而產生不快的感覺。

二、背後稱讚效果更好。

羅斯福的一個副官，他對稱讚和恭維曾有過出色而有益的見解：背後稱讚別人的優點，比當面恭維更為有效。

這是一種至高的技巧，在人背後稱讚人，在各種恭維的方法中，要算是最令人高興也最有效果的了。

如果有人告訴我們：某某人在我們背後說了許多關於我們的好話，我們會不高興嗎？這些好話，如果當著我們的面說給我們聽，或許反而會使我們感到虛假，或者疑心某某人不是誠心的，但為什麼換作間接聽來的便覺得順耳呢？因為那是最公正的讚語。

德國的鐵血宰相俾斯麥，為了拉攏一個敵視他的下屬，便有計畫的對別人讚揚這個部屬，因為他知道那些人聽了以後，一定會把他說的話傳給那個部屬。

三、別像一個暴發戶花錢那樣，大手大腳的把高帽扔得到處都是。

對於不了解的人，最好先不要深談。要等你找出他喜歡的是哪一種讚揚，才可進一步交談。最重要的是，不要隨便恭維別人，有的人不吃這一套。

高帽就是美麗的謊言，首先要讓人樂於相信和接受，所以就不能把傻孩子說成是天才，那樣會讓人感到離譜；其次是美麗高雅，不能俗不可耐，糟蹋自己也讓別人倒胃口；再者便是不可以過於通俗，毫無特點，不動腦子。

讚美人要到位，吹捧人手法要新

　　對於初次見面的人，哪一種讚美最有效呢？依筆者之見，最好先避免以對方的人品或性格為稱讚點，而去稱讚他過去的成就、行為或所屬物等看得見的具體事物。如果讚美對方「你真是個好人」，即使是由衷之言，對方也容易產生「才第一次見面，你怎麼知道我是好人？」的疑問及戒備心。

　　如果讚美過去的成就或行為，情況就不同了。讚美這種既成的事實與交情的深淺無關，對方也比較容易接受。也就是說，不是直接稱讚對方，而是稱讚與對方有關的事情，這種間接奉承在初次見面時比較有效。如果對方是女性，則她的服裝和裝飾品將是間接奉承的最佳著眼點。

　　我和不少朋友的全家人都相處得很好，與其中一家夫人的友誼甚至比和她丈夫的友誼更為深厚，當然我們之間的關係絕不會使人產生誤會。本來我只認識她的丈夫，那麼我怎麼成為了她全家的朋友呢？起因是在與她初次見面的那次宴會上我隨便說出的一句話。

　　當時，我被介紹給這位朋友的夫人，由於當時沒有適當的話題，就順口說了一句「你配戴的這個墜子很少見，非常特別」，企圖以此掩飾當時的尷尬。我說這句話完全是無意的。因為我根本不懂女人的裝飾品。令人意外的是，這個墜子果然很特別，只有在巴黎聖母院才買得到，這是她的心愛之物。隨便說出的這句話，使夫人聯想起有關墜子的種種往事，從此我們便成了好朋友。

　　要恰如其分的讚美別人是件很不容易的事。如果稱讚不得法，反而會遭到排斥。為了讓對方坦然說出心裡話，必須儘早發現對方引以自豪、喜歡被人稱讚的地方，然後對此大加讚美，也就是要讚美對方引為自豪的地方。在尚未確定對方最引以自豪之處前，最好不要胡亂稱讚，以免自討沒趣。試想，一位原本已經為身材消瘦而苦惱的女性，若聽到別人讚美她苗條、纖細，又怎麼會感到由衷的高興呢？

　　我有一位很要好的編輯朋友，長得很像一位著名演員。每當我和他一起到飯店去，初次見到他的接待小姐們，都會對他說：「嗨！你長得真像電影明星！」的確，無論是他的容貌還是氣質都與那位演員非常相似。一般而言，說某人很像

第二計　甜言蜜語

名演員，是一種恭維之詞，被稱讚的人通常不會不高興，但我這位朋友的反應卻不同，聽了接待小姐的奉承後，原本就不喜歡開口的他，變得更加沉默了。

接待小姐可能是半真半奉承的說出那些話，但是，對方不予理會，她們也只有流露出詫異的表情。然而，這位朋友的反應一點也不奇怪，因為接待小姐的讚美根本不得體。我的編輯朋友他了解自己的缺點，就是容易給人冷漠的印象。而那位電影明星在螢幕上所扮演的正是冷酷無情的角色。所以，如果說他酷似那位電影明星，這哪裡是在讚美，分明是指出了他的缺點。

另外，從第三者口中得到的情報有時候在初次見到對方時能起到重要的作用。因此，利用所得到的情報當面誇獎對方，雖然是為了自己能掌握主動權。但是，如果你將這些情報、傳言直接轉述給對方，恐怕只會遭到輕蔑。因為滿街飛舞的有關他的傳言就是人們對他公認的名聲。對此他可能已經聽膩了，甚至麻木了，如果你舊事重提，對方表面上也許只是笑笑，但內心卻十分厭煩，甚至會說：「看！又來了！老套！」然後將你打入他以前認識的很多平庸者的行列。

有關對方的傳言，對你來說即使十分新鮮，也應避開這些陳舊的讚美之詞，而多多讚美他較不為人所知的一面。正如現代著名作家三島由紀夫的著作《不道德教育講座》中的將軍，

他一聽到別人稱讚他美麗的鬍鬚便大為高興，但對於有關他作戰方式的讚譽卻不放在心上。

這種心理是每個人都有的。就像是不少人若要讚美軍人，不論在軍事方面怎樣讚美他，也只是讚歌中的同一支曲子，不會使他產生自我滿足感。然而，如果你對他軍事才能以外的地方加以讚賞，等於在讚詞中增加了新的段落，他便會感到無比的滿足。

讚美人要出其不意且高人一等

人是情感動物。當被別人讚揚時，都會露出喜悅的神情。儘管知道那不過是阿諛奉承，卻也不會產生厭惡感。有些人聽到言過其實的讚美詞，還會感到得意洋洋，倘若再加以奉承，更會使其飄飄欲仙。

讚美的話是人際關係的潤滑油，活用讚美是人際關係的一個關鍵。而且讚美不嫌多，若只說一次便再也不說了，其效果就難以發揮，若能階梯式的不斷上升，就能達到最佳效果。

　　讚美別人時，有兩種情況，一種是對一般優點的讚美，一種是對大家不注意的細微優點的讚美。兩相比較，後一種讚美更容易使人喜悅。

　　法國有一位將軍屢戰屢勝，當別人稱讚他是了不起的軍事家時，他無動於衷，因為他已經覺得自己打勝仗乃是當然的事了。而當有人指著他的鬍鬚說，「將軍，您的鬍鬚真可保養的真有型呀！」將軍欣然的笑了。

　　又比如，女性對自己的五官、儀表、體態等優點都非常清楚，若在上面做文章，只會使她覺得多餘，甚至被認為是虛偽的奉承。但若在對方不曾注意的部位上做文章，肯定對方的不為人所注意的優點，對方便會喜不自勝。

　　所以說，對專家、教授讚美他的業餘愛好，比如說某某數學教授的書法很不錯，比讚美他的專業成就更會得到他的好感。

甜言蜜語多多益善

　　人們常說，情人的話是最不值錢的，卻又是最值錢的。不論是一見鍾情的少男少女，還是同舟共濟幾十年的老夫老妻，綿綿情話總是說了又說，講了又講。每當聽到愛人說「我愛你」，總是能激起萬般柔情，千種蜜意。戀愛總離不開交談，這似乎是經驗之談，對初次相見的男女來說尤其如此。

　　已婚夫婦也需要交談，雖然說情感的交流是多管道，但語言交流是到無倫如何都淘汰不了的。

　　艾莉剛結婚第三年，就和丈夫分居了。她對律師說：「他一定是有問題。每天回家很少和我講話，吃完飯就立刻躺到沙發上看電視，再也不想起來，一直到深夜。看完最後一個電視節目，就爬上床，也不問我是否勞累，是否有興趣，就要求做愛，一句多情的話也沒有，彷彿情話都在結婚以前說完了，實在讓人難以忍受。」

　　艾莉需要的並非什麼奢侈品，只是丈夫那柔情蜜意的私語。

第二計　甜言蜜語

親切的私語是戀愛中的男女所不可缺少的。尤其是在用餐或是放鬆時的親切交談，可以稱得上是愛情的一種「情感催化劑」。

美國加州醫學院精神與心理臨床研究專家說：「對許多婦女來說，談愛與感受到愛遠比性交更重要。尤其對那些忙於家務、整天帶孩子的婦女來說更是如此。那種巧妙的、帶刺激性的私語往往能使她們獲得真正的快慰。」

四十二歲的卡克與達娜已結婚八年，他記得自己曾一度羞怯於向妻子傾吐自己滿腔的愛意。「有一天晚上，我深吸了一口氣後，滔滔不絕的向她傾訴了自己對她的柔情與愛戀。我告訴她：『對我而言，妳是世界上最不平凡的女子。』我這番熱情洋溢的表白使她萬分激動，連我自己也感動不已。現在，我一有機會便向她表露我的衷腸，而我每次都覺得感情比以前更為熾熱。」

可是，應該說什麼呢？怎樣說才能使說的人不至於讓人感覺做作，才能使聽的人不覺得肉麻呢？「當你感到一股微風拂面吹過或覺得悶熱時，你說些什麼呢？你會脫口而出說：『真涼快！』或『真熱！』無須多想，也用不著長篇大論，愛的語言也是這樣。如果你正和愛人一起待在屋裡，你覺得能和她在一起真高興，那你就對她說：『和妳在一起我真高興。』」

大家所熟知的大文豪馬克·吐溫常常把寫有「我愛妳」、「我非常喜歡妳」的小紙條壓在花瓶盤子下，給妻子一分意外的驚喜。這種習慣伴隨他們夫妻一生，成為生活的一部分。可見，甜言蜜語絕非多此一舉，而是戀人們增進感情的一種良好習慣。

良言處處暖人心

稱呼，往往是待人接物時所說出的第一個詞，它好像是一個見面禮，又好像是進入社交大門的通行證。稱呼得體，可以使對方感到親切，交往便有了基礎，稱呼不得體，往往會引起對方的不快甚至慍怒，雙方陷入尷尬境地，致使交往受阻甚至中斷。

那麼，怎樣稱呼才算是得體呢？這要根據對對象的年齡、身分、職業等具體情況和交往的場合以及雙方的關係來決定，不可能有統一的固定形式。

有這樣一個故事：有個年輕人騎馬趕路，眼看已近黃昏，可是他還在前不著村後不著店的地方。

當他正在著急時，忽見一位老漢從這裡路過，他便在馬背上高聲喊道：「喂！老頭，離旅館還有多遠？」老人回答：「五里！」年輕人策馬飛奔，急忙趕路去了，結果一口氣跑了五公里多，仍然不見人煙，他暗想，這個老頭真可惡，說謊騙人，非得回去教訓他一下不可。他一邊想著，一邊自言自語道：「五里、五里、什麼五里！」突然間，他醒悟過來了，這個「五里」，不正是「無禮」的諧音嗎？於是他調轉馬頭往回趕。追上了那位老人，急忙翻身下馬，親熱的叫一聲：「老先生！」話沒說完，老人便說：「旅館已經過頭了，如不嫌棄，可到我家一住。」

這個故事之所以流傳很廣，是因為它講述了一個樸素的道理：見了陌生的長者，一定要稱呼尊稱，特別是當你有求於人的時候，比如：「老爺爺」、「老奶奶」、「大叔」、「老先生」、「老師傅」等等。

稱呼還必須區分不同的職業。對工人、理髮師、廚師等稱呼為「師傅」。但是時下許多年輕人，不管遇到什麼人都口稱「師傅」，這樣難免就會鬧出笑話。總之，稱呼人要因人而異，因地而異，得體的稱呼，會使一個人在與他人的交往中，更加落落大方，更加受人歡迎。

第二計　甜言蜜語

第三計　甘當配角

學會做配角，當一個好聽眾

　　成功交談的祕密在哪裡？著名學者查爾斯‧艾略特說：「一點祕密也沒有……專心致志聽人講話這是最重要的。什麼也比不上注意聽一事代表對談話人的尊重了。」

　　我們知道有一些商店的老闆，他們選最好的店址，進貨講求經濟效益，花了數百美元打廣告，但卻僱用了這樣一些店員——他們不注意聽顧客講話，經常打斷顧客的話，對他們露出不耐煩的樣子，惹顧客發火，從而使顧客離開商店。

　　請看烏托的經驗。烏托從商店買了一套衣服，不過他很快就失望了：衣服會掉色，把他的襯衫的領子染上了色。他拿著這件衣服來到商店，找到賣這件衣服的店員，想說說事情的經過，可沒想到店員總是打斷他的話。

　　「我們賣了幾千套這樣的衣服，」店員聲明說，「您是第一個找上門來抱怨衣服品質不好的人。」他的語氣似乎在說：「您在撒謊，您想誣賴我們，我不會輕易妥協的。」

　　當他們吵得正兇的時候，第二個店員走了過來，對烏托說：「所有的禮服剛開始穿時都會褪色。這是沒有辦法的事。特別是這種價錢的衣服，這種布料是染過的。」

　　「我差點氣得跳起來」，烏托敘述這件事時強調說，第一個店員懷疑我是否誠

第三計　甘當配角

實。第二個店員說我買的是次等品，我氣死了。我準備對他說：「你們把這件衣服收下，隨便扔到什麼地方去吧。」正在這個時候這個商店的負責人出來了。他很內行。他的做法改變了我的情緒，使一個被激怒的顧客變成了滿意的顧客。他是怎樣做的呢？「首先，他一句話沒講，聽我把話講完。其次，當我把話講完，那兩個店員又開始陳述他們的觀點時，他開始反駁他們，幫我說話。他不僅指出了我的領子確實是因衣服褪色而弄髒的，而且還強調說商店不應該出售使顧客不滿意的商品。後來，他承認他不知道這套衣服為什麼出問題，並且直接對我說：『您想怎麼處理？我一定遵照您說的辦。』九分鐘前我還準備把這件可惡的衣服扔給他們。可是現在我卻回答說：『我想聽聽您的意見。我想知道，這套衣服以後還會不會再染髒領子，能否再想點什麼辦法？』他建議我再穿一星期。『如果還不能使您滿意，您把它拿來，我們想辦法解決。請原諒，給您添了這些麻煩。』他說。「我滿意的離開了商店。七天後，衣服不再掉色了。我完全相信這家商店了。」

以撒‧馬科森大概是世界上採訪過最多著名人物的人。他說，許多人沒能讓人留下好印象是由於他們不善於注意聽對方講話。「他們如此津津有味的講著，完全不聽別人對他講些什麼……許多知名人士對我說，他們重視注意聽的人，而不重視只管說的人。然而，看來人們聽的能力弱於其他能力。」不只是著名的人，幾乎所有的人都喜歡注意聽他講話的人。

內戰時期，林肯寫信給老朋友，邀請他到華盛頓來，林肯在信中寫到解放奴隸的合理性。當他的朋友到來後，林肯分析了所有反對和支持這一提案的論據，然後談了關於幾封信和報紙摘要。在這些資料裡，一些人指責他沒有解放奴隸，而另一些人則說他準備解放奴隸。林肯說完以後，握了握老朋友的手，祝他晚安，把他送回伊利諾州，根本沒問他的意見。林肯總是自己說。看來，這樣能使他輕鬆一點。他不需要建議，只需要一個坐在他面前聽他講話的人。

每一個遭遇困難的人都需要別人聽他講話。每一個被激怒的顧客，每個不滿意的職員或感到委屈的朋友都需要善於聽他講話的人。

如果您想成為好的對話者，那您就應做一個善於傾聽別人講話的人。

要記住：您與其談話的那個人，他對自己事情的感興趣程度比對您的事情感興趣百倍。對他來說，他的牙痛，比餓死幾百萬人的事還大。他對自己脖子上膿腫的擔心勝過對非洲發生四十次地震的擔心。在下次與人談話時，應記住這一點。

您如果想成為被人喜歡的人，請記住這條準則：「要善於注意聽別人講話並鼓勵其講話。」

談論對方感興趣的話題

所有在西奧多・羅斯福的莊園裡與他親自談過話的人都讚嘆他的知識淵博。

「無論是西部牧馬人，還是紐約政治家或外交家來到這裡，羅斯福都善於找到與他們交談的話題。」

怎麼能做到這一點呢？很簡單。羅斯福在等待來訪者的時候，常坐到深夜，閱讀可使那位客人感興趣的資料。

羅斯福知道，要想找到打開人心扉的鑰匙，必須與他談論他最嚮往的東西。威廉・費莉絲文學教授童年時就掌握了這一點。

「我八歲那年，有一次到姑姑家做客，晚上來了一個中年人。他和姑姑寒暄了幾句，注意力就轉到我身上。那時，我特別喜歡軍艦。他跟我講了許多有關軍艦的有趣故事。他走後，我高興的說：『多麼好的一個人！他對軍艦多麼感興趣呀！』但姑姑告訴我，他是法學家，軍艦他不怎麼感興趣。『那他為什麼總是跟我談這個？』我問道。『因為他是一個真正有修養的人。他看出你對軍艦感興趣，所以談這個能引起你的興趣，他在努力使你喜歡他。』」費莉絲接著補充道：「我永遠記住了姑姑的這份真知灼見。」

在業務活動中採取這種方法能否取得好處？讓我們看看紐約的一間大公司老闆所遇到的事。

達威爾諾先生想為紐約一家旅館固定供應麵包。四年間每週他都去找旅館負責人。他甚至在旅館裡租了間房間，住在那裡，以便達成交易。不過，終究還是沒能談成。「但後來，我考慮了人際關係的本質以後，決定改變策略，先弄清楚

第三計　甘當配角

旅館負責人對什麼感興趣。」達威爾諾先生說。

「我了解到，他是美國旅館服務員協會的成員。不僅是這一協會的成員，而且還是協會的主席。無論這一協會的代表大會在什麼地方舉行，即便是跋山涉水，漂洋過海，他也會出席。於是，第二天見到他，我開始談論起這個協會。結果如何？他非常興奮的跟我談了半個小時。我一下子明白了，協會是他喜歡談論的話題，是他的嗜好。當時，我一點也沒提麵包的事。但沒過幾天，旅館的財務管理專員打電話給我，請我帶樣品和價目表去。『我不知道您和他在一起做了些什麼？但是我相信，您現在可以和他達成協議了。』財物管理專員這麼對我說。」

「想想看！我想達成這個協定已經有四年了。假如我早點了解到這個人對什麼感興趣和他想談論什麼的話，早就達成協議了。」

假若你想使人喜歡你，應遵循的原則是：「當好配角，談論您與之對話的人感興趣的東西。」

以配角的姿態出現

人與人交往時，只有尊敬對方交際活動才能順利進行，如果總是壓制對方，強迫對方服從自己，對方過不久就會對你產生敵對情緒，從而失去對你的信賴。因此社交中應努力讓對方感到主角是他。

試著留意對方的反應，盡力使對方心情舒暢。在人際交往中，要讓對方扮演主角就得準備多個「劇本」，因為不知道交際中會在何處受挫，所以就必須把能預測到的對方說話內容寫進「劇本」，然後自己根據「劇本」演好配角。要做到使對方成為主角，調查收集與此相關的資訊就顯得非常重要。

比如調查搜集：對方有什麼愛好？對方最喜歡什麼，憎惡什麼？對方講話有什麼特點？對方有什麼個人習慣？對方的弱點有哪些？要基於這樣的資訊擬寫一份能使對方成為主角並能打動對方的「劇本」。如果能夠做到這一步，對方就會感到與你來往心情舒暢，因而對你產生好感。

在交際過程中，如果遇到某個人你原先是準備採用「中等水準」的交際方

式，但當你發覺這種方式實在無法進行下去，這時就需要修改「劇本」重新預演一下。不過在事前應該假設出交際過程中有可能會出現的各種各樣的問題，並針對這些問題設想一下自己應該做出怎樣的調整。

另外還必須考慮到：對方也有針對於自己所擬出的「劇本」，如果對方提出自己預料之外的問題，那麼失敗的可能是自己，所以必須反覆斟酌，不斷改善，這樣才能使對方成為主角。

讓對方顯得高大完美

日常的交談中在表現自我的時候，需要有謙謙君子的心態，學會安撫他人的心靈，也就是說，不可以使對方產生相形見絀的感覺。

一位女士的寶貝女兒，從劍橋畢業回國之後，在一家金融機構任職，每月十多萬元高薪。這位女士當然相當自豪，她在面對親朋好友時，必定大力稱讚女兒的風光與薪資的優渥。偶然被女兒發覺，她極力制止母親，說總誇自己的女兒，突出自己家的好，人家會有什麼感受，不要因此傷害了他人。

這個女兒的話在情在理。可見在敘述自我時，要防止過分突出自己，切勿使別人心理失衡，產生不快，以至影響了彼此的關係。

有位朋友，講了這樣的故事：

有兩位要好的女生，甲女長得很美，乙女則長相一般。她們一起去參加舞會，舞會上的許多男士頻頻與甲女共舞，卻在不知不覺中冷落了乙女。甲女下意識的感覺不妥，於是託辭身體不適，建議朋友們邀請乙女，男士們尊重了甲女的奉告，乙女被男士們邀入了舞池感到十分快樂。

甲女以友情為重，不希望朋友被忽視，於是機智的採取一種平衡手段，使乙女的心靈得到撫慰，這必定會使他們的友誼更加深一層。

英格麗‧褒曼在獲得了兩屆奧斯卡最佳女主角獎後，又因在《東方快車謀殺案》中的精湛演技獲得最佳女配角獎。然而，她領獎時，一再稱讚與她角逐最佳女配角獎的瓦倫蒂娜‧歌蒂斯，認為真正應該獲獎的是這位落選者，並由衷的說：「原諒我，瓦倫蒂娜，我事先並沒有打算獲獎。」

第三計　甘當配角

　　褒曼作為獲獎者，沒有喋喋不休的敘述自己的成就與輝煌，而是對自己的對手推崇備至，極力維護了對手落選的面子。無論誰是這位對手，都會十分感激褒曼，會認定她是傾心的朋友。一個人能在獲得榮譽的時刻，如此善待競爭的對手，實在是一種高尚的風度。

　　以上的幾個故事告訴我們，為了維護良好的人際關係，你的一言一行都要為對方的感受著想，學會安撫對方的心靈，不要讓對方產生相形見絀的感覺。與此同時，自己的心靈也會因此安然自得，因而有一個極好的心情。

　　經常可以看見一些人大談自己得意之事，這是不好的。聽者不僅不會認為你是了不起的，你甚至可能會被對方認為是不成熟的、賣弄過去光輝的人等等，所以，盡可能不要提自己的得意之事。

　　然而，每個人都想被認為好、被評價得高一點。明知不可談得意之事，但卻情不自禁的大談特談，這是人性中比較麻煩的一面。所以，完全不談得意之事當然不可能，但當你要談得意之事之時，不妨注意一下談的方式。

　　第一個要注意的是，至少在別人未談得意之事之前，自己不要談。也就是說，單方面大談得意之事有些不合適，但若是先讓對方發表言論之後，那種壞印象也就變得淡薄了，所以聰明的人就會先煽動對方「您的見識廣博」，促使對方發表得意之事，然後再若無其事的說：「我也知道這樣的事。」如此這般，穿插談論自己的得意之事。

第四計　不卑不亢

不卑不亢恰到好處

　　與名人說話時，不要有害羞畏怯的心理，只要能真正表達你內心的意思，你就能與任何名人交流對談。有些人對名人只是一味的說些奉承話，這樣是不能使對方愉快的。如果你是一個真誠的人，那你就要把深烙在內心的印象，說給他聽，這樣他會深深感到愉快，但你的措辭和說話的態度都要得體。你可以把名人視為一個有血有肉的人來對待，對他提出一些能夠表達感情的問題，不需要把他視為什麼超人，因為他也實實在在的像任何人一樣的敵不過疲倦，也承受不住傷害。他可能比你還要脆弱，而且與你一樣害羞。不要認為他們的人格不同於常人。他們向公眾所展現的自信、睿智、仁慈、滑稽或性感等等形象，實際上往往是杜撰的。當你同時應付兩位名流時，不要只顧和你所敬仰的一位說話，而置另一位於不顧，這會使他們兩位都不自在。你應該說，遇見兩位，真是使人興奮，如果你想和他們繼續談談，那麼你必須保證話題是他們二位都能加入交流的。換句話說，你要確保三人談的形式。如果你對另一位名人並不熟悉，而且在經過介紹之後，你仍想不起有關他的任何事蹟，你也不能對他有所疏忽。你必須一視同仁的，表現同樣的熱情和友善。

　　不喜歡說話的名流，常常也包括外貌滑稽且似乎容易親近的喜劇演員在內，他們在舞台上已經搞笑到了極限，因此，在真實生活中也許不會像在舞台上表

第四計　不卑不亢

演那樣的幽默。作家、詩人、畫家、音樂家等從事創作性工作的人，雖不大喜歡說話，但這些人往往對政治乃至於宗教，都有廣泛的興趣。他們在社交場合也許不活躍，不自在，但他們有啟發人們思想的獨到之處。你和他們說話，必須耐心，不要輕易動怒，也不要太熱切，要溫和、冷靜和體貼，就像應付別的敏感的人一樣。

從容自如，適可而止

　　名人往往比尋常人為社會作出了更多的奉獻，而且也常有私人的嗜好。比如有的名流很關心學校教育，他們可能有些百年樹人的改革大計，有的名人利用業餘時間，鑽研某一領域，當你預先知道或誠心去拜訪某位名人的話，你可以預先作點談話內容的準備，如果他是位知名度很高的名人，那麼，你可以向有關方面的人去打聽。比如說他被邀請到某處演講，而你想與他結識，那你即可向邀他來的單位或個人，索取有關他的資料，他們一般不會拒絕你的要求。

　　名氣一般的名人，總是生活在情緒不穩定的狀態，他們內心的恐懼，使他們脆弱敏感，別人稍有疏忽就會激怒他們，而且他們也容易傲慢。然而，他絕對需要你的尊重和順從，他的名氣愈小，對於親切、尊重的需求也就愈大。對待褪了色的名人，也就是過時的名人，最好採取迂迴的戰術，也即是透過第三者來了解他的情況。

　　應對名人的開場白應該是積極的，那些消極的開場白，例如這些日子以來你是如何打發時間的呀，或者很久沒有見你在公眾場合露面，你去哪裡了呢？或是這麼久不在舞台露面，覺不覺得無聊呢？這些話等於當頭潑他一盆冷水。消極的開場白，要盡量減少避免，因為這樣無論如何也無法使他打開心扉了。

　　在多數情形下，與名人談孩子是不會出錯的。你可以問對方有幾個孩子，孩子多大了，他們現在在哪裡，孩子讀的學校好不好以及學習成績好嗎？如果你也當了爸爸或媽媽，那麼，你就更具備和他們談孩子的資格了。你可以告訴他們，你的孩子已經長大，或者和對方的孩子同齡，你也可以向他們表達，你對孩子留長頭髮的想法，或者孩子喜歡搜集小動物等等。不過話題不要扯得太遠，要適可

而止。更不要把所有的隱私都抖出來。

　　我們與大人物接近，最重要的就是不要忽略了他們也是人，對待他們，完全要像對待平常人一樣，他們也有歡樂，有悲傷，有缺點，有喜惡，有驚恐，也和平常人一樣有感情。他們並不是上帝或神，他們並不因為有了地位就不再是人。他們和你是一樣的，這就是你和他們接觸最堅實的基礎。

　　如果你想和他們玩弄狡黠的花樣，存心詐騙他們，那麼你可就真的是棋逢對手了。這些大人物在玩弄口舌上都是打過各種陣仗的，他們油腔滑調起來可能比你還要更勝一籌，因此，你還是老實一點為好。我們和不同類型的大人物談話，其中總有若干不同之處。而其中有一類大人物，你必須提高警覺才行，否則，你將可能觸發了埋伏的地雷。這類人物就是政治家，或者是醉心政治活動的其它專業人士。

實事求是忍讓有度

　　哲學上常常把度作為質和量的統一。也就是說，在度的中間，包含了一定的量和質的結合。在度之中，事物的性質變化於一定的範圍之內，不會出現根本性的變化。然而一旦超出了這個度，事物的性質便會出現新的特點。正如水在攝氏一百度之內仍然是水，可一旦燒開便變成了蒸氣一樣。在對待「忍」的問題上，也有一個忍的度。這即是說，在這個度之內，我們是可以忍的，也可以接受各種屈辱和不公，承擔一定的痛苦和冤枉等等。但是，一旦超出了這個度，那麼，便是不可接受的，也是不能再忍的，這個度也就是忍的界限。

　　如何掌握這個度，乃是一種人生的藝術和智慧，也是真正作為「忍」的關鍵。這裡，很難說有什麼通用的準則，更多的是隨著所忍之人、所忍之事、所忍之時空的不同而變化。它要求有一種對具體環境、具體情況作出具體分析的能力。一味的、毫無界限的忍不能算是真正強者的忍，它只是一種懦弱和無能的表現，甚至可以說是一種愚蠢。在幾千年的封建社會中，一些維護封建專制的上位者總是告誡人們要「忍」，以此來盡忠、報恩等等。這便是一種不講界限的忍，一種愚忍。

第四計　不卑不亢

　　本書所提倡的「忍」則不是這樣，我們要認清「忍」之界限，合理的把握這個度，從而真正的使「忍」成為提高生活品質，豐富人生樂趣，增加成功機會的方法。為了幫助人們較好的掌握這種「忍」之度，這裡也粗略的提出幾個參考性的原則，供諸位參考。

　　第一，事不過三。
　　所謂「事不過三」，說的是人們對同一對象的「忍」，可以是一次、兩次，但絕不可一讓再讓。忍讓到一定份上，就必須有所表示，使對方真正認識到自己的退讓不是一種害怕和無能，而只是出於一種「忍」，從而不再繼續過分下去，在日常生活中，經常有一些這樣不識好歹的人，他們得寸進尺、為所欲為，把同事及其他人的忍讓當成是好欺負，可以占便宜，因此一而再，再而三的步步緊逼。對待這種人，在經過幾次忍讓之後，看清了其真面目，則不應再忍下去，可以適當的給對方一點顏色看看，並透過正當的方式勇敢的捍衛自己的權利。這樣，使對方認識到自己的不是。當然，這種曉之以厲害的方式和途徑可以是多種多樣的。但目的都是一個，就是讓對方了解自己真正的態度與底線之所在。

　　第二，轉化原則。
　　所謂「轉化原則」，指的是在生活和工作中，有些事情隨著自己本身的發展，或者是外部條件的變化，會不斷轉化，從一種性質變為另一種性質，而這種轉化也是我們掌握忍之度的重要參照原則。有些人在侵犯別人的某種利益和權限之後，由於對方採取了「忍」的態度，使其得逞。可是，這種人在得逞之後，又發現了新的目標、新的利益，從而刺激了其慾望，以至於使原來的行為轉化為另一種難以接受的事情。這時，作為當事人，便不能自然保持一種「忍」的態度，而必須隨著事物性質的變化而毅然決然的予以反擊和抵抗。例如，有些罪犯在打家劫舍的時候，起初目的只在於一些金銀財寶，但後來發現還有一位非常漂亮的女子，便頓生邪念，企圖強暴。在這種情況下，原來只是出於不願為一些身外之物而惹來性命的擔憂，而克制了自己的抵抗。如今事情已經發展成不是一種身外之物了，而是自己的同類朋友的安危了，便不可再行忍讓了。

　　在日常生活中，這種情況是經常發生的。之所以會這樣，就在於那些不識好

歹的人常常會由於得到某些不公正的利益之後，使自己的行為在一種惡性膨脹了的邪念的驅動下，由一般的越軌而發展成犯罪。如果是這樣，我們便不可再一味「忍」下去了。

第三，忍無可忍。

這裡的「忍無可忍」，說的是，有時儘管在同一事件中，人們起初還比較客氣，謙遜的做出一些必要的忍讓，但由於對方實在是過於無禮，而且行為方式和欲望令人髮指，實在是難以接受。在這種情況下，便可以算得上是一種忍無可忍了。此時此刻，便不應再「忍」下去，而可以有所表示。

忍無可忍的情況通常出現在一些公共場合之中。有些人以為別人也不認識自己，而且以後彼此間很難會有相遇的時候，因而覺得自己處於一種匿名者的狀態之中，這種狀態往往使人在一定程度上擺脫過去所承擔的某些義務和責任，也會不同程度的放鬆良心對自己的約束，因而做出一些不道德的、過分的行為舉止。例如，在火車上、在公園裡、在公車裡等等。非常有意思的是，在這種公共場合中，有些人也常常抱著一種大事化小，小事化無，盡量少惹麻煩的心理，對於一些過分的、帶有侵略性的行為持「忍」的態度。這樣，一方是咄咄逼人，另一方卻又是息事寧人，很容易造成一種有利於某些人不斷膨脹其侵犯心理的環境和條件。但是，恰恰是在這種情況下，由於有些人肆無忌憚的一意孤行，也很容易把人們逼到一種絕境，以至於產生了一種忍無可忍的心理。

當然，這種忍無可忍是很有彈性的，它需要更多的根據具體情況具體分析，做出自己的判斷和反應。忍是有界限的，在界限中的忍是強大的、有力的，但在這個界限之外的忍便是軟弱的、無力的。只有掌握了這個界限，才算得上是真正的「忍」。

第四計　不卑不亢

第五計　廣交朋友

廣交天下朋友助你事業成功

　　有一位男士，既沒有學歷，也沒有金錢，更沒有人事背景，但是他卻能成為一個成功的企業家。他到底是如何成功的呢？原因在於他是一個很會體貼他人的人，他對周圍的人的體貼，甚至超過了別人的需求。只要你說要去他那裡玩，他都會表示萬分的歡迎你去，希望你能在他那裡住幾天。背地裡，無論是多麼拮据，內心多麼苦惱，他都好像隨時在等你的來臨，熱情的接待你。甚至在你回去的時候，還要讓你帶上一些小禮物、特產之類的東西回家。

　　無論是多麼忙碌，他都不會表現出你的來訪，對他來說是一種麻煩困擾的樣子。說實在的，我平時最害怕打擾朋友，但還是會常去他那裡坐坐。有一天晚上，我又去打擾他，我、他、他的太太三個人坐在一起閒聊，話題無意間轉到他以前艱苦奮鬥的往事，他當時很慎重的說：「像我這樣既無學歷，又沒財力，更沒有人事背景的人，能有今天的成就，實在有很多外人道不出的辛苦。」任何人處在他的環境都會說出同樣的話。但是，停了一會，他又接著說：「像我這樣一無所有的人，如果要與別人來往，就必須令對方感到和我來往，會得到某些方面的愉快與好處。」

　　事實上，以前的他，既沒有學歷，又沒有金錢，更沒背景，一定是孤獨的，別人都不想理他、不想與他來往。他是一直忍耐著寂寞，努力奮鬥，渡過那段日

第五計　廣交朋友

　　子的,而他也就在其中學到了與人交往之道,比如:給別人某些方面的益處,別人是不會無動於衷的。所謂某些方面的利益,有時是精神方面的,有時是物質方面的,總之,別人得不到益處,是不會來接觸他的。

　　再說說另外一個例子,他是出身名門的富家子弟,他也想能成功的做出某些事情來。但是,當他與別人來往的時候,首先會考慮這個人對自己有什麼利用的價值。也許與這個人交往,以後向銀行貸款時,會比較容易,或是若與這個人做朋友,他會傳授我致富之道,也許這個人會將土地廉價出售給我,也許這個人會將辦公室借給我。他就是如此這般的對周圍的人懷著期待、算計之心,認為與自己接觸的人,都會帶給自己某些利益。

　　這兩位男士與人交往時的態度,實在是南轅北轍,完全不同,一個是奉獻給別人某方面的利益,不然別人是不會與他來往的;另一個認為與自己來往的人,可能會帶給自己某些方面的利益。

　　說起來人只有在自己的需求獲得滿足的情況下,才會與別人交往,每一個人都在努力排除孤立的狀態和心情,人們害怕被孤獨吞噬,渴望朋友,團結一致是人類的天性。因此,與別人來往,這件事情對孤獨人來說,就會滿足他的需求,也可以說與人來往,對於孤獨的人來說,有很大意義。

　　我們與周遭朋友相處時,既要熱情又要謹慎,要經常站在他們的立場上為他們考慮,說得形象些,就是夾著尾巴做人,以自己的所能來滿足他人的需求,他人得到滿足後,才會與別人有所接觸。同時,別人若對自己有所奉獻,也就能滿足自己的需求,這種奉獻與回報,在保持平衡時,就是交際雙方最愉快的時候,同時,也是獲得最大利益的時候,只有透過這種方式建立起來的社會關係才是最穩定、最牢靠的。

要擴大交朋友的範圍

　　如果問:「你有沒有朋友?」一定有很多人答不上來,即使能夠回答得出來,大致也都是學生時代的同學或辦公室裡合得來的同事,所想得出來的不過幾個人而已。同學同事這些人雖然也可以直接結為朋友,但是嚴格講起來,朋友關係的

要擴大交朋友的範圍

範圍應該更廣，基礎更深才行。

報刊上也許可以看到一些政治界、金融界的名人家譜，他們的祖宗三代地位顯赫，無論祖父、祖母、父親、母親都出於名門，似乎國家的命運都掌握在他們的手中。

由此看來，彷彿高朋滿座、名滿天下是和我們普通人絕緣的。但是我們知道，交友是每個人所必需的，並不是政治家或金融家的專利品。如果渴望廣結人緣，在我們周圍，就有不少人選，待你去發現。比如你的長輩、兄弟，他們的工作內容可能和你毫不相關，但是他們都交有一些朋友，這樣一來，長輩和兄弟也可以作為你廣結人緣的對象，再進一步的說，如果以長輩和兄弟為媒介，能夠找到更多的朋友。再看看你父親的那一邊吧！假如父親的兄弟還健在的話，以年齡來看也許已經達到相當的地位了；同樣的，你母親這邊也應該檢查一下，同輩的堂表兄弟們，也可以作為廣泛交友的來源。此外，連你的姻親，都是廣結人緣的對象。像這樣僅僅靠著血緣的關係，就可以使你的交友範圍逐漸的擴大起來。

其次把目標轉移到你的家鄉，一些人由於同鄉的關係，能夠順利的結成朋友；然後在你現在的住所附近，看看有沒有能成為朋友的人物。

現在再來談談同學吧！每當談到同學，就會勾起青梅竹馬的甜美回憶。也許遇到曾在同一個球隊裡一起打球的隊友；也許遇到的是一起參加研討會的朋友；更可能遇到離開公司十年、二十年的朋友，這許多人都是你結交的有利對象，尤其是同學關係，最值得珍惜。此外，由親戚介紹給你的朋友也是很好的結交對象。但是有些朋友，甚至還有些是聞所未聞的朋友，你絕不能把他忘掉。利用同學會常常能找到十年、二十年未曾相見的朋友。除了辦公室的同事，在公司內和你有過接觸的人，也是你可以考慮結交的對象，但是問題在於當你離開了這個公司以後，交往是否能還繼續進行。在這種人際關係裡面，不要只是交到一些酒肉朋友。

只要你有心廣結人緣，將會多的是機會，像共同興趣的集會或是社團，還有各種活動中心，都是你交友的好場所，就連咖啡廳裡也能交到朋友。總之，隨時隨地都可以交友，而最重要的就是認清人際關係。

第五計　廣交朋友

雙手相握是一生的朋友

　　世上現存的植物當中，最雄偉的當屬美國加州的紅杉。紅杉的高度大約是九十公尺，相當於三十層樓的高度。

　　科學家深入研究紅杉後，發現了許多奇特的事實。一般來說，越高大的植物，它的根理應扎得越深，但是紅杉的根只是淺淺的浮在地面而已。

　　理論上，根扎得不夠深的高大植物，是非常脆弱的，只要一陣大風，就能將它連根拔起，但紅杉又是如何長得如此高大，而且屹立不倒呢？

　　研究發現，紅杉生長的地方，必定是一大片的紅杉林。這一大片紅杉的根彼此緊密相連，一株連著一株，結成一大片。自然界中再大的颶風，也無法撼動幾千株根部緊密連結，占地超過上千公頃的紅杉林，除非颶風強到足以將整塊地皮掀起。

　　生命的河流總有曲曲折折，人生的路也不免坎坎坷坷。有時候困難就像一塊巨大的攔路石，擋在你必經的路途上。獨木難以成林，一人難以為眾。單憑自己的力量不能動它分毫。只有聯合起與自己同行的路人，才有可能推開頑石，使人生道路暢通，我們才能繼續前行。這個道理很好懂，但並不是人人都願意合作的，因為人們總想衝在前面，而不願和別人齊頭並進，其結果是人人逞強，個個爭先，你推我擠，互不相讓，大家都難以移動分毫。

　　從某種意義上來說，沒有偉大的個人，只有偉大的團體。那些被稱之為偉人者，都是因為擁有一大批忠誠的追隨者，才得以成就其偉大。人們為什麼願意追隨他們呢？因為他們深懂合作之道，樂於憑自己的力量協助他人前進而不爭功。於是，別人就放心的將自己的力量交給他使用。那些總想將別人擋在身後，獨占鰲頭者，將受到來自各方面的阻力，結果享受的不是成功的光榮，而是失敗的恥辱。人生並非體育競技，能憑個人能力技壓群芳；即使是體育競技，如果沒有教練及其他人的合作，又如何獲得超人一等的能力？

　　有人曾和上帝談論天堂與地獄的問題。上帝對這個人說：「來吧，我讓你看看什麼是地獄。」他們走進了一個一群人圍著一大鍋肉湯的房間。每個人看來都營養不良、既絕望又飢餓。每個人都拿著一隻可以伸進鍋子的湯匙，但湯匙的柄

雙手相握是一生的朋友

比他們的手臂長,所以沒辦法把東西送進嘴裡,他們看來都非常悲苦。

「來吧!我再讓你看看什麼是天堂。」上帝說。他們進入另一個房間,它和第一個房間沒什麼不同:一鍋湯、一群人、一樣的長柄湯匙。但每個人都很快樂,吃得也很愉快。因為他們互相用自己的湯匙舀肉湯去餵對方。

生活中有很多事,光靠自己是辦不成的,還需要別人的助力。要想得到別人的幫助,我們也要在別人需要時幫他一把。這樣你為我搭橋,我替你鋪路,日子過起來才不會太艱難,人生的路走下去才不至於太孤單。

「你站在橋上看風景,而看風景的人在樓上看你。月裝飾了你的窗子,你裝飾了別人的夢。」

這並不是互為裝飾的悲哀,而恰恰反映了互為補足、互相服務的雙贏畫面。正是這樣,世界上才有了如此多彩的夢,生命旅途中才有了如此絢麗的風景。

「二人同心,其利斷金;同心之言,其臭如蘭。」個人的力量是微小而不足道的,但眾人拾柴,這能生起的火焰就高了。兩雙手相握是一生的朋友,幾雙手相牽是團結的集體⋯⋯,人多了力量就大了,「一人栽下一根苗,沙漠也能變綠蔭」。

有些人沒有錢,沒有很好的出身,也沒有當官發財的親屬,甚至能力也很平凡。但他們卻能白手起家,超乎眾人之上。這很讓人感到不解:難道他們有什麼神奇的祕訣?其實,他們最大的祕訣是:與他人合作。善用合作的力量,有什麼難關不能征服呢?

學習是一種形式的合作,是自己的智慧與他人的經驗合作。如果我們尚未壯大,不妨與那些成功的人緊密連結,如加入成功、積極的團體,閱讀成功者所撰述的書籍,吸收他們的經驗,了解成功者的態度,讓自己更快速的成長。偉人之所以偉大,是因為他們站在前人的肩膀上,又將自己的肩膀預備給後人登踏。

人生旅途中,總會面臨眾多紛繁複雜的事情。當一個又一個的疑惑與困擾接踵而至時,我們應該如何應付呢?我們可以向書本學習,向有經驗的人討教,拿他們的經驗為我所用,而不必非得親自摸索。人生短短不過幾十年,凡事只靠自己不靠別人,那麼窮盡一生也只能向前走幾步之遙。

第五計　廣交朋友

　　「日心說」是前人花費了幾百年的時間，並以鮮血和生命為代價才得出的結論。如今，我們懂得地球圍著太陽轉這個事實，只需用一分鐘甚至更短的時間。我們沒有必要一切從零開始，也沒有那麼多的精力與時間。

　　總之，我們應該學會與人合作，站在前人的肩膀上，用我們自己的眼睛看世界。這樣我們才會節省更多的時間和精力去做更多的事情，才能超越前人的成就。才能使這條大路越走越廣，愈行愈寬。

第六計　避免失禮

社交場合要防止厚此薄彼

在社交活動中,我們經常需要同時與幾個朋友打交道。在這種情況下,言談舉止稍有不慎,就會顯得厚此薄彼,影響自己與他們之間的關係。為了避免這種失誤,最好的辦法就是要遵循「等距離」規則。

所謂「等距離」規則,是指在社交場合,特別是在一些交際應酬中,對待眾多的合作夥伴,應努力做到一視同仁,不要使人感覺有明顯的親疏遠近、冷暖明暗之分。

例如在國際交流中,簽定條約協定時,應遵守「輪換制」,即每個締約國在其保存的那份文書上名列首位,該國的代表在這份文書上首先簽字。在文字的使用上,每個國家都有使用本國文字的權利,本國文字與別國文字具有同等效力。

在握手寒暄時,應按禮節規定的順序依次進行,不應該不講先後順序,跳躍的進行。與多人握手時,注意與每人握手的時間應大致相等。

在與為數不多的人交換名片時,應按禮節規定的順序一一把自己的名片遞過去,請對方指教。那些在場者雖然並不一定都想要你的名片,但僅憑自己的判斷而不給他們也有失禮之嫌。

一個男士與兩個女士同行或坐在一起時,不應坐在她倆中間,否則,男士同她們談話就不得不左右兼顧。那麼男士的最佳位置應是坐在或走在她們的左側才

第六計　避免失禮

合乎禮儀。因為此刻你若居中而坐，或是走在中間，是難以做到一左一右絕對公平的對待她們的。

　　在招待客戶時，不論是對待大客戶還是小客戶都要設法照顧周到，盡量避免產生不必要的誤會。在某公司舉辦的一個大型答謝晚宴上，業務員王珀及其他業務員都在招待各自的客戶，王珀的客戶很多，王珀與小客戶們打過招呼後，就藉著用餐時間與一個大客戶交談起來，因為這個大客戶曾對公司產生過誤會，透過交談，王珀與這個大客戶基本上達到了溝通的目的，消除了誤會。事後，有一個小客戶打來電話，說不想用該公司的產品了，當時王珀非常吃驚，因為雙方一直合作得不錯，雖然產品的需求不大，但一直保持業務往來，且雙方關係很好，他不知道是哪方面得罪了這位客戶，後來經過多方打聽，原來在那次晚宴上，這位客戶就坐在自己的鄰桌，因為受到冷落，所以才想終止合作。後來王珀經過努力不斷的加以解釋，才挽回了這位客戶。

　　到公司去洽談業務或辦事，進入辦公室後應設法與辦公室業務人員都聊上幾句，以調節氣氛，不能只顧與業務主管攀談而目無他人，令人覺得你只認主管，而冷落其他在場的人，這樣往往會收到不良的效果。

　　一位在屏東經營木材的老闆，經常來公司洽談業務，但是他每次來都只與業務主管交談，旁若無人，甚至對其他的人連句問候的話都沒有，形同路人。說起話來很會誇口，動輒跟某某廠長、科長關係很好，彷彿他做生意靠的不是實力而是關係，因此大家都很反感他。他來公司裡聯繫業務，業務主管不在時，沒人理他，更沒人主動幫他，甚至他打電話找人，也直接回答「不在」——沒人幫他去找；他打聽什麼資訊，就回答「不知道」——即使很清楚，這樣一來，看似精明的木材廠老闆，實際上做了一件很不精明的傻事，原因就是忽略了「等距離」規則。

　　哲西是主管祕書，有一次他安排郊遊活動，大家分了組後，興致勃勃的出發了。快樂的時光是短暫的，回來聚會時大家興致不減，我發現郁琳勞累的臉上掛著一絲不悅，郁琳說：「我們這組的組長哲西，對另外兩個女孩子特別殷勤，對我們卻很冷淡，我又沒得罪過他，他是不是看不起我，還是認為我是組裡的一個

包袱呢？早知道是這樣，我就不去了。」

可我了解哲西，他不是那種人，郁琳一定是誤會了，後來為我將此事轉達給哲西，他連呼冤枉，說他只不過是更熟悉那兩個女孩子，根本沒考慮那麼多，郁琳怎麼會想歪了？於是哲西決定請郁琳去跳舞，以彌補過失，這樣一來才消除了誤會。

防止熱情過度

傳統美德提倡關心他人比關心自己為重，外國人卻大多強調個性獨立，所以不可以把串統式的善意關心和規勸施加給外國人，不然就會出力不討好。

例如：你問外國朋友「吃飯了沒有？」他可能會曲解為你嘲諷他連飯都沒得吃。你與外國朋友打招呼：「要去哪裡？」他會怪你多管閒事。你覺得他天冷時穿得太少了，便建議他：「該多穿幾件衣服了。」你顯然是好意，但他卻會認為你粗暴的干涉了他的個人自由。

我們講究待人接物既要誠懇熱情，又應當合乎彼此的身分和關係，符合禮儀規範。如果一味只顧熱情友好，而不顧「禮」的適度，就是所謂「過度熱情」。過度熱情與不夠熱情同樣有害。「過度熱情」也會被人視為失禮和沒有教養的表現。

例如，與初相識或交情不深的異性談話，不應該詢問其婚姻狀況，或是大談特談對方比自己的伴侶強多了。要是剛認識一位年近三十還未成家的女士，馬上就問人家為什麼還不結婚，甚至毛遂自薦要為對方對象，顯然欠妥。

與業務夥伴談判或是聚餐時，一位異性突然起身往外走，很可能是想去方便一下。有時對方可能還會給自己找個藉口，比如說「出去打個電話」之類。此刻有教養的人是不會問對方「要去哪裡」的，更不會要求陪對方去打電話的。

剛就職不久的王瑀請公司的師傅來家中做客，在王瑀與師傅交談時，母親已經準備好飯菜，師傅再三推辭，但抵不住王瑀全家熱情的、甚至有些強硬的挽留，只好同意共進午餐。王瑀對師傅說：「來，洗洗手，摘下帽子，咱倆喝點酒。」王瑀發現師傅沒有摘掉帽子，便熱情的說：「屋裡有暖氣，不冷，不用戴

第六計　避免失禮

帽子，快摘了吧！」師傅連聲說：「好，好，先喝酒、先喝酒。」王瑀著急了：「喝酒更熱，出了汗到外面該著涼了！」見師傅不加理會，王瑀便站了起來說：「我幫你摘！」沒等師傅反應過來，王瑀已經把那頂毛帽摘下來，一時間，全家都愣住了，原來師傅頭上光禿禿的，沒有一根頭髮。王瑀拿帽的手停在空中，但只愣了一秒鐘，就又迅速的把帽子戴回了師傅頭上，一切都發生那樣快，王瑀和師傅都尷尬得不知所措。

　　熱情過度使人感覺失禮、冒失，沒有教養，動機和效果往往適得其反。比如在宴會上相互敬酒雖然表示友好，但如果過分熱情，硬讓不會喝酒的人喝酒甚至過量喝酒，就會導致別人失言失態，從而破壞宴會的氣氛，也使客人的身心受到傷害。張軒曾到一位朋友家做客，朋友很熱情，準備了豐盛的菜餚。他很感激主人的好客，可是其中一道菜是他最不喜歡吃的，而主人卻一定要他品嘗其手藝如何，說這是他最拿手的。張軒要是不吃，主人的盛情難卻，而且菜已進了自己的盤中，要是吃的話的確又難以下嚥。最後為了不使主人失望，張軒硬著頭皮把最討厭的菜吞下。吃飯完，主人又提議去好樂迪玩，到了好樂迪，主人熱情的為張軒等點了他自認為會唱的歌，弄得大家拿著麥克風，不是跟不上節拍，就是唱走調了，最後雖然玩得熱鬧，但感覺並不舒服。

　　有些人天性熱情好客，把怠慢朋友視為不夠朋友。按說這種人的真誠應最能獲得朋友的好感，可事實卻恰恰相反。凡受過這種人熱情款待過的朋友，或多或少都會被他的熱情灼得不甚好受。

　　不懂得待人熱情有度的人，實際上等於是強硬、一廂情願的縮短與他人之間的距離，或是不容商量的讓他人來接受自己的絕對好意。這便犯了社交慣例中交友的大忌。

第七計　見縫插針

創造與人相識的機會

　　要建立好人緣，織起一張人際關係網，你必須積極主動，光有想法是不夠的，必須將想法化為行動。

　　在這個世界上，各個行業都有許多出類拔萃的人物，他們的影響力是非同小可的，必須利用與他們接觸的機會和他們建立良好的關係，這對你的前途至關重要。不要等待，一味等待只能使你錯失良機，絕對不可能使你建立良好的人際關係，你應該積極的一步一步去做，沒有什麼不好意思的。

　　在各種場合，你有許多接觸他人的機會。如果你想接近他們，讓他們成為你的人際關係網中的一員，你必須付出努力。假如你到一個新的環境，如企業、學校等，在彼此都不認識的時候，你需要主動出擊，以真誠友好的方式把自己介紹給別人。如果你想多結交一些朋友，你就需要主動的了解對方的興趣愛好。你可以透過多種方式去得到他們這些方面的資訊，你要注意與其相處時積累一些有關的情況，你可以透過他的朋友了解他的為人處世，你也可以透過他的一些個人資料了解他。

　　有一個朋友，當他要結交新朋友時，總是想方設法弄到新朋友的生日。方法就是他四處請教這些人，問他們生日是否會影響一個人的性格和前途，並藉機讓他們把生日告訴他，然後他便會悄悄把他們的生日都記下，並在日曆上一一圈

第七計　見縫插針

出，以防自己忘記。等這些人生日的那天，他就送點小禮物或親自去祝賀。很快，那些人就對他印象深刻，把他當做好朋友了。

人與人往來中常會出現一些交際的好機會。多結交一些有益的朋友，會見一些成功的前輩，將會有機會轉變你的一生。朋友在關鍵時候的幫你一把，可能會直接導致你事業的成功。所以，要時刻注意能結交朋友的好機會，你對此必須有所準備，因為機遇是一件捉摸不定的寶物，但它又專愛有所準備的頭腦。

比如說有朋友請你去參加一個生日聚會、舞會或者其他活動，如果你手頭上在忙的不是十分緊急的事的話，就不要因為自己手頭事忙而加以拒絕，因為這些場合是你結交新朋友的好機會。又比如新同事約你出去逛逛商店或者看場電影什麼的，你最好也不要隨便拒絕，因為這是一個發展關係的好機會。

不過，你也不要以為機遇會像一個到你家來的客人，他主動來到你家敲著門，等待你開門讓他進來。許多失敗者常常以自己沒有好機遇為藉口，這只能使他們再次嘗試失敗的痛苦，殊不知，人際關係中的機會也需要人去創造。

如果你想和剛認識的朋友進一步發展關係，你可以請他們到你家做客，如果你想追求一位異性朋友，你更得挖空心思尋找機會和藉口跟她或他接觸。又如你想和多年未見的老同學重溫舊情，回首往事，你可以試著組織一次同學會。

人與人之間接觸的越多，彼此間的距離就可能更近。這跟我們平時看一個東西一樣，看的次數越多，就越容易產生好感。我們在廣播，電視中反覆聽、反覆看到的廣告，久而久之也會在我們心目中留下印象。所以交際中一條重要規則就是：找機會多和別人接觸。

如果要成功找到一個與人接觸的機會，你就必須對他的資訊、生活安排有所了解。對方什麼時候起床、吃飯、睡覺，什麼時候上班、回家，從這些資訊出發再確定跟對方接觸的方式。如果打個電話，對方不在或者去找他時他正好很忙，這樣就白費力氣了。因此，詳細把握對方的工作安排、起居時間、生活習慣，瞄準對方最想找人聊天或者最需要的時候去打交道，就會很容易獲得成功。

一面之交也要利用

　　在過去一年當中，你曾經和多少人會面呢？如果你是到處奔走的營業員，在你的名片盒裡可能經常會增加很多的新名片，而且，有時根本就沒有交換名片，總之你所碰過面的人一定會比收到的名片數量更多。即使是整天都坐在辦公桌前的事務人員，也會有和相當多的人見面的機會。

　　要能夠仔細的想起所有見過面的人，這是相當不容易的事，幾乎沒有一個人能做得到。

　　有時候也會對某些人留有深刻的印象，雖然記得他的容貌，卻想不起和他說過什麼話，類似這種情況也是很多的。有些人忙得連和朋友見面的時間都沒有，如果讓他回憶這一年，可能對於大多數見過面的人都不記得。另外有些人甚至會說從來沒有和大人物見過面，這話本身聽來就有點疑問，因為人是會因為對象的不同而改變態度的。不管是什麼樣的人物，對素不相識而迎面走過的人來說，他只是一個普通人而已。想將對方留在記憶裡的人，相對的也會希望自己留在對方的記憶中。因此，沒有見過大人物的人，如果有一天真的碰到了，也不會想將對方留在自己的記憶裡。

　　仔細回想過去一年來，你大約和多少人見過面呢？這些人的職業是什麼？在哪裡見到他們的？說了些什麼話？對他們有何印象？自己留給對方又是什麼印象？而你又有多少和這些人往來的記憶？

　　另外，在這些人中你和多少人還保持繼續來往？這些都能衡量你建立人際關係的可能性。往往我們都是順其自然的與人見面。若沒有需要解決的事情，或沒有共同的工作場所及目標，就再也不想去創造與人見面的機會。因此，即使好不容易才和興趣廣泛的人見面，但往往在我們心裡想著曾經在哪裡見過他時，就已經錯過機會了，使原本的生疏得不到任何改善，因此仍被埋在記憶的最底層。如果能幸運的遇到彼此志趣相投的人，就必須知道這是個千載難逢的機會，往後若再想遇到這樣的機會，就得靠自己去開拓了。結交朋友，應該盡量避免「相處一個小時之後，雖然印象加深了，卻不記得談話的內容」這樣的類似情況，而應該在腦子裡確實記住對方是什麼樣的人物。為了使自己能夠給對方留下印象，必

第七計　見縫插針

須大方而且清楚的闡述自己的意見，並且，可以更進一步的在確定不會麻煩對方的情況下，訂下再見的時間。如果這些事情你都做到了，你的人際關係財產將變得相當可觀。

巧找話題掌握交友的主動權

　　善於交際的人應當善於交談，這一點在人們的初次交往中尤其重要。剛剛相識的人畢竟還有某些生疏感，交談難以深入，這就很容易冷場、沉默，出現令人尷尬的局面。

　　交談中發生沉默、冷場的情況大致上有三種原因：一是問題提出後需要思考，或者有什麼干擾不便繼續交談。遇到這類情況，一方或雙方可以耐心等待，不必打破這種正常沉默。二是由於時間限制或改變主意，對方不想再談下去了，往往會以沉默不語來暗示。這種情況，就要準確判斷，適可而止，及時告辭，一般不要讓對方為難，不要只是「一廂情願」。第三種沉默是由於雙方相互不了解，不知道怎麼談才比較得體，或是問題難以解決，使人越發拘謹，影響了交談順利進行。這種談過幾句就冷場的現象經常在與陌生人初次交往的過程中出現。很多人之所以不願與陌生人交往，最主要顧慮就是害怕無話可說，或是話不投機。遇到這樣的沉默就要巧找話題，打破沉默。

　　怎樣巧找話題，打破沉默呢？那就要從具體情況出發去考慮了。如果是完全陌生尚未相識，那就要察顏觀色，找話試探，尋求共同點，找到共同點就是抓住了可談的話題。如果是因為話不投機，出現難題，那就要求同存異，或是檢討自己的不妥之處，表示歉意，如果對方有什麼顧慮，或者沉默的原因不明的話，那就沒話找話說，隨便找個話題，引起對方的興趣，說個笑話，談點趣聞都可以活躍氣氛。從具體情況出發，可以選擇採取以下這些方法：

（一）在相同或近似的因素上找話題。

　　有位朋友談了他親眼目睹的一個場面。一次他外出住旅館，一個先他而住的旅客已悠閒的躺在床上看電視，一個後他而住旅客休息片刻，沏了一杯茶，邊品

巧找話題掌握交友的主動權

茶邊觀察起那位先來者:「先生你來了好久啦？」「比這位客人先來一小時。」聽口音不是台北人啊？」「噢，我是台中人！」「台中是個好地方啊！我讀小學的時候，就常吵著爸媽帶我去《自然科學博物館》玩，三年前去台中出差，還在逢甲夜市吃了好多美食呢！」聽了這話，那位台中客人馬上有了興趣。於是，這兩個人便從科博館和夜市美食聊開了。聊的那樣親熱，不知道的人還會以為他們是舊友重逢呢！

接著他們互贈名片，一起用餐，很快就談成了一筆生意，睡覺前雙方居然在各自帶來的合約上簽了字……他們的交談與成功合作，就在於找到了共同點。雙方的共同點、相近之處正是進行交談的突破口。

一個愛好文學的作家在回憶第一次約會時寫道：一位熱心的朋友給我介紹了一個女孩，可是當我滿懷希望赴約時，卻看見一個身材矮胖、膚色黝黑的女孩應約而來，我的心一下子就涼了。出於禮貌，我準備和她稍作寒暄便婉言辭別。

我目不轉睛的與她並肩走著，心裡斟酌著婉拒的詞句，耳畔卻傳來一陣銀鈴般的聲音。那女孩自報姓名，幾句悅耳溫柔的問候過後，又談起從介紹人那裡了解到我的情況。她說她多次在某報副刊上讀到我的文章。聽了這話，我心裡不免有些得意。我知道她是學工科的，想不到她對文學也說得頭頭是道。初次見面雖說言語中客氣的成分較多，但我的心頭還是一熱：「這不正是我在文學上志趣相投的朋友嗎？」我悄悄的看了她一眼，胖乎乎的圓臉黑裡透紅，一雙小眼睛迷成了兩彎細細的月牙，頭髮有點發黃，但整齊的燙成了浪漫的波浪捲髮。我漸漸打開了話匣子，我們談得很多，談得十分投機……試想，如果那位女孩不是在共同點這個因素上，選擇了作家感興趣的文學話題，並且談得頭頭是道，那麼作家會有從「想要婉言辭別」到「談得十分投機」的大轉變嗎？這中間也隱含著一個巧找話題的方法。

（二）請介紹人或「第三者」插足。

許多情況下，初次交往的雙方都會認識共同的介紹人，如果沒有介紹人，也常會有雙方都認識的一兩個熟人。那麼當你感到一時無話可說的時候，就可以談談介紹人或是共同認識的熟人。這也是巧找話題，打破沉默的好辦法，只是在談

第七計　見縫插針

論別人的時候，千萬不要挑剔別人的缺點。

(三) 你想了解什麼就問什麼，談什麼。

在初次交往中，各自都有一定的意圖，你可以依據你的意圖，提問求答，想了解什麼就可以問什麼。但在這樣做的時候要注意不要形成一連串的盤問以及不要探聽對方的隱私。

最好的做法是你想了解對方的什麼情況，你就先談自己的什麼情況，你擴大自己的開放區域來促使對方也擴大開放區域，這樣就容易找到許多可談的話題。如你想了解對方的業餘生活，可以問對方：平時有什麼興趣愛好？業餘時間喜歡做點什麼？但是很可能對方只說了「喜歡旅遊，聽聽音樂」這麼一句話，就不再說了，這樣的話你就談談自己的業餘愛好，談得具體、詳細一些，這樣說不定就會引發對方的談興，使交談趣味相投。

(四) 可以就社會焦點問題進行交談。

陌生人雙方剛接觸時，純屬個人生活的事情不宜多談，但可以對時下人們所共知的社會現象及熱門問題談談看法。如果對方還不知道，便可以稍作介紹。比如近期影響較大的社會新聞、電影、電視劇和報刊文章等等，都可以作為談話的題目和拉近關係的媒介。

(五) 從眼前和身邊的具體景物上找話題。

面對面的直接交流有一個顯著的特點，就是雙方共處同一個時空。實在無話可說的時候，也可以從目光所及的景象中和身邊存在的物件上尋找話題，引出對方的興趣。比如對方在沉默時隨手翻了一本書，你就可以有興趣的問：「這是本什麼書？這麼厚，看樣子，你一定喜歡讀書吧？現在，很多年輕人都熱衷於看電視、聽音樂、聚會閒聊等等，雖然這些都是有益的文化生活，但絕不能因此而忽視了讀書⋯⋯」這麼一來交談就會進行下去，並且會談出一些很有意義的內容。從窗外的景象、天氣的變化、房間的陳設、對方的服飾等等這些眼前的景物上也很容易找到可以交談的話題。

有位年輕人談到他和一位女孩約會的情景。他描寫道：翊馨是一個嫻靜、素

雅的女孩，第一次和翊馨約會，心裡不免忐忑。和她並排走在校園的林蔭路上，我感到心慌意亂局促得無話可說，就連路燈彷彿也在嘲笑我的懦弱。

兩聲簡潔的見面問候之後，翊馨便不再言語，一直沉默著，耳邊只傳來我們兩人的腳步聲。終於在我們花圃邊的石凳上坐下來。我鼓起勇氣想打破沉默，可我望著翊馨，囁嚅著，就是不知該說點什麼……這時，一件分外顯眼的小東西吸引住了我的目光。那是一枚雪白的胸花，別在翊馨那深黑色的衣服上，宛如夜空中一顆明星令人賞心悅目。我立刻感覺到我可以從這枚胸花說起……翊馨平時樸素淡雅，以前從未見她佩過胸花。我悟出其中的奧祕，那是一個絕妙的暗示，它告訴我，翊馨和我一樣重視這次約會。就這樣，那枚胸花成了我們促膝長談的契機。直到夜深，我們才緩步而歸。分手時，還有一種言猶未盡的感覺。盼望著再一次約會……你看，這個年輕人在初次約會中的話題不正是從眼前的具體事物上突破的嗎？

關於巧找話題，打破沉默，上面所講的一些方法其實並不是什麼奧祕。重要的是一定要衝破自我封閉、顧慮重重的心理障礙，敢於和樂於主動與陌生人交往，主動張嘴說出第一句話。如果談了幾句就沉默冷場，也要主動的尋找話題，而不是被動等待。實際上，人際交流的源頭和契機，各種可以交談的話題，隨時隨地都存在著，問題在於我們能不能及時發現它、抓住它，並恰到好處的利用它，所以，只有心態積極、開朗熱情、求同而存異，掌握交談的主動權才能贏得首次交流的好印象，並取得以後交際的成功。

第七計　見縫插針

第八計　察顏觀色

見風使舵察顏觀色

　　我們如果能在交際中察言觀色，隨機應變，也是一種本領。例如在訪問中我們常常會遇見一些意想不到的情況，訪問者應全神貫注的與主人交談，與此同時，也應對一些意料之外的資訊敏銳的感知，恰當的處理。

　　主人一面跟你說話，一面眼往別處看，同時附近還有人在小聲講話，這表明你的來訪打斷了主人重要的事，主人心裡惦記著這件事，雖然他在接待你，卻是心不在焉。這時你最明智的方法是盡快長話短說，說出一個最重要的請求就告辭：「您一定很忙。我就先不打擾了，過一兩天我再來聽回覆吧！」你走了，主人心裡對你既有感激，也有內疚：「因為自己的私事，沒能好好接待人家。」這樣一來，他會努力完成你的託付，以此來回報。

　　在交談過程中突然響起門鈴、電話鈴聲時，這時你應該主動中止交談，請主人先接待來人、接聽電話，不能充耳不聞滔滔不絕的說下去，使主人左右為難。

　　當你再次訪問希望聽到所託之事已經辦妥的好消息時，卻發現主人儘管費心不少但受託之事並沒有圓滿完成甚至進度很慢，這時你難免心中著急，但是你應該將到了嘴邊的催促化為感謝，充分肯定主人為你所作的努力，然後再告之你目前的處境，以求得理解和同情。這時，主人就會意識到雖然費時費心卻還沒有真正解決問題，產生了好人做到底的決心，會再進一步為你奔走。

第八計　察顏觀色

　　人際交往中，對他人的言語、表情、手勢、動作以及看似不經意的行為有較為敏銳細緻的觀察，是掌握對方意圖的先決條件，測得風向才能使舵。例如和上司打交道時，對其眼手的觀察，能夠讓我們洞悉其內心：

一、　上司說話時不抬頭，不看人。這是一種不良的徵兆——輕視下屬，認為此人無能。

二、　上司從上往下看人。這是一種優越感的表現——好支配人、高傲自負。

三、　上司久久盯著下屬看——他在等待更多的資訊，他對下屬的印象尚不完整。

四、　上司友好和坦率的看著下屬，或有時對下屬眨眨眼——下屬很有能力、討他喜歡，甚至犯錯也可以得到他的原諒。

五、　上司的目光銳利，表情不變，似利劍要把下屬看穿——這是一種權力、冷漠無情和優越感的顯示，同時也在向下屬示意：你別想欺騙我，我能看透你的心思。

六、　上司偶爾往上掃視一眼，與下屬的目光相遇後又朝下看——如果多次這樣做，可以肯定上司對這位下屬還摸不準。

七、　上司向室內凝視著，不時微微點頭——這是非常糟糕的訊號，它表示上司要下屬完全服從他，不管下屬們說什麼，想什麼，他一概不想理會。

八、　雙手合掌，從上往下壓，身體起平衡作用——表示和緩、平靜。

九、　雙手插腰——這是好發命令者的一種傳統人體語言，往往是在碰到具體的權力問題時所做的姿勢。

十、　上司坐在椅子上，將身體往後靠，雙手放到腦後，雙肘向外撐開——這說明他此時很輕鬆，但也很可能是自負的意思。

十一、　食指伸出指向對方——一種赤裸裸的優越感和好鬥心。雙手放在身後互握，也是一種優越感的表現。

十二、　上司拍拍下屬的肩膀——對下屬的承認和賞識，但只有從側面拍才表示他真正承認和賞識。如果從正面或上面拍，則表示小看下屬或顯示權力。

十三、　把手捏成拳頭——不僅要嚇唬別人，也表示要維護自己的觀點，如果還

用拳頭敲桌子，那就是企圖不讓人說話。

當然，要做好社交中「天氣預報」，需要更為詳盡的「氣象」知識，在接下來的章節中，我們將分門別類介紹給讀者。

聽話聽音

從前有個窮人生病，病情漸漸加重，醫生說他沒有希望了。病人向眾神禱告，說如果能病好下床的話，一定設百牛祭，送禮還願。他妻子正好在旁邊，聽他這麼說，便問道：「你從哪裡生出這筆錢來還願呀？」他回答說：「你以為神讓我病好下床，是為了向我要這些東西嗎？」這故事是說，人有時候心口不一，實際上不想做的事情，人們倒最容易答應下來。由此看來，察言是很有學問的技巧。人內心的思想，有時會不知不覺在口頭上流露出來，因此，與別人交談時，只要我們留心，就可以從談話中探知別人的內心世界。

一、由話題知心理，人們常常將情緒從一個話題裡不自覺的呈現出來。

話題的種類是形形色色的，如果要明白對方的性格、氣質、想法，最容易著手的步驟，就是要觀察話題與說話者本身的相關狀況，從那裡能獲得很多的資訊。

與中年婦女交談時，她們的話題多是她們自己，因為她們覺得自己才是她們最大的關心對象。有時也談論丈夫或孩子，那是她們把丈夫或孩子看成了自己的化身，談論他們也等於在談論自己。對於這樣的中年婦女，你要作為一個傾聽者的形象出現，承認她們是賢慧的妻子、偉大的母親。

在年輕男性的世界裡，他們最愛談論的話題是車子。關於車子的雜誌也跟音樂、足球雜誌一樣暢銷。年輕人的話題幾乎都與車子的品牌、裝備、速度等有關的話題，雖然，他們之中的大多數人都暫時買不起車。其實他們那麼熱衷於車的話題，無非是表示自己將來有能力購車，或者是自己對這些懂得很多，這只是男性之間的一種時髦的話題罷了，說著無非是想顯示自己的多聞。因此，你要聚精會神的聽他們聊車，最好不要擺出討厭或不耐煩的臉孔，用你的耐心就可以滿足

第八計　察顏觀色

他們的虛榮心。

二、措詞的習慣流露出的祕密。

語言表明出身，語言除了社會的、階層的或地理上的差別外，還有因個人的水準而出現差別的心理性的措辭。人的種種曲折的深層心理就會不知不覺的反映在措辭這個自我表現的手段上，即使與自己想表現的自我形象無關。透過分析措辭常常就可以大致上看出這個人的真實形象，在這種意義上，本人沒意識到措辭的確比言語的內容能更真實的告訴我們其人自身的樣貌。

使用第一人稱單數的人，獨立心和自主性強，常用複數的人多見於缺乏個性，埋沒於團體中，隨聲附和型的人。

人們總是自認為是在用自己的話說話，寫文章。實際上常在無意中借用別人的話，以滿足其自我擴大欲，反過來探尋這一點，就能窺見其人的內心深處。例如，對說話老是使用難懂的詞和外語的人常常會感到困惑，其實，這種人大多是將詞語作為掩飾自己內心弱點的盾牌。面試時，充分顯示自己的才能是必要的，但若過分矯飾，反顯得而畫蛇添足，這種情形常常不過是反證了對自己的智慧的自卑意識，所以將詞語作為盾牌，掩飾自己的自卑感。

三、說話方式才能反映出真實想法。

一般來說，一個人的感情或意見，都會在說話方式裡表現得清清楚楚，只要仔細揣摩，即使是弦外之音也能從說話的方式下逐漸透露出來。

（一）說話快慢是看破深層心理的重要關鍵。

如果對於某人心懷不滿，或者持有敵意態度時，許多人的說話速度都會變得遲緩，而且稍有木訥的感覺。如果心中有愧或者說謊時，說話的速度自然應就會快起來。假如說有一個男人每天下班都按時回家，但這一天他抱怨最近公司為什麼有這麼多的工作做不完等等之類的話。他的說話語調也一定會比平常快，這樣，他可以解除內心潛在的不安。遇到男人這樣時，做老婆的一定要慎重，什麼事一旦有了開頭，就會有下次，不可掉以輕心。

(二) 從音調的抑揚頓挫中看破對方心理。

上述的那位「加班」的男人，當他回到家時，他說話的語調不僅快，而且慷慨激昂，好像今天的加班的確讓他很反感，他是很不願意加班的。

當兩個人意見相左時，一個人若提高說話的音調，即表示他想壓倒對方。對於那種心懷企圖的人，他說話時就一定會有意的抑揚頓挫，製造一種與眾不同的感覺，有一種吸引別人注意力的欲望，自我表現欲也隱隱約約的透露出來了。

(三) 由聽話方式的看破對方心理。

構成談話的前提包括了兩種不同立場的存在者，即說話者與聽話者。我們可以根據對方聽自己說話後的各種反應，來突破對方的深層心理。

如果一個人很認真的聽對方說話，他應該會正襟危坐，視線也會一直看著對方。反之，他的視線必然會散亂，身體也可能在傾斜或亂動，這是他心情厭煩的表現。

有些人仔細傾聽對方的每一句話，等到講述者快說完時，他也會透露自己的心聲，由此看來，這位傾聽者完全依靠堅強的耐心，再配合著好奇心，才能最終突破講話者的祕密。

如果你想得知某人某方面的消息，你可以跟他從一個平常的話題切入，然後認真傾聽、提問、傾聽……一步步達到自己的目的，對方在高興之餘，也就忘了提防，相反的還會認為你是一個很好的傾聽者，多麼的善解人意呢。

眼觀六路

希臘神話裡有這樣一個故事：若被怪物三姐妹中的美杜莎看上一眼，立刻就會變成石頭，說白了，這是將眼睛的威力神化了。

從醫學上來看，眼睛在人的五種感覺器官中是最敏銳的，大概占感覺領域的百分之七十以上，因此，被稱「五官之王」。孟子云：「存乎人者，莫良於眸子，眸不能掩其惡。胸中正，則眸子瞭焉，胸中不正，則眸子眊焉。」從眼睛裡流露出真心是理所當然的，因為「眼睛是靈魂之窗」。

第八計　察顏觀色

　　深層心理中的慾望和感情，首先會反映在視線上，視線的移動、方向、集中程度等都表達著不同的心理狀態，觀察視線的變化，讀懂人的眼色便可知曉人們內心狀況，有助於人與人之間的交流。

　　眼睛識人的方法由來已久。人的個性是一成不變的，無論其修養工夫如何深遠。俗語說：「江山易改，本性難移。」性為內，情為外，性為體，情為用，性受外來的刺激，發而為情，刺激各有不同。情所表現最顯著、最難掩飾的部分，不是語言，不是動作，也不是態度，而是眼睛，言語動態都可以用假裝來掩蓋，但眼神是無法假裝的。我們看眼睛，不在大小圓長，而重在眼神。

　　如果你見他眼神沉靜，便可明白他對於你所著急的問題，早已成竹在胸，穩操勝算。這時只要向他請示辦法即可，如果他不肯明說，這是因為事關機密，不需要多問，只靜待他的發落便是。

　　如果你見他眼神散亂，便可明白他也是毫無辦法，徒然著急是無用的，向他請示，也是無用的。你得平心靜氣，另想應付方法，如果再多問下去，只會增加他六神無主的程度，這時是你顯示本事的機會，快快自己去辦法吧！

　　如果你見他眼神橫掃，彷彿有刺，便可明白他異常冷淡，如有請求，暫且不必向他陳述，應該趕快藉機退出，即使多逗留一會兒也是不適當的，退出再研究他對你冷淡的原因，再謀求恢復感情的途徑。

　　如果你見他的眼神陰沉，應該明白這是兇狠的信號，你與他交涉須得小心一點。他那一隻毒辣的手，正放在他的背後伺機而出。如果你不是早有準備想和他爭個高低，那麼最好盡早鳴金收兵。

　　如果你見他眼神流轉異於平時，便可明白他是胸懷詭計，想給你苦頭嘗嘗。這時應步步為營，前後左右都可能是他安排的陷阱，一失足便會栽在他的手裡。不要過分相信他的甜言蜜語，這是鉤上的餌，要格外小心。

　　如果你見他眼神呆滯，嘴唇泛白，便可明白他對於當前的問題惶恐萬狀，儘管口中說沒關係，他雖然未絕望，的確還在想辦法，但卻一點也想不出個所以然來。所以你不必再多問，應該自行考慮應付方法，如果你已經有了辦法，應該向他提出，並表示有幾成把握。

如果你見他眼神似在發火，便可明白他此刻是怒火胸中燒，如果不打算與他決裂，應該表示可以妥協，速謀轉機。否則，再逼緊一步，勢必引起正面的劇烈衝突了。

如果你見他眼神恬靜，面有笑意，你可明白他對於某事非常滿意。你要討他的喜歡，不妨多說幾句恭維話，你要有所求，這時也是個好機會，相信一定比平時更容易滿足你的願望。

如果你見他眼神渙散，神不守舍，便可明白他對於你的話已經感到厭倦，再說下去必無效果，你必須趕緊告一段落趁機告退，或者尋找新話題，談談他所願聽的事。若你見他的眼神再次集中，便可明白他認為你的話有一聽的必要，應該照你預定的計畫，婉轉陳述，只要你的見解不差，你的辦法可行，他必然是樂於接受的。

要是你見他眼神下垂，連頭都向下傾了，便可明白他是心有重憂，萬分苦痛。這時你不要向他說得意之事，那反而會加重他的苦痛，但你也不要向他說苦痛事，因為同病相憐越發難忍，你可以說一些安慰的話，並且從速告辭，多說也是無益的。

如果他的眼神上揚，便可明白他是不屑聽你的話，無論你的理由如何充分，你的說法如何巧妙，還是不會有理想的結果，不如退而求接近之道。

總之，眼神有散有聚，有動有靜，有流轉有凝視，有陰沉，有呆滯，有下垂，有上揚，仔細參悟之後，必可發現人情畢露。

第八計　察顏觀色

第九計　悅上媚下

看著上司的眼色辦事

　　最令大多數新進入職場的人感到很不習慣的是，以往在學校裡，老師總是不厭其煩的一一講解，直到他們能夠領悟到為止。可是一旦踏入社會，就發現他們常常必須在上司沒有將事情交代清楚的情況下，以自行摸索的方式完成工作。還有另一種情形是，他們根本無需理解或明白，只要乖乖接受命令就行了。

　　事實上，社會的一大特色便是「看眼色辦事」和「事先疏通」。意見一致要比綜合各方意見還要優先得多。

　　當然，這種情形並不只限於工作方面，人際關係亦是如此。特別是和上司相處的時候，絕對不可缺少那份「心領神會」，最好形成「不必一一說明也該知道」的溝通模式。

　　有些事情上司嘴裡沒有說出來，但身為部下，應該設法察知他的心意，即所謂的「善解人意」。為了做到這一點，平時應盡量收集、注意有關上司的情況。特別要搞清楚，什麼樣的人才是上司眼中的理想下屬。

　　當然，不同的上司偏愛也不同，但一般來說，上司眼中理想的下屬普遍是這樣的：

一、　身體健康：最好是十年也不病一天，因為經常請病假是不受歡迎的。

二、　準時上班，超時下班：上司一般喜歡在踏入公司時，即看見員工在埋頭

65

第九計　悅上媚下

工作，下班踏出公司門口時，仍有員工在忙於工作，他心裡自然產生一種安全感。

三、　聰明：舉一反三的下屬是受歡迎的。

四、　積極而不具野心：要做到這樣並不容易，但上司偏偏希望下屬能做到，所以要懂得面對上司隱藏野心。

五、　技巧的奉承：太著急的奉承，不單侮辱了上司的智慧，而且還會令他對此人提高警覺。上司理想中的奉承是間接和有誠意的。

六、　誓死相隨情操：能充分滿足上司的個人英雄主義。

七、　永不說「不」：上司對「不」字十分敏感。

八、　公私分明：絕不以私事為理由請假，也不帶家庭煩惱上班。

九、　不搶功勞：懂得把功勞歸給上司的，才是奉承的高招，保證人人受益。

十、　又近又遠：下午茶時間，不忘給上司帶一份點心，平時常表示關心，但仍保持上下之分。

十一、不在公司內亂搞男女關係：不適當的男女關係，往往會破壞辦公室的和諧，亦會令主管為難。

以上十一大要素，實在難以完全做到，只要學會了其中的五、六項，已經算是不錯的。你也許奇怪，為什麼上述十一項要素當中，沒有一項是提及才能的？這並不是說才能不被重視，而只是這一項通常被視為下屬必須具備的條件。哪有上司會請沒才能的下屬？

上司就是比你高明

一個人能夠成為管理階層，自然有他過人之處（因裙帶關係升級的另當別論）。因此作為下屬，應該學習欣賞你的上司，不應養成看不起上司的習慣。

「你當年如沒有我幫助，哪會有今天？」「你若非夫憑妻貴，能升遷升得這麼快嗎？」「你一生就是好運！」這些不切實際的想法，不單對你的工作沒有絲毫幫助，還會阻礙自己向上的拼勁。因為不論他是靠什麼人升級，或者是全靠運氣，好歹他今天還是你的上司。

在背後常常說上司的不是的人，不會受到別人的尊敬。如果偶而為之，別人會當你是訴苦，但如果常常這樣，別人便會覺得你只會看不起別人而自己又不努力，因為你既然可以讓一個樣樣不如你的人當了你的上司，你的能力想必也好不到哪裡去。撇開人格不談，單就公事而論，上司必有下屬值得學習的地方。

例如他沉著、遇事冷靜、富有冒險精神或公私分明等，總會有讓你欣賞之處，問題是你能否放下對抗之心去欣賞別人而已。

在上司身上尋找一些能令你欣賞的地方，不只可把許多怨氣消除，也能變得容易容忍和接納他。更重要的是，可以學到自己所沒有的長處。

如果你能欣賞你的上司，他自然會在日常的交往中察覺得到，就正如他能在言談中知道你對他心懷不敬一樣。沒有上司會拒絕別人的尊敬的，有人欣賞絕對是快樂的事。

在上司面前要收斂自己的鋒芒

有一類上司，視權力為一切，凡事一定要控制在他手中，以示其權力之大，這類上司視權力為他的護身符。過於重視自己的權力，也許是一種病態。但如果你遇到這種上司，也不用急著打退堂鼓，仍有方法可與其相處。

如果你的上司以「爭權奪利為尚」認為屬下要想成就事業，必須得到他的首肯或幫助，那麼，對你來說，最保險的應對之道，是收斂起自己的鋒芒，千萬不要讓他感受到權力及職位受到威脅。三國時的楊修是曹操軍中的主薄，是很有名的才子。他的遭遇，我們可以借鑑。劉備親自打漢中，驚動了許昌，曹操也率領四十萬大軍迎戰。曹劉兩軍在漢水一帶對峙。曹屯兵日久，進退兩難，適逢廚師端來雞湯。見碗底有雞肋，有感於懷，正沉吟間，夏侯惇入帳稟請夜間號令。曹操隨口說：「雞肋！雞肋！」人們便把這作為號令傳了出去。行軍主薄楊修隨即叫隨行軍士收拾行裝，準備歸程。夏候惇大驚，請楊修到帳中細問。楊修解釋說：「雞肋者，食之無肉，棄之有味。今進不能勝，退恐人笑，在此無益，來日魏王必班師矣。」此番話夏侯惇覺得信服，於是軍營諸將紛紛打點行李。曹操是個權力欲望很強的人，知道後，怒斥楊修並說楊修造謠惑眾，擾亂軍心，以此為

第九計　悅上媚下

藉口便把他斬首了。楊修無意中成了曹操擴張權力的擋路石，使曹操強烈感受到自己的權力及職權受到威脅，這是大忌。相反的，如果楊修能在最短的時間內，讓曹操失去征服他的興趣，也許就不會有被斬首的結局。所以屬下對這類上司要隨時顧及他的顏面，知道何時該進退。當然更殘忍的現實是，必須隨時準備好接受突如其來的辱罵。面對這類上司，也許會讓屬下充滿挫折，但一定要忍耐，並在適當的時機展現他非依賴你不可的專長，這就是部屬揚眉吐氣的時刻了。

要對上司投其所好

　　狂傲型上司多半獨立、自信，能力很強，精力旺盛是其特徵，沒有耐心容忍瑣碎的事情。因此，這類上司不但無法與部屬進行有效的溝通，更有可能會把無聊繁雜的瑣事都交給部屬做，而把有成就感、有挑戰性的工作留給自己獨立去完成。

　　面對這類上司，當然最重要的戒律是不要妨礙到他的成就感。其次，為了投其所好，一定要手腳勤快，主動自覺的做他不願做的工作。幫助他擁有更多的獨處時間，使其不至於受到干擾。也許這樣一來，也許會因上司的「獨來獨往」，而使下屬擁有更多的時間空間可以發揮，這未嘗不是件好事。而且這樣的上司，一旦有了與你單獨相處的機會，就會教你一些為人處世的方法，尤其是他的一些人生成功的經驗等，這無疑會使你大受益處。對他的「點撥」你一定要表現出感激之情，他就會覺得你「孺子可教」，並且把將你培植成人才視為自身的成就。遇到這樣的上司，應該也可說是你的榮幸。為了報答他，於是你努力工作、不斷提高自己，雖然這樣的日子並不輕鬆，但未來，也許會一片光明。當然重要的前提仍是讓這類上司有成就感，並且讓他的權威受到尊重。

把功勞讓給上司

　　被別人比下去是很令人惱怒的事情，所以你的上司被你超越，這對你來說不僅是件蠢事，甚至會產生致命後果。

把功勞讓給上司

龔遂是漢宣帝時代一名能幹的官吏。當時渤海一帶災害連年，百姓不堪忍受飢餓，紛紛聚眾造反，當地官員鎮壓無效，束手無策，宣帝派年已七十餘歲的龔遂去任渤海太守。

龔遂單車簡從到任，安撫百姓，與民休息，鼓勵農民墾田種桑，規定農家每口人種一株榆樹，一百棵荽白，五十棵蔥，養兩頭母豬，五隻雞，對於那些心存戒備，依然帶劍的人，他勸喻道：「怎麼不把劍賣了去買頭牛呢？」經過幾年治理，渤海一帶社會安定，百姓安居樂業，溫飽有餘，龔遂名聲大振。於是，漢宣帝召他還朝，他有一個屬吏王先生，請求隨他一同去長安，說：「我對你會有好處的！」其他屬吏卻不同意，說：「這個人，一天到晚喝得醉醺醺的，又好說大話，還是別帶他去為好！」龔遂說：「他想去就讓他去吧！」

到了長安後，這位王先生終日還是沉溺在醉鄉之中，也不去見龔遂。可是有一天，當他聽說皇帝要召見龔遂時，便對看門的人說：「去將我的主人叫到我的住處來，我有話要對他說！」

他一副醉漢狂徒的嘴臉，龔遂也不計較，還真的來了。王先生問：「天子如果問大人如何治理渤海，大人當如何回答？」龔遂說：「我就說任用賢材，使人各盡其能，嚴格執法，賞罰分明。」

王先生連連搖頭道：「不好！不好！這麼說豈不是自誇其功嗎？請大人這麼回答：『這不是小臣的功勞，而是天子的神靈威武所感化！』」

龔遂接受了他的建議，按他的話回答了漢宣帝，宣帝果然十高興，便將龔遂留在身邊，任以顯要而又輕閒的官職。

做臣下的，最忌諱自表其功，自矜其能，凡是這種人，十有九個要遭到猜忌而沒有好下場。

當年劉邦曾經問韓信：「你看我能帶多少兵？」韓信說：「陛下帶兵最多也不能超過十萬。

」劉邦又問：「那麼你呢？」韓信說：「我是多多益善。」這樣的回答，劉邦怎麼能不耿耿於懷！

喜好虛榮，愛聽奉承，這是人類天性的弱點，作為一個萬眾注目的帝王更

第九計　悅上媚下

是如此。有功歸上，正是迎合這一點，因此它是討好上司，固寵求榮屢試不爽的法寶。

自以為有功便忘了上奉，總是討人嫌的，特別容易招惹上司的嫉恨。自己的功勞自己說雖說合理，但卻不合人情的捧場之需，而且是件很危險的事情。

三國末期，西晉名將王濬於西元二八〇年巧用火燒鐵索之計，滅掉了東吳。三國分裂的局面至此方告結束，國家又重新歸於統一，王濬的歷史功勳是不可埋沒的。豈料王濬克敵致勝之日，竟是受讒遭誣之時，安東將軍王渾以不服從指揮為由，要求將他送交司法部門論罪，又誣指王濬攻入建康之後，大量搶劫吳宮的珍寶。

這不能不令功勳卓著的王濬感到畏懼。當年，消滅蜀國，收降後主劉禪的大功臣鄧艾，就是在獲勝之日被讒言誣陷而死，他害怕重蹈鄧艾的覆轍，便一再上書，陳述戰場的實際狀況，辯白自己的無辜，晉武帝司馬炎倒是沒有治他的罪，而且力排眾議，對他論功行賞。

可王濬每當想到自己立了大功，反而被豪強大臣所壓制，一再被彈劾，便憤憤不平，每次晉見皇帝，都一再陳述自己伐吳之戰中的種種辛苦以及被人冤枉的悲憤，有時感情激動，也不向皇帝辭別，便憤憤離開朝廷。他的一個親戚范通對他說：「足下的功勞可謂大了，可惜足下居功自傲，未能做到盡善盡美！」

王濬問：「這話什麼意思？」

范通說：「當足下凱旋歸來之日，應當退居家中，再也不要提伐吳之事，如果有人問起來，你就說：『是皇上的聖明，諸位將帥的努力，我有什麼功勞可誇的！』這樣，王渾能不覺得慚愧嗎？」王濬按照他的話去做了，讒言果然不止自息。

立了功，其實是很危險的事情，上司只要給你安個「居功自傲」的罪名就能把你滅了，正合嫉妒你眼紅你的同事的心意，你不了解這種孤立無援的後果是不能自保的。而把功勞讓給上司，是穩妥的自保之道。所以日後還是把紅花讓給上司為上策。

收買人心不用金錢

　　一般來說，上司籠絡下屬的手段，不外乎好的職位、錢財兩種。但有時上級對下屬不必付出實質性的東西，而只要透過某種表示、某種態度，便能給下屬很大的滿足，甚至會使他們產生受寵若驚的感覺，因而感恩戴德。更加忠心耿耿的為其效勞。有些人只是一味向想拉攏的一方施以恩惠，特別是對那些自己以為將要用到的人，更是如此。其實，收攏人心，最重要的是要針對對方的心理。給地位卑賤者以尊重，給貧窮者以財物，給落難者以援助，給求職者以機會等等，這才是收攏人心最有效的方式。

　　為上司者不僅要對部下示以寵信，同時還要向他們顯示自己的大度，盡可能原諒下屬的過失，這也是一種重要的籠絡手段。俗話說：「大人不計小人過」、「宰相肚裡能撐船」，所以對那些無關大局之事，不可同部下錙銖必較，當忍則忍，當讓則讓。要知道，對部下寬容大度，是製造向心力的一種手段。

　　漢文帝時，袁盎曾經做過吳王劉濞的丞相，他有一個親信從史與他的侍妾私通。袁盎知道後，並沒有將此事洩露出去。有人卻以此事嚇唬從史。那個從史就畏罪逃跑了。袁盎知道消息後親自帶人將他追了回來，將侍妾賜給了他，對他仍像過去那樣倚重。

　　漢景帝時，袁盎入朝擔任太常，奉命出使吳國。吳王當時正在謀劃反叛朝廷，想將袁盎殺掉。他派五百人包圍了袁盎的住所，袁盎對此事卻毫無察覺。恰好那個從史在圍守袁盎的軍隊中擔任校尉司馬，就買來二百石好酒，請五百個兵卒開懷暢飲。圍兵們一個個喝得酩酊大醉，癱倒在地。當晚，從史悄悄溜進了袁盎的臥室，將他喚醒，對他說：「你趕快逃走吧，天一亮吳王就會將你斬首。」袁盎問起：「你為什麼要救我呢？」校尉司馬對他說：「我就是以前那個偷了你的侍妾的從史呀！」袁盎大驚，趕快逃離吳國了，逃脫了危險。

　　戰國時，楚莊王賞賜群臣飲酒，晚宴上正當大家酒喝得酣暢之際，蠟燭滅了。這時有一個大臣因垂涎楚莊王的美姬的美貌，加之飲酒過多，難於自控，便乘黑暗混亂之機，抓住了美姬的衣袖。

　　美姬一驚，左手奮力掙脫，右手趁勢抓住了那人帽子上的冠纓，並告訴莊王

第九計　悅上媚下

說：「剛才燭滅之時，有人拉扯我的衣襟，我扯斷了他頭上的冠纓，現在還拿著，趕快點火來找出這個斷纓之人。」

莊王說：「賞賜大家喝酒，讓他們因喝酒而失禮，這是我的過錯，怎麼能為要顯示女人的貞節而辱沒臣子呢？」於是命令左右的人說：「今天大家和我一起喝酒，如果不扯斷冠纓，說明他沒有盡飲。」於是群臣一百多人都扯斷了帽子上的冠纓而熱情高昂的飲酒，一直飲到盡歡而散。

過了三年，楚國與晉國打仗，有一個臣子常常衝在最前線，最後打退了敵人，取得了勝利。莊王感到驚奇，忍不住問他：「我平時對你並沒有特別的恩惠，你打仗時為何這樣賣力呢？」他回答說：「我就是那天夜裡被扯斷了帽子上冠纓的人。」

從這裡，我們不僅看到了袁盎和楚莊王的寬宏大度，遠見卓識，也可以洞悉他們駕馭部下的高超藝術。

無獨有偶。西元一九九年，曹操與實力最強大的北方軍閥袁紹對峙於官渡，袁紹擁眾十萬，兵精糧足，而曹操兵力只及袁紹的十分之一，又缺糧，明顯處於劣勢。當時很多人都以為曹操這一次必敗無疑了。曹操的部將以及留守在後方根據地許都的好多大臣，都紛紛暗中給袁紹寫信，準備一旦曹操失敗便歸順袁紹。

對峙了半年多以後，曹操採納了謀士許攸的奇計，襲擊袁紹的糧倉，一舉扭轉了戰局，打敗了袁紹。曹操在清理從袁紹軍營中收繳來的文書資料時，發現了自己部下的那些信件。他連看也不看，命令人立即拿去全部燒掉，並說：「戰事初起之時，袁紹兵精糧足，我自己都擔心能不能自保，更何況其他的人！」

這麼一來，那些動過二心的人便全部都放了心，對穩定大局起了很好的作用。曹操的這一手的確十分高明，它將已經開始離心的軍心收攏回來。不過，沒有一點氣度的人是不會這麼幹的。

要顯示用人不疑的氣度

古代有一個故事，說是一位大將軍率兵征討外虜，得勝回朝後，君主並沒有賞賜他很多金銀財寶，只是交給大將軍一個盒子。大將軍原以為是非常值錢的珠

要顯示用人不疑的氣度

寶,可回家打開一看,原來是許多大臣寫給皇帝的奏章與信件。再一閱讀內容,大將軍就明白了。原來大將軍在率兵出征期間,國內有許多仇家便誣告他擁兵自重,企圖造反。戰爭期間,大將軍與敵軍僵持不下,國君曾下令退軍,可是大將軍並未從命,而是堅持戰鬥,終於大獲全勝。在這期間,各種攻擊大將軍的奏章更是如雪片飛來,可是君王不為所動,將所有的進讒束之高閣,等大將軍回師,一起交給了他。大將軍深受感動,他明白:君王的信任,是比任何財寶都要貴重百倍的。

這位令後人稱讚的君王,便是戰國時期的魏文侯,那位大將軍乃是魏國名將樂羊。

這樣的事,在東漢初年又依樣畫葫蘆似的重演了一次。馮異是劉秀手下的一員戰將,他不僅英勇善戰而且忠心耿耿,品德高尚。當劉秀轉戰河北時,屢遭困厄,一次行軍在饒陽滹沱河一帶,彈盡糧絕,飢寒交迫,當時是馮異送上僅有的豆粥麥飯,才使劉秀擺脫困境;後來還是他首先建議劉秀稱帝的。他治軍有方,為人謙遜,每當諸位將領相聚,各自誇耀功勞時,他總是一人獨避大樹之下。因此,人們稱他為「大樹將軍」。

馮異長期轉戰於河北、關中,甚得民心,成為劉秀政權的西北屏障。這自然引起了同僚的妒忌。一個名叫宋嵩的使臣,四次上書,詆毀馮異,說他控制關中,擅殺官吏,威權至重,百姓歸心,都稱他為「咸陽王」。

馮異對自己久握兵權,遠離朝廷,也不太安心,擔心被劉秀猜忌,於是一再上書,請求回到洛陽。劉秀對馮異的確也不大放心,可西北地方卻又少不了馮異這樣一個人。為了解除馮異的顧慮,劉秀便把宋嵩告發的密信送給馮異。這一招的確高明,既可解釋為對馮異深信不疑,又暗示了朝廷早有戒備。恩威並用,使馮異連忙上書自陳忠心。劉秀這才回書道:「將軍之於我,從公義講是君臣,從私恩上講如父子,我還會對你猜忌嗎?你又何必擔心呢?」

說是不疑,其實還是會懷疑的,有哪一個君主會對臣下真的信任不疑呢?尤其像樂羊、馮異這樣位高權重的大臣,更是國君懷疑的重點人物,他們對告密信的處理,只是作出一種姿態,表示不疑罷了,而真正的目的,還是給大臣一個暗

第九計　悅上媚下

示：我已經在注意你了，你不要輕舉妄動。既是拉攏，又是震懾，一箭雙雕，手腕可謂高明。

　　上司和下屬之間很容易產生誤解，形成隔閡。一個有謀略的政治家，常常能以其巧妙的處理，顯示自己用人不疑的氣度，使得部下更加忠心的效力自己。然而，要真做到疑人不用、用人不疑也不是件容易的事。一般的人才，都非等閒之輩，能力與野心是同在的，也很容易受到上司的懷疑。作為上司，應該具有容人之量，既然把任務交代給了下屬，就要充分相信下屬，放權讓其有施展才能的機會，只有這樣，才能人盡其才。

　　當然，發現了下屬真的產生反叛之心，並非忠耿之士，那就要毅然採取果斷行動。

第十計　學會拒絕

用抱怨拒絕對方的請求

互相哭訴「窮狀」，形成與對方相同的心理基礎。

如果有人向你說「我急需一筆錢，但又沒有錢」，而想跟你借錢時，你其實可以告訴對方，你正和他一樣沒錢。「你有困難，我也有困難，我們共同努力吧！」這招用在別人想向你借錢時，可以說十分有效。

就是說，聆聽對方抱怨的同時，也同樣的向對方抱怨回去，因為對方想拜託你的依據通常是認為「你的情況不比他嚴重，所以向你尋求援助比較有可能」。此時，不僅要摧毀對方所堅持的依據，還要站在和對方相同的心理基礎上，和對方進行坦誠的對話，來解除對方的不滿及不安感，因為如果只是以兩三句話來拒絕的話，對方會覺得你有錢卻不願借錢給他，一旦讓對方有這種感覺，對你就不利了。

用掃興話拒絕對方

要趕走討厭的傢伙，可多說一些掃興的話，如一個酒店小姐要趕走他討厭的男人，通常會在閒扯中說「反正我是酒店小姐，沒有資格和你在一起」。

說掃興話時，可多用「但是」、「反正」、「總之」等沒有特定意義的詞語。因

第十計　學會拒絕

為這些詞彙能有效疏遠人與人之間的關係,是使人掃興的「非應酬語」。比如下列詞語就容易使對方厭惡。

（一）「但是」隱藏有反抗的意思。

（二）「反正」含有自暴自棄的意味。

（三）「……吧！」「……就是啊！」的結尾語有消極的意味。

（四）無休止的使用似是而非的「那個」、「那件事」、「你看」。

（五）極為簡略的答話「也許是吧」、「可能吧」、「就是這樣吧」、「以後再說吧」。

拒絕別人的技巧

人生在世,必須掌握一些巧妙拒絕別人的求助而又不傷害友誼,並且能獲得別人的理解和體諒的交際技能。下面談幾點拒絕別人求助的技巧,以供參考。

（一）讓求助者知道你確實是心有餘而力不足。

當別人來求助你時,你雖知道自己幫不了忙,但也應熱情接待,對於求助者的困難和求援要表示理解和同情,然後再坦誠說明幫不了忙的原因。如果有可能,也可以幫忙出一些主意或提一些建議,這樣就能免除求助者的誤解,使他明白你是心有餘而力不足,即使你幫不了忙,求助者也會感激你,因為你已盡了最大的努力。

（二）誠懇陳述你的難處,爭取求助者的理解和體諒。

假如親屬、朋友、同事求助你,而且這些事情你雖然可以辦到但又是不能做的。例如,一些求你利用手中的權力安排子女、親屬就業或購買稀缺物資等等,這明明是違背原則的不正之風。遇到這種情況,你不妨坦誠的陳述你的難處,在人事安排方面,上級人事部門有明文規定,如果要我個人來違反人事部門和公司集體制定的規定、決議的話,這個忙實在不能幫,幫了你的忙,別人怎麼辦?今後我還要怎麼繼續在公司工作?幫了你的忙,我自己要受處罰,你於心何忍?這樣說的話求助者就難以責怪於你了。如果你坦誠陳述困難,一般求助者還是會通

情達理的，會理解和體諒你的難處的。

(三) 回答留有餘地。

有人求你幫忙，你又難以辦到或者內心也不願意幫忙，但也不必馬上一口回絕，以免當頭一盆涼水澆得別人難堪。遇到這種情況，你不妨來個「緩兵之計」，回答留有餘地：「這個忙我沒有把握能辦成，不過我願為你盡力試試，你先回去，有了消息我馬上通知你。」過一段時間後，你可以打電話或託人告訴他：「這事我奔走了好幾天，聯繫了不少朋友，但實在沒辦法，請趕快再另行想辦法吧，以免耽誤誤你的事情。」這樣，就不會形成雙方當面難堪的局面。

(四) 迴避。

你主辦的事情或主管的部門，有時會出現一些有規律性的求助者。如每年的招生、招聘、福利補助等等。每到這個時候，一些親屬、朋友、同事、部屬等可能接二連三的糾纏著你，使你吃不寧、睡不安。如果真遇到這種情況，你不妨採用迴避的方法來拒絕別人的求助。如計畫公布下達後，有事外出幾天；或者突然轉移辦公地點；也可來個假病真做，上醫院健檢住上幾天，不理朝綱政務。等風頭一過，你再露面之時，要辦的事木已成舟，別人就不會再糾纏求助了。

(五) 明確果斷拒助。

當然，明確果斷拒絕求助，不是指態度生硬、言辭簡單的拒絕求助者，而是要將不能幫忙的原因明確不含糊的告訴求助者，以免求助者產生誤解，或對你總抱有指望和期待。否則，求助者就可能無休止的來糾纏，這樣既誤了求助者的事，又影響自己的工作和生活。

拒絕也要講藝術

我們在拒絕別人時，一定要注意以下幾點，否則不僅不能拒絕別人，還會給人表裡不一的感覺。

第十計　學會拒絕

（一）要拒絕別人時，盡量不要與對方對上眼睛。

這是因為，提出要求的一方，在與你交談時，一定是熱情的看著你的眼睛，以求藉著眼神的請求打動你的心。這時你將因注視對方的眼睛，而把自己暴露在可能接受對方談話內容的危險之中。

要說「不」時，一定要避免與對方眼睛直接相對。一般認為，在交談中最難對付的人，就是說話時不看對方眼睛的人。對於這樣的人，你從頭到尾都覺得好像做了什麼對不起他的事。因此，這樣的交談也就不可能長久。所以在拒絕對方時，採用這種方式是非常有效的。

（二）想拒絕別人時，不要碰對方遞過來的東西。

在電影中，我們經常會看到這樣的場景，一個女人跟一個男人吵架，涕淚俱下。這時，男方經常是拿出一塊手帕，遞給女方。此刻，如果女方接受了手帕，我們就會想到，他們之間不過小吵小鬧，不會有什麼大事，很快就會重歸於好的。相反的，如果女方連手帕都不接，我們心裡就會說：「哎呀，八成他們倆要分手。」可見，一塊小小的手帕竟有這麼大作用。

所以我們在想拒絕別人時，一定不能去摸對方遞過來的任何東西，如香煙、茶水等等，不要給別人錯誤的暗示。

（三）要說「不」時，最好處在對方無法觸及的位置。

心理學家認為，人們所保持的空間距離。實際上就是人們心理上的距離。一般來說，朋友和家人之間的交談中，彼此距離都比較近，而陌生人或敵對者雙方之間的距離要稍大一些。因此，想要拒絕別人時，一定不能離對方太近，以免被對方觸摸到。

心理學實驗表明，當我們的身體被對方所觸摸時，就會不知不覺的立即和對方產生共同的感受。我們經常會看到，某人本想拒絕對方，但被對方輕輕拍了幾下肩膀，然後又一陣勸說，就輕而易舉的把他的拒絕化解了，所以，要想拒絕別人，最好不要讓對方觸摸到你。

鋒芒勿太露

第十一計　大智若愚

鋒芒勿太露

　　鋒芒本意是刀劍的尖端，比喻顯露出來的才幹。一個人若無鋒芒，那就是平平庸傭，所以有鋒芒是好事，是事業成功的基礎，在適當的場合顯露一下既有必要也是應該的。但鋒芒可以刺傷別人，也會刺傷自己，運用起來應該小心翼翼，平時應收在劍鞘裡。所謂物極必反，過分外露自己的才華只會導致自己的失敗。尤其是做大事業的人，鋒芒畢露既不能達到事業成功的目的，又失去了前途，甚至身家性命。所以，有才華的人應該含而不露，該裝糊塗時一定要裝糊塗，切勿恃才自傲。

　　《老子‧洪德》章說：「大巧若拙，大辯若訥」。意思是最聰明的人，真正有本事的人，雖然有才華學識，但平時卻看起來傻傻的，不自作聰明；雖然能言善辯，但好像不會講話一樣。你有才華，那只是一方面的才華，我們必須把保護自己也算作才華之列。一個不會自我保護的人雖有才華，卻容易過早埋沒了才華，不能為社會作更多的事，這樣的才華還有什麼用呢？

　　秦朝的李斯是楚國上蔡人。他後來歸順秦始皇，被當做客卿。從開始當廷尉，後來作了宰相。他任內提倡焚書坑儒，在一起討論《詩經》、《尚書》的都要殺頭。於是他把儒生活埋，焚燒經書。李斯曾和宦官趙高曾做偽詔而殺了公子扶蘇。後來他與趙高發生了矛盾。趙高對秦二世挑撥說：「李斯大兒子李由是三川

第十一計　大智若愚

守衛，同盜賊陳勝私通，而且丞相身居在你之下，權力卻比你還大。」秦二世認為他說得對，於是把李斯關進牢房，用完五刑後，預定在咸陽把他腰斬了。李斯臨刑的時候，回過頭對二兒子說：「我想和你再牽著黃狗一塊出去，到上蔡東門去追野兔，怎麼能夠做到呢？」於是父子相對痛哭，此案他被滅了三族。所以胡曾詩作寫道：「功成不解謀身退，直待雲陽染血衣。」

張居正，明隆慶元年入閣，後為首輔（宰相）。萬曆初年，神宗年幼，國事都由他主持，前後當政十年。當時軍政敗壞，財政破產，農民起義此伏彼起，危機嚴重。他以「竿盜即斬」的手段加強鎮壓，並進行一些改革。萬曆六年，下令清丈土地，清查大地主隱瞞的莊田；三年後在全國範圍內推行了一條鞭法，改變稅賦制度，把稅役合併為一，按畝征銀，使封建政府的財政情況有所改善。但他排斥異己，結黨營私，生活腐化墮落，喜愛聲色犬馬，家中財物珍玩無數，還和妃子勾搭成奸，名聲很糟。終於以「奪情」（即他貪婪權勢而害怕為父奔喪之時權力被人剝奪，乃至沒有奔喪）為禮法所不容，等萬曆皇帝長大後，就沒收了他的財產，還挖了他的墳墓，並為受張居正排擠的人逐漸恢復了官位。

明代魏大中在四十二歲時才走完了科舉道路的最後一步，進士及第並被授予官職，當時是萬曆四十四年，朝廷一片烏煙瘴氣。他官階八品，在朝廷中尚無發言的地位，卻對人對事都看不慣，看不慣還偏愛指正出來，結果到處遭人白眼。他到了哪裡，哪裡的官員便失去撈到好處的機會，而他自己卻一點兒好處也不要，甚至不與人交往，這在官官相護的時代真是不可原諒的錯誤。他結交的幾個人都是東林黨人，與當時權勢顯赫的魏忠賢為敵。結果，他上疏彈劾溫體仁、魏忠賢奸黨，反遭誣陷時，天啟皇帝因為知道他過分廉潔而放過了他，但他終於還是被抓進獄中，被折磨至死。

海瑞，以正直廉潔而著名，到處主持公道，分割大官僚地主的利益，提倡節儉，他的下屬連紙張都不許多領多用，甚至要求不能浪費紙張必須寫滿，結果，一生被人排擠，到處碰壁，鬱鬱不得志。他仗著一身正氣，誰都不放在眼裡。結果是既無能力扭轉世俗，也沒有過到一天舒心的日子，最終還被罷了官，遭貶謫。

鋒芒勿太露

如果這些人收斂一下鋒芒，學會保護自己，一邊為天下黎民著想，為社稷著想，一邊實施自我保護，哪裡還有這麼多悲劇發生呢？實際上，兩者完全可以兼顧，並不一定非要顧此失彼。歷史上事業成功而且下場很好的人多得是，他們或者歸隱，或者仍身居高位，這不是取得了雙份的成功嗎？事業成功而個人生活失敗，怎麼能算完全的成功呢？怎麼能是大智大慧的人所為呢？

所以，無論是初涉世事，還是位居高官，無論是做大事，還是一般的人際關係，鋒芒不可畢露。有了才華固然很好，但在合適的時機運用才華而不被或少被人忌，避免功高蓋主，才算是更大的才華，這種才華對人對己才有真正的用處啊！這方面，荀攸是一個絕好的榜樣。

曹操是個難侍侯的上司。他有過人的才華，下手快，出手狠，疑忌心重，氣量極狹，把「寧教我負天下人，休教天下人負我」做為信條。他殺了在危難中款待他的呂伯奢一家九口人，殺了能摸透他心思、鋒芒外露的謀士楊修。可是他手下有一位謀士荀攸，卻能與他相處融洽，先後為曹操謀劃了一系的奇策。曹操玩弄權術，想讓手下的人怕他，荀攸未必不知道，但他不露聲色。

而楊修總是想表現自己的聰明，說破曹操的目的，終為曹操所不容。荀攸對曹操執禮甚恭，讓曹操感到自己的重要和特殊，但是平時對一些小事，總是裝聾作啞，順水推舟，想來「丞相英明」之類的話荀攸是不會少說的。正因為如此，所以他博得曹操的信任和欣賞，每到關鍵時刻，他的計畫總能被曹操所接受，從而使自己的才能得到了最大程度的發揮，又給自己創造了一個寬鬆和諧的環境，把君臣的藝術發揮到極致，所以曹操說他「外愚內智，外怯內勇，外弱內強」，「其智可及，其愚（其實是大智）不可及。」

周公（姓姬名旦）是西周初年著名的政治家、軍事家，曾佐其兄周武王伐紂滅商。武王死後，成王年幼，由他攝政。其兄管叔、蔡叔、霍叔等人不服，聯合紂王之子武庚和東方夷族反叛。他率軍兩次東征，經三年苦戰，終於平定了叛亂。東征勝利後，成王把殷民六族和舊奄國地，連同奄民，分封給他，國號魯。周公因需在朝中輔助成王，於是派兒子伯禽去魯。在兒子伯禽臨行前，他告誡伯禽道：「德行廣大而守以恭者榮，土地博裕而守以儉者安，祿位尊盛而守以卑

第十一計　大智若愚

者貴，人眾兵強而守以畏者勝，聰明睿智而守以愚者益，博聞多記而守以淺者廣。」周公的這些諄諄家訓，對今天我們這些後人不是仍有很大的警誡和教益作用嗎？洪應明在其傳世名著《菜根譚》中也認為，富者應多捨，智者亦不炫耀，操履不可少變，鋒芒不可太露。他指出「富貴家宜寬厚，而反忌刻，是富貴而貧賤其行矣！如何能享？聰明人亦斂藏，而反炫耀，是聰明而愚懵其病矣！如何不敗？」這段話的意思是：一個富有家庭待人接物應該寬宏厚道，但有的人反而苛薄無禮，這種人雖然身為富貴之家，可他的行為跟貧賤之人卻完全相同，這樣又如何能夠長久享有富貴呢？一個才智超群、博學聰明的人，本來應該隱匿其才華，但有的人反而到處炫耀自己，這種人表面上看起來好像很聰明，其實是很愚昧的，這樣的人如何會不失敗呢？做為一個人，尤其是做為一個有才華的人，要做到不露鋒芒，既有效的保護自我，又能充分發揮自己的才華，不但要說服、戰勝盲目驕傲自大的病態心理，凡事不要太張狂太咄咄逼人，更要養成謙虛禮讓的美德。所謂「花要半開，酒要半醉」，也就是說每當鮮花盛開驕豔的時候，也正是立即被人採摘的時候，也就是衰敗的開始。人生也是這樣。當你得志意滿時，且不可趾高氣揚，目空一切，不可一世，這樣你不被別人當箭靶打才怪呢！所以，無論你有怎樣出眾的才智，但一定謹記：不要把自己看得太了不起，不要把自己看得太重要，不要把自己看成是救國濟民的聖人君子，還是收斂起你的鋒芒，夾起你的尾巴（可千萬不要翹起來啊！），掩飾起你的才華吧。有道是激流勇退，適可而止，只有能夠好好把握自我的人，才會有更成功，更幸福的人生啊！

功成應身退

　　趙匡胤發動陳橋兵變，手下將士將黃袍披在他身上，擁立他做了皇帝。平定天下不久，他問大臣趙普：「自李唐滅亡以來，幾十年間就經歷五代換了十幾個皇帝，烽煙不息，是什麼原因呢？」趙普回答：「因為藩鎮的勢力太強大了。皇帝的勢力弱而臣子勢力強，恃強犯上，人人覬覦帝位自然無法控制局面。今天只要削減他們的權力，控制他們的物資軍餉，收編他們的精兵，達到君強臣弱，天

功成應身退

下就會安定！」宋太祖說：「你不用再說了，我已經知道了。」

不久以後，太祖和故將石守信等人飲酒，酒酣耳熱之際，對他們說；「沒做皇帝時想做皇帝，做了皇帝後又連覺都睡不好，簡直還不如做節度使快樂輕鬆啊！」石守信等人忙問為什麼。太祖說：「身居我這個位置的人，誰不想將我幹掉！」石守信等人大驚失色，離席叩拜。太祖說：「我如果不依靠你們的力量，不可能有今天，我將永遠銘記你們的功德，每時每刻不能忘懷。你們雖沒有野心，但你們手下的人想富貴啊！當他們也將黃袍給你們穿上，你就是不想做皇帝，也不可能啊。」石守信等人都叩頭不起的說：「我們雖然愚蠢，還未到這種地步，只求陛下明察，給我們指一條求生之路。」太祖說：「人生苦短，如白駒過隙，想求富貴的人，不過想多得些金錢，使自己優裕享樂，使子孫不受貧窮之苦。你們何不放棄兵權，選擇些良田美宅買下，為子孫創立永久產業，多多購置一些歌伎舞女，成天飲酒作樂，以終其天年，讓我們君臣無猜，不也很好嗎？」石守信等人再次拜謝太祖：「陛下替臣等想到這種地步，真所謂同生死的親骨肉啊！」第二天，他們幾個人都稱自己有病，不能繼續任職，請求太祖解除了他們的兵權。人往往可以同患難，而不能共用榮華富貴。這連乞丐都不能例外，記得有一個故事說：

有兩個乞丐非常友好，一個人即使是討得了半個饅頭，也要分給對方，他們相伴走過了一段苦難時光。但有一天時來運轉，他們得到了一錠金元寶，這意味著後半世的榮華富貴無虞，結果兩人各懷鬼胎都想據為己有，在慶賀酒裡都給對方暗下了毒藥，結果二人都中毒而死。連乞丐都是如此，更何況是君主呢。所以打江山時，各路英雄匯聚一處，人人鋒芒畢露，一個比一個有能耐。主子當然需要借助這些人的才華能實現自己圖霸天下的野心。但若天下已定，這些虎將臣功的才華並不會隨之消失，這時他們的才能就成了皇帝的心病，讓皇帝感到威脅，所以屢屢有開國初期斬殺功臣之事，即所謂「卸磨殺驢」是也。韓信被殺，明太祖火燒慶功樓，無不如此。相比之下，宋太祖「杯酒釋兵權」算是比較仁義的了。

為人臣者最忌功高震主。這會讓上司不高興，會覺得自己的地位受到威脅，

第十一計　大智若愚

從而千方百計的把你給踹下去。大家讀過《三國演義》後可能注意到，劉備死後，諸葛亮好像就沒有大的作為了，不像劉備在世時那樣運籌帷幄，滿腹經綸，鋒芒畢露了。在劉備這樣的明君手下，諸葛亮是不用擔心受猜忌的，而且劉備也離不開他，因此他可以盡力發揮自己的才華，輔佐劉備，打下一份江山，三分天下而有其一。劉備死後，阿斗繼位。劉備當著群臣的面說：「如果這小子可以輔助，你就好好扶助他；如果他不是當君主的材料，你就自立為君算了。」諸葛亮頓時冒了虛汗，手足無措，哭著跪拜於地說：「臣怎麼能不竭盡全力，盡忠貞之節，一直到死而不鬆懈呢？」說完，叩頭流血。劉備再仁義，也不至於把國家讓給諸葛亮，當他說讓諸葛亮自立為君，怎麼知道就沒有殺他的心思呢？因此，諸葛亮一方面行事謹慎，鞠躬盡瘁，一方面則常年征戰在外，以防授人以「挾天子」的把柄。而且他鋒芒大有收斂，故意顯示自己老而無用，以免禍及自身。這是韜晦之計，收斂鋒芒是諸葛亮的大聰明。

　　你不露鋒芒，可能永遠得不到重任；但你鋒芒太露卻又易招人陷害。雖取得了暫時的成功，卻也為自己掘好了墳墓。當你施展自己的才華時，也就埋下了危機的種子。所以才華顯露要適可而止。

　　張良所以能成為千古良輔，被謀臣推崇備至，不僅在於他能運籌帷幄，決勝千里，輔佐劉邦創立西漢王朝，還在於他能因時制宜，適可而止，最後，既完成了預期的事業，又在那充滿悲劇的封建制時代裡明哲保身。一言以蔽之，功成名就。在秦漢之際的謀臣中，他比陳平思慮深沉，比蒯徹積極務實，比范增氣度寬宏。他與蕭何、韓信，並稱漢初三傑，卻未像蕭何那樣遭受鋃鐺入獄的凌辱，也未像韓信那樣落得兔死狗烹的下場。自從漢高祖入主關中，天下初定，張良常託辭多病，閉門不出，隱居修煉道家養身之術。西漢元年（前二〇一年）正月，漢高祖剖符行封。因張良一直隨從策劃，特從優厚，讓他自擇齊地三萬戶。張良只選了個萬戶左右的留縣，受封為「留侯」。他曾說道：「今以三寸舌為帝者師，封萬戶，位列侯，此布衣之極，於良足矣。願棄人間事，欲從赤松子（傳說中的仙人）游耳。」他看到帝業建成後君臣之間的「難處」，欲從「虛詭」逃脫殘酷的社會現實，欲以退讓來避免重複歷史的悲劇。的確如此，隨著劉邦皇位的逐漸穩

固，張良逐步從「帝者師」退居「帝者賓」的地位，遵循著可有可無，時進時止的處世準則。在漢初翦滅異姓王侯的殘酷鬥爭中，張良極少參預謀劃。在西漢皇室的明爭暗鬥中，張良也恪守「疏不間親」的遺訓。張良堪稱功成身退的典範。很多聰明人在成功時激流勇退，在輝煌時歸於平淡，表示自己不想再露鋒芒，免得從高處摔下來，而那些不知進退的原聰明人，當然就難有好下場，這事怪不得別人。權力之爭本來就是血淋淋的。

商戰，大智若愚深藏不露能成功

現代商業社會競爭激烈，多有「螳螂捕蟬，黃雀在後」的例子。在商戰中，保守祕密是重要的，不以自己的聰明示人，才能出其不意，獲得商業上的成功。密藏不露是一種高層次的謀略，也是成功者的基本素養之一。在商戰中，我們不難發現，那些口若懸河好出風頭，心中藏不住半點祕密的人是不會成功的。相反那些看起來口才笨拙或者隱藏自己才幹的人，卻往往成竹在胸，計謀過人，更易獲成功。

過去說「宰相肚裡能撐船」，大人有大量。如今商業社會裡說「商人肚裡能行舟」，也是在說商人的肚量。這肚量包括鎮定自若，能藏住祕密，就如深溝大壑，不會顯山露水。實際上，商人肚裡的舟也行不到外面去，心機只有自知，肚裡無論怎樣計算謀劃仍然不動聲色。待對方麻痺了，放鬆警惕了，甚至高興了，就可以悄無聲息的隨意處置對方。法國一家著名的化工廠研製成一種新型洗滌劑，去汙力強，銷路甚好，盈利豐厚。美國一家公司見狀，欲窺探其製作祕密，於是在巴黎大報刊登出廣告，欲招聘八名高級化工專家，以便在歐洲設廠，並列出相當優厚的待遇。廣告刊出後，應聘者紛至遝來，大多不被錄取，其中有幾位曾參與製造這種新型洗滌劑的專家被其待遇吸引前來應聘。美國人在對他們進行面試時故意出題引誘，幾位專家怕別人取得這個職位，各自展現才華，結果美國人為了巧妙的騙出這種新產品的配方和部分生產工藝，故意對這幾位化工專家大加讚賞。殊不知，當這幾位專家還在等候錄取佳音時，那家美國公司的招聘人員早已不知去向。不久，這種新型洗滌劑便在美國面世，而且打入國際市場。

第十一計　大智若愚

　　旅遊是現代人賞心悅目的一件美事，但旅遊費用的高昂又使許多人望而卻步，如果說有人能出錢讓你去旅遊，你或許不相信，或許還以為那人是發瘋了。但這是事實，從美國紐約到紐澤西州的大西洋賭城，去旅遊可以不花一毛錢。賭城老闆不僅為遊客包下從紐約到賭城的往返車票，還贈送給一頓豐富的自助餐。賭城老闆為何如此慷慨？原來他是抓住了人們有便宜就占的心理，把人們引向他的賭城。賭城賭具無奇不有，賭法千變萬化，賭風濃烈，而賭性可以說是人類的天性，到賭城而不參賭者可以說是寥寥無幾。然而賭客一旦參賭，往往就欲罷不能，不管運氣如何，到頭來總是開賭場的老闆賺多賠少，因此湧向賭城的人越多，流向老闆腰包的錢財越多。就是這樣，賭城老闆欲「宰客」不妨先花錢去「接客」，捨小求大，欲擒故縱而已。

　　作家李懷乾在其長篇小說《碎片》中塑造了喬放這位有很強時代特徵的人物。

　　喬放在商場中得心應手。香港的一家公司在海濱城市日照市開發了一個海水浴場，剛建成不久，為籌集資金而上市的海水浴場，因前景看好，股票一上市就火爆。喬放也看好了這個浴場，想據為己有。於是他就派人買了幾條惡魚，偷偷放進浴場，不久便發生了惡魚咬傷人的事件，於是政府勒令海水浴場關閉，股票因此下跌，喬放乘機大量買進，施計奪取了浴場百分之六十的股權。得到海水浴場後，喬放便在浴場通往外海處設了三層防鯊網，並訓練了海上救生隊，浴場生意很快好了起來，喬放這時便把浴場周圍的一大片土地以很低的價格賣給了幾個房地產公司。這塊地是小山的緩坡，如果依地勢建造別墅，坐在家裡便可欣賞海景。幾家房地產公司便興建了幾百棟別墅。在別墅建成發售之際，喬放突然宣布在海邊建立高層公寓，這公寓還正好建在別墅前面。於是上百棟本來看好的別墅無人問津，房地產商不得不請求喬放放棄建公寓的計畫，結果喬放便以放棄公寓計畫為條件，取得了別墅發售利潤的百分之二十。

　　這樣一個處處給人設陷阱的人，最終還是鑽進了別人的陷阱裡。他曾建立了一個食品廠，因苦於製作雞肉罐頭的原料太貴，就設法製造了一場人造雞瘟，使方圓百里的農戶和養雞場流行雞瘟，因而他以最低的價格收購大量瘟雞而發大

財。但這個陰謀被一個婦女主任掌握，並以此向他爭權奪利，迫使他讓步，這也為日後他錯走一步而走向絕路埋下了禍根。

才高須謹慎

　　嫉賢妒才，幾乎是人的本性。願意別人比自己強的人並不多。所以有才能的人會遭受更多的不幸和磨難，木秀於林，風必摧之嘛。曹植鋒芒畢露，終招禍殃，他的文章名滿天下，卻給他帶來了災禍，這難道是他的初衷嗎？他只是不知道收斂罷了。

　　唐人孔穎達，字仲達，八歲上學，每天背誦一千多字。長大後，很會寫文章，也通曉天文曆法。隋朝大業初年，授博士。隋煬帝曾召天下儒官，集合在洛陽，令朝中士與他們討論儒學。穎達年紀最少，道理說得最出色。那些年紀大資深望高的儒者認為穎達超過了他們，是他們的恥辱，便暗中刺殺他。穎達躲在楊志感家裡才逃過這場災難。到唐太宗即位，孔穎達多次上訴忠言，因此得到了國子監祭酒的官位。太宗來到太學視察，命穎達講經。太宗認為他講得好，下詔表彰他。但後來他便辭官回家了。

　　南朝劉宋王僧虔，東晉王導的孫子。宋文帝時官拜太子中庶子，武帝時為尚書令。年紀很輕的時候，王僧虔就以擅寫書法聞名。宋文帝看到他寫在白扇子上面的字，讚嘆道：「不僅字超過了王獻之，風度氣質也超過了他。」後來，宋孝武帝想以書法名聞天下，僧虔便不敢露出自己的真跡。大明年間，曾把字寫得很差，因此得以平安無事。

　　隋代薛道衡，六歲就成了孤兒，特別好學。十三歲時能講《左氏春秋傳》。隋高祖時，作內史侍郎。隋煬帝時任潘州刺史。大業五年被召還京，上《高祖頌》。隋煬帝看了不高興的說：「這只是文詞漂亮」。後官拜司隸大夫。司隸刺史房彥謙知其必及禍，勸他杜絕賓客，道衡卻不以為然。隋煬帝自認文才高而傲視天下之士，不想讓他們超越自己。於是煬帝便下令將薛道衡絞死了。天下人都認為道衡死得冤枉。但他不也是太鋒芒畢露而遭禍的嗎？

　　春秋戰國之際，衛國有一個大臣叫彌子瑕，得很衛靈公的寵愛。所以他從不

第十一計　大智若愚

把清規戒律放在眼裡。衛國規定，私自偷乘國君專車的人要斬足。一天夜裡。彌子瑕突然得到稟報，說他母親得了急病，一著急，就駕上衛靈公的座車疾馳回家了。又有一次，他與衛靈公遊御花園，走過一片桃林的時候，見到樹上結滿了又大又紅桃子，就摘了一個嘗鮮，咬了幾口後，說桃子好吃，就把剩下的桃子給衛靈公吃。朝廷中有人認為他置君臣體統於不顧，但衛靈公當時說，彌子瑕是個忠臣，連一個桃子好吃這樣的小事也首先想到君王。但不久後，彌子瑕終於在眾人側目的情況下失勢。由於彌子瑕恃寵犯上的事甚多，經眾臣的挑唆，衛靈公竟大罵彌子瑕是個叛臣，說他犯上作亂，擅自以我的名義乘君王之車，說他對君王不誠不敬，有侮慢之心，連吃剩的東西也敢獻睞，還美言欺君，偽作忠順！人之處世，歷來有文人相輕的陋息，名氣一大，流言便會滿天飛，若稍有不慎，必將惹下大禍。所以在名利場中，要防止盛極而衰的奇災大禍，必須牢記「持盈履滿，君子兢兢」的教誨。「欹器以滿覆，撲滿以空全」，這是世人常用的一句自警語。欹器是古人裝水的一種巧器，呈漏斗狀，水裝了一半它很穩當，但裝滿了，它就會傾倒。撲滿是盛錢的陶罐，它只有空空如也，才能避免為取其錢而被打破的命運。所以居高位要時時自惕！時時處處謹慎，切勿不留餘地，越是處權勢之中，享富貴之極，越是要不顯氣派，收斂鋒芒，以保退路。在商場熱鬧處要能以一雙冷眼相覷，避免無形中的殺機。曾國藩深通文韜武略，也深知功名靠不住的道理，所以他是「以出世的精神，幹入世的事業」，不把功名放在心上的，成為中國近代少有的「內聖外王」的典範。他反覆囑咐兒子曾紀澤要謹慎行事，甚至於大門外不可掛相府、侯府這樣炫耀的匾額。很多位居高官的人或者尸位素餐，主要就是收斂鋒芒，以免成為眾矢之的啊！所以古人說：「露才是士君子大病痛，尤其甚於飾才。露者，不藏其所有也。飾者，虛剽其所無也。」

大聰明是深藏不露

　　西奧多・羅斯福在白宮的時候承認，如果他的判斷百分之七十五對的，行事便可以達到最高的期望。

　　如果像這樣一位傑出的人物的上限都還是這個百分比，那你和我又該當如

何？如果你能夠確定自己的判斷有百分之五十五是對的，便可以到華爾街去日進斗金？如果你不能確定自己的判斷是否有百分之五十五是對的，又怎能指責別人常常犯錯誤呢？

　　你可以利用眼神、音調或是手勢來指責別人的錯誤，這和語言表達一樣有力。但是假如你指出對方的錯誤時，對方會因此同意你的觀點嗎？絕對不會的！因為你已經傷害了他們的智力、榮譽和自尊，這只會引起對方的反擊，而不是改變觀點。也許你會用柏拉圖或康德的邏輯理論來反駁，但還是沒有用，因為你早已傷害了他們的感情了。

　　千萬不要開始就宣稱：「我要證明什麼給你看。」這等於是說：「我比你聰明，我要讓你改變看法。」這實在是個挑戰，無疑會引起反感，爆發一場衝突。在這種狀態下，想改變對方觀點根本不可能。所以，為什麼要弄巧成拙自找麻煩呢？

　　如果你想證明什麼，別讓任何人知道。要不著痕跡，很技巧的去做。就像詩人波普所說的：「你在教人的時候，要讓人覺得你像若無其事一樣。事情要不知不覺的提出來，好像被人遺忘的一樣。」

　　三百多年以前，科學家伽利略說過：「你不能教人什麼，你只能幫助他們去發現。」切斯特菲爾爵士也告訴兒子：「要比別人聰明，但不要讓他們知道。」蘇格拉底一再告訴門徒：「我唯一知道的，就是我什麼都不知道。」

第十一計　大智若愚

第十二計　得禮讓人

得饒人處要饒人

　　在你的生活中，有時候需要迅速而有效的去改變另一個人的行為或想法。碰到這種情形，你必須採取尊重別人的審慎的方式。

　　但是，在現實生活中，有的人批評人時，似乎氣勢洶洶「得理不饒人」，這實在是於事無補的。所以，批評人應注意三點：

　　第一，當我們聽到別人對我們的某些長處表示讚賞之後，再聽到他的批評，心理往往會好受些，也容易接受對方的意見。

　　有一回，美國總統柯立芝批評了他的女祕書。

　　柯立芝總統是這麼說的：「妳今天穿的這件衣服很漂亮，妳真是一位迷人的小姐。不過，另一方面，我希望妳以後對標點符號稍加注意一些，讓妳打的文件跟妳的衣服一樣漂亮。」

　　第二，要懂得間接的提醒別人的錯誤。

　　查爾斯・史考勃有一次經過他的鋼鐵廠。當時是中午休息時間，他看到幾個人正在抽菸，而在他們的頭上，正好有一塊大招牌，上面清清楚楚寫著「嚴禁吸菸」。如果史考勃指著那塊牌子對他們說：「難道你們都是文盲嗎？！」這樣只會招致工人對他的憎恨。然而，史考勃沒有那麼做。相反，他朝那些人走去，友好的遞給他們幾根雪茄，說：「諸位，如果你們能到外面抽這些雪茄，那我真是

第十二計　得禮讓人

感激不盡了。」吸菸的人這時會怎麼想呢？他們立刻知道自己違犯了一項規定，於是，便一個個把菸掐滅，同時對史考勃產生了好感和尊敬之情。因為史考勃並沒有簡單粗暴的斥責他們，而是使用了充滿人情味的方式、使別人樂於接受批評。這樣的人，誰不樂於和他共事呢？

第三，要善於保住別人的面子。

如果批評一個人的時候，無情的剝掉別人的面子，傷害了他的自尊心，這樣就很容易抹殺了你與他之間原有的也許是很深厚的感情，這樣的話，你將得不償失。

世界上任何一位真正偉大的人，都善於保證失敗者的面子，絕不浪費時間去陶醉於個人的勝利。

一九二二年，土耳其在與希臘人經過幾個世紀的敵對之後，下決心把希臘人逐出土耳其領土，土耳其最終獲勝。當希臘的兩位將領前往土耳其總部投降時，土耳其士兵對他們大聲辱罵。但土耳其的總指揮凱末爾卻絲毫沒有表現出勝利的驕傲。他握住他們的手說：「請坐，兩位先生，你們一定走累了。」他以對待軍人的口氣接著說：「兩位先生，戰爭中有許多偶然情況。有時，最優秀的軍人也會打敗仗。」

所以說，「有理也讓人」「得饒人處要饒人」不失為一種成功的處世方式。

二十二種增加容忍度的辦法

要能做到與人為善，首先要做到對各種難以容忍的情況有充分的準備；其次要反覆告誡自己：一定不要生氣，一定不要生氣；其三，要在心理上對自己說，全當沒聽見，全當沒看見；其四，不妨反過來對自己說，看看他能鬧騰到幾時；其五，看看這個令人難以容忍的人有沒有什麼讓你喜歡的地方。

為了幫助你增加自我容忍度，我們事先要對下列討厭的人和情況有所了解：

一、為了等我，丈夫在家裡來回踱步，自言自語，碎碎唸的時候。

二、妻子在電話裡跟人說東道西的時候。

三、工作累得腰酸背痛，回到家裡，可是家裡亂糟糟的，晚飯也沒準備的時候。

四、上司不近情理的對待我的時候。

五、被人指桑罵槐的時候。

六、沒完沒了的大聲笑鬧的人。

七、等候沒有時間觀念的人。

八、不知禮儀的人。

九、在人背後悄聲說什麼的人。

十、只說自己的事情的人。

十一、在高速公路上，無視限速規定超車行駛的人。

十二、丈夫把我說成是一個什麼也做不了的女人。

十三、在混雜路面上，並排停著兩輛汽車。

十四、不看場合，大嚼口香糖的人。

十五、一舉手一投足都要人伺候的人。

十六、拿了東西不能放回原處的人。

十七、遊手好閒，無所事事的人。

十八、週末賴在人家家裡，不知道告辭的人。

十九、優柔寡斷的人。

二十、從早到晚，喋喋不休的人

二十一、自吹自擂的人。

二十二、冷漠的上司。

枝節問題不糾纏

　　生活中的許多事情，沒有幾件是值得我們拿友誼的代價，用爭強好勝的方式去獲得的。但是，生活中卻偏偏不乏如此之人。比如，我們常常看見人們談話，談著談著就爭執起來了。若在旁細聽，他們爭的並非什麼重大問題，不過是些極其枝節的小事。其實，這些爭吵者的觀點往往是一致的，可是他們都以為對方完全站在自己的反對面，弄得大家都非常不愉快。

　　在一切交談中，除了交談者彼此都能虛心、不存半點成見的在某個問題上講

第十二計　得禮讓人

行真誠的討論之外,應該避免一切不必要的爭執。特別是在朋友之間和私人交談中,千萬不要為一些枝節小事而爭辯不休,甚至引經據典,爭得面紅耳赤,這是很不值得的。即使是在學術性的問題上,也不可為一些枝節性問題而與人爭執不下,強迫他人接受自己的觀點。譬如哲學上的許多論點爭了二千餘年,至今勝負難分;心理學的爭辯也至少有幾百年,現今仍然不分高下。對於這些,我們可以著書立說發表自己的意見,闡述自己的主張,但不可在談話中斤斤計較,與人爭個高低。修養高深的人,通常「大智若愚」,絕不肯與人計較一事之短長。

　　好與人爭辯者,是否以為可以用爭辯壓倒對方,給自己帶來很大的利益呢?其實好與人爭辯,只會弊多利少,有害於己。第一,好與人爭,會損害別人的自尊心,易使人對你產生反感乃至厭惡情緒;第二,好與人爭,很容易使自己養成專挑別人錯誤的惡習;第三,好與人爭,長此下去會失去朋友,孤立自己。造成這種因小事而與人傷友誼的悲劇的主要原因,是在對他人的個別意見表示不同意之前,忘記或根本沒有想到預先說明自己同意別人的主要部分。因此,當我們聽了別人的長篇大論之後,若發現其中有一點自己不太同意,一定要記住預先說明對方的哪幾點或哪個方面自己是完全同意的,然後再指出自己與對方意見不一致的只限於某一點。這樣,對方就很接受我們的批評與修正,因為知道了我們對他的主要意見是肯定和讚許的。

　　另外,即使我們所不同意的是對方意見的主要部分,但我們在發表自己的見解之前,最好仍能預先肯定對方的某些可取的方面,哪怕某些方面是最不重要的也要先給予肯定。之所以這樣做,並不是不老實的表現,而是為了緩和一下談話的氣氛,使對方覺得我們並沒有抹煞他的一切,對其好的地方也表示承認。這樣,談話就可以很融洽的進行下去。而且我們要記住,無論自己的意見和對方的意見距離有多遠,衝突有多厲害,我們都絕對不要表現出一種不可商量的態度。

　　相反的,我們要表現出一切都可以商量,並且相信無論怎樣艱難,大家都可得到較接近的看法。如果我們是善於談話的人,就一定要小心翼翼的使談話不要陷入僵局。只要談話之門尚未關上,那就永遠不愁無話可談了。

　　我們要學會做個既有快樂感又有幽默感的人,並且要把自己的快樂傳播給

別人。談話最好在大家都愉快的氣氛中進行。如果一個人對朋友有誠意，有熱情，不計較小節，求大同存小異，那麼面紅耳赤的爭辯場面就會很少發生在他的身上。

第十二計　得禮讓人

第十三計　明哲保身

先發制人是上策

「觀念是行為的先導」，先發制人的給對方灌輸一個先入為主的觀念，那麼，你便能引導對方朝著你所指的方向前進。這是符合心理原理的，有關的心理學實驗結果也顯示，在相繼作用於人們的同等社會刺激（資訊）中，最先出現的社會刺激（資訊）會給人們最強烈的印象，這也就是心理學上所稱的初始效應。

在人際交往中，你的競爭者總會找機會在上司面前貶低你、詆毀你，你如果察覺出有此種危險，不妨先發制人，先給上司灌輸一種觀念，說某人因為忌恨你，所以可能會挑撥你和上司的關係。在事情還未發生之前，如果你先發制人，先跟上司打過招呼，引起他的注意，待日後若真的出現類詆毀你的情形，上司心裡就有了譜，就不會為難你了，你就可以平安無虞。

陳軫是戰國時期著名的縱橫家，天下聞名的說客。此人在外交謀略和政治上都有獨到的見解，但並不忠於某一國君。因而他一生在政治上並不是很得志。

當初，陳軫和張儀都在秦惠文王宮中，也都得到重用。

二人在外交謀略方面都是高手，且都能言善辯。這就正應了那句「一山不能藏二虎」的俗話。張儀因以連橫之術遊說秦王，深得秦王寵信，並被任命為丞相，一時權傾朝野。張儀利用秦王的信任使用反間計、中傷法，大量排擠秦國舊臣，以抬高自己的地位。陳軫知道張儲藏遲早要讒害自己，於是不待張儀著手，

第十三計　明哲保身

陳軫便先發制人請田莘出面對秦王說：「能危害我們秦國的是楚國，楚國知道橫門君善用兵，陳軫富於謀略，必使張儀來中傷二人，望大王不要聽他的。」

不出所料，後來張儀果然來說陳軫的壞話，誰知他剛一張嘴，秦王便怒而不聽。

在這裡，陳軫知道張儀陷害自己是遲早的事，於是便主動出擊，先發制人，請田莘出面給秦王灌輸先入為主的觀念，這乃是陳軫制勝的妙招。如果陳軫自己出面給秦王灌輸先入為主的觀念，肯定沒有他人出面的效果好。因為人們往往認為，人在為自己講話時總帶有偏見，不會有公正立場，人們不是常說「老王賣瓜，自賣自誇」嗎？而出自旁人之口，似乎就代表一種社會輿論，不論其正確與否，給人的印象是，講話者不是為自己說話，因而他的立場就比較客觀。陳軫正是巧妙利用了人們的這種心理，從而取得了很好的效果。

張儀碰了壁，但仍不死心，繼續向秦王進讒言說：「陳軫作為秦國大臣，常常把國家機密情報洩露給楚國，我不願與他共事，希望大王驅逐他或處死他。」有大臣投敵叛國這可是大事，因此，秦王單獨把陳軫召來問：「聽說你要到楚國，有這回事嗎？」陳軫據實回答說：「是的」。接著便對秦王講了一個故事：「楚國有個人有兩個妻子，有人引誘年長的那位，遭到了她的痛斥，他又去挑逗、勾引年少的那個，她以身相許。後來，那位楚國人死了，旁人就問那們勾引人妻者：『你願意娶那位年長的，還是那位年少的？』勾引者回答說：『我願娶那位年長的為妻。』旁人不解，問他：『年長的那位罵你，年少的那位對你以身相許，你為什麼還要娶年長的呢？』勾引者回答說：『因為我希望我的妻子是一位忠貞的妻子，她能為我去痛罵那些企圖去引誘她的人。』

講完這個故事後，陳軫接著說：「楚王和楚相都很賢明，現在我作為秦臣不忠於秦國，反向楚國出賣國家機密，那麼，楚國會對我的人品表示信任嗎？」

陳軫接著又說：「我要去楚國這是路人皆知。因為孝已這個人非常孝敬自己的父母，因此天下的父母都希望以他為子；子胥忠於他的君主，因此天下的君主想以他為臣；好的僕人、好的女人，人家都搶著要，我若不忠於秦國，楚國又為什麼要把我當忠臣歡迎呢？忠誠之人尚且被進讒言，我不到楚國又能怎麼

先發制人是上策

辦呢？」

　　陳軫用故事向秦王說明一個道理：不忠貞的人不會真正受到歡迎，而忠貞之士才能得到尊重，以而暗示秦王這樣的事不可能在富有智慧、頭腦清醒的陳軫身上發生。而後話鋒又一轉，從自己去楚國並受到歡迎，說明自己是忠於秦國的忠臣。陳軫正是借助上次先發制人給秦王灌輸先入為主觀念的影響，憑著自己出色的口才繼續贏得了秦王的信任，使張儀中傷、排擠他的陰謀破滅，以至秦惠文王不得不感慨的對張儀說：「夫軫，天下之辯士也。」

　　運用先發制人的策略主要是透過把話講在前頭，引起上位者的重視，如果有人詆毀你，上位者便可以以你先講的那番話為參照，兩相進行對照，因為心理學上的「初始效應」，總是先入為主的觀念占上風。這樣，你就可以平安無事了。不過，運用先發制人的策略需要盡可能的收集對手的一些情況資訊，只有先做到「知己知彼」，方能「百戰不殆」。

　　甘茂是戰國時下蔡邑人，此人能言善辯，極富謀略，由張儀等推薦給秦惠文王。惠文王去世後，武王繼位，甘茂因平定蜀國反叛有功，被擢升為左丞相。

　　甘茂任左丞相後，與秦國大臣樗里疾，公孫衍不和睦。他怕樗里疾，公孫衍在秦王面前說自己壞話，於己不利，便先發制人找了一個機會，向秦武王談了自己的憂慮。甘茂對秦武王說：「我講個《曾參殺人》的故事給您聽聽。曾參是孔子的弟子，以孝敬雙親聞名天下。在他的故鄉，有一個和他同名同姓的人。那個人不知因為何事殺了人。有人聽到這個消息，誤認為是孔子的弟子曾參殺了人。大家在一番納悶之後，便把「曾參」殺人的消息告訴了曾參的母親。在曾參的家裡，有人找到了正在忙著織布的曾母，告訴她說：『曾參殺人了。』『這個孩子是不會殺人的。』知子莫若母，曾參的母親依然在織布機前神態如初的織布。過了不久，又來了一個人，告訴曾參母親說：『曾參殺人了。』曾母仍然相信自己的孩子不會去殺人，依然無動於衷，只顧織她的布。不料，過了一會兒，又進來了一個人，鄭重其事的告訴曾母說：『曾參殺人了。』這回由不得曾參的母親不信了。俗話說，三人成虎。曾母聽完第三個人的話，連忙把手中的工作拋開，跑出去看個究竟了。」

第十三計　明哲保身

　　講完這個故事後，甘茂接著發表評論：「本來，憑曾參的人格，憑曾參和母親之間的相互信賴，應該是很難相信這種話的。不過，自古以來流言可畏，流言三番五次傳來，連曾母這麼了解曾參都還相信流言，平常人就更不用說了。我是個普通人，我的人格當然沒有曾參那麼高尚，大王對我的信任程度也沒有曾母對曾參的信任程度高。所以，我現在不擔心別的，只擔心一件事，就是有一天如果有人向大王您檢舉我，大王您也肯定會相信他的話的。這樣一來，我豈不就……」甘茂口氣說了這麼多話，武王一直都在默默傾聽著。等甘茂一說完，武王便迫不急待的說：「我可以對天發誓，我絕對相信你，我絕對不會聽從我身邊那兩位大臣的話，何況他們和別國的私交很深。」

　　武王怕甘茂不信，便和甘茂鄭重其事的訂下了誓約。

　　後來，樗里疾、公孫衍無論怎樣在武王面前說甘茂的壞話，武王都不聽。可見甘茂先發制人向武王灌輸先入為主觀念的威力。

　　甘茂還很會利用一些情報資訊採取先發制人的策略。

　　甘茂任秦武王的左丞相，但秦武王也非常喜愛公孫衍。有一次，武王高興的對公孫衍說：「不久以後，我想立你為相國。」

　　碰巧，這句話被甘茂一字不漏的聽進了耳朵。他覺得自己的地位受到了威脅，為了保住承相寶座，他覺得有必要採取先發制人的行動。否則，就會如武王所說的那樣，不久以後，秦國的宰相就不是他甘茂而是公孫衍了。

　　甘茂終於想出了一個計策，在一個他認為相當合適的機會，他前去拜見武王。

　　甘茂先發制人，稍事寒暄之後，便祝賀武王說：「聽人說大王得到一賢相，真是天大的喜事啊！」

　　秦武王不禁一愣，問甘茂：「國家的大事，都託付給你了。得賢相之事，你指的是什麼？」甘茂不待武王把話說完，便趕緊接個話頭說：「大王不是準備過些時候要把公孫衍立為相國嗎？」

　　武王不禁吃了一驚，忙問：「你是聽誰說的？」

　　甘茂回答說：「是公孫衍親口告訴我的，不然我還不相信呢！他說大王您過

些時候就要立他為相國了，故而我來向大王祝賀啊！？」

就這麼簡短的幾句話，甘茂就把秦武王對公孫衍的信任化得無影無蹤。秦武王心想、原來你公孫衍是個守不住祕密的人呀，這我怎麼還能重用你呢？

不久，武王便找了個藉口，把公孫衍驅逐到國外去了。甘茂就這樣先發制人，憑幾句胡編亂造的謊言，不費吹灰之力便把自己最強有力的競爭對手打敗，從而保住了自己宰相的寶座。

戰國時期，魏國的龐蔥要陪魏太子到趙國邯鄲去做人質。龐蔥想到他此番離國，不知何日才是歸期，心中無限惆悵。為了預防魏王離去之後聽信誣衊他的流言蜚語，他覺得有必要先提醒提醒魏王。於是，龐蔥在臨出發遠行之前，對魏王說：「如果現在有一個人來報，說街上出現了老虎，大王您相信嗎？」

魏王回答說：「不相信！」龐蔥接著問：「如果現在有兩個人來報，說街上出現了一隻大老虎，大王您相信嗎？」魏王說：「那我有點懷疑了。」

龐蔥又問：「如果有三個人向大王報說街上出現了大老虎，大王您相信嗎？」

魏王說：「如果三個人都這樣說，那我就不得不相信了。」

龐蔥說：「街上不會有老虎，這是很明顯的事，可是一而再，再而三的有人說街上有老虎，就像是真的有老虎了。現在，邯鄲距離魏國可要比上街還要遠得多，而在大王面前數落我的人肯定不只是三個人，希望大王能夠明察才好。」

魏王點點頭說：「我自己會認真分辨的。」

龐蔥聰明之處就在於料到日後肯定會有他的仇敵在魏王面前說他的壞話，而他又不在魏王身邊，連爭辯的機會也沒有，不如先發制人，將一些需要提醒的話先講在前頭，以引起魏王重視。他的機會也選得恰是時候，選在陪太子赴邯鄲做人質前夕，更易使魏王增加對他所說話的印象，如果日後若有人說龐蔥的壞話，魏王就會情不自禁的想起龐蔥臨行前的話，好有個對照，而且，在這種依依惜別的時候，說這番話最易使人感動，感動得魏王作出保證說：「我會認真分辨的。」這自然是龐蔥先發制人向魏王進言時所期望得到的保證。

貫徹先發制人的策略無非是主動出擊，將主動權抓在自己手中，使對方跟著自己的思路走，從而迫使對方改變不利於自己的行為或觀點。

第十三計　明哲保身

防止禍從口出

　　你聽說過《舌頭宴》的故事嗎？著名的古希臘寓言家伊索，年輕的時候給貴族當過奴隸，一次，他的主人設宴請客，客人都是當時希臘有名的哲學家。主人命令伊索準備美酒菜餚招待客人。於是，伊索專門收集各種動物的舌頭，準備了一席「舌頭宴」。

　　開席時，主人大吃一驚，問：「這是怎麼回事？」

　　伊索回答說：「您吩咐我為這些尊貴的客人準備最好的菜，舌頭是引領各種學問的關鍵，對於這些哲學家來說，舌頭宴不是最好的菜嗎？」

　　客人都被伊索說得頻頻點頭，哈哈大笑起來。主人又吩咐伊索說：「那我明天要再辦一次宴席，菜是最壞的。」

　　到第二天開席上菜時，依然全是舌頭。主人責問伊索。伊索鎮定的回答說：「難道一切壞事不是都從口出的嗎？舌頭既是最好的，也是最壞的東西啊！？」主人默然。「舌頭既是最好的，也是最壞的」這句話相當精闢，充滿辯證法思想。的確，口才具有兩面性，巧舌如簧、妙語如珠者，辦事如意，水到渠成；出言不遜、惡語傷人者，惹是生非，禍及自身。那麼，如何才能不叫禍從口而出呢？主要有兩點應該注意：一忌語言粗俗。說話要講求禮貌，這是最基本的要求，語言粗俗，滿口髒話，惡言傷人等不文明談吐，往往造成不愉快的結果，影響交際，敗壞風尚，應當引以為戒。

　　請看下面的例子：上下班時間，乘公共汽車人多，書言好不容易擠上了車，鬆了一口氣，卻一不小心碰到了前面的俊錫。

　　俊錫毫不客氣的說：「擠什麼擠，誰不知道今年是豬年。」書言一聽火了，也不相讓，回敬道：「狗年都過去了，你叫什麼！」兩個人鬥嘴，周圍的人聽了禁不住哈哈大笑，這種幽默，未免太尖酸刻薄了。

　　如果兩個人修養好，你敬我讓就不至於出現這種尷尬情況。比如，俊錫可說：「請你注意一點，你擠著我了。」書言則說：「對不起，不是故意的！」這樣就可以避免上述情況的發生。又有這麼一則故事：某村有個讀國中二年級的男孩子，成績不好，多門功課不及格。其父忍不擇言謾罵道：「我養頭豬，一年還可

賣幾千元，養你有什麼用！再考不好，給我滾出去！」小孩自知成績是一下趕不上來的，便寫了個便條離家出走了，害得家長四處央人尋找，還登廣告尋找，結果花了數萬元，用了幾個月的時間才找到，孩子的母親也急出了精神病。孩子們的思想單純，且意志薄弱，易受打擊，因此，對孩子不要用謾罵、挖苦的方式教育，孩子也有自尊心。

普通百姓要注意講說話有禮，那些領導人物的語言自然也不能粗俗。否則，只會弄得場面尷尬。請看下面的故事：一九五九年七月，美國副總統尼克森訪問莫斯科之前，美國國會透過了被控制國家決議案。赫魯雪夫與尼克森會晤時，宣稱這是嚴重的挑釁，是愚蠢的、威脅性的決議，他用拳頭在桌子上亂敲，還疾言厲色的喊了幾句粗魯的話，連身旁的翻譯臉都變紅了，過了一會兒，翻譯才用英文說：「這項決議名聲很臭，像是一堆剛拉出來的馬糞發出的惡臭，沒有比這氣味更難聞的了。」

因為赫魯雪夫曾當過豬倌，尼克森直視著赫魯雪夫，毫不示弱的回敬道：「恐怕先生弄錯了，有一種東西比馬糞還難聞，那就是豬糞。」

翻譯把尼克森的話翻譯給赫魯雪夫後，赫魯雪夫的臉脹得通紅，但也不便發怒，只好尷尬的笑了笑，說：「這點，也許你是對的，現在，我們該談別的問題了。」

二忌揭人之短。每個人總有自己的弱點、缺點或者汙點，在和對方談話時一定要避開這些他（她）所忌諱的東西，因為忌諱心理，人皆有之，就連魯迅筆下的那位慣用精神勝利法的阿Q也有忌諱。雖然他慣用精神勝利法安慰自己，因而少有耿耿於懷之事。別人欺他罵他，他能控制自己，心理很快能平衡，唯獨忌諱別人說他「癩」，因為他頭皮上確有一塊不大不小的癩瘡的疤。只要有人當著他的面說一個「癩」字，或發出近似於「賴」的音，或提到「光」、「亮」、「燈」、「燭」等字，他都會「全疤通紅的發起怒來，估量了對手，口訥的他便罵，氣力小的他便打。」

在封建時代，因為說話不留神，犯了人家忌諱而人頭落地、身首異處的事例不勝枚舉。當過長工，後來揭竿而起的農民英雄陳勝就忌諱別人說他是莊稼漢出

第十三計　明哲保身

身。他的幾位患難兄弟因在他面前不知趣的提起有損他領袖形象的往事，結果招來殺身之禍。

明朝開國皇帝朱元璋曾經當過和尚，做過「賊」，（起義在封建時代是賊的同義語），自從當了皇帝後，就很忌諱人家提他以前的那段不體面的往事，如果有人當他的面說「和尚」、「僧」乃至「生」都會招來殺身之禍，他也不許別人提「賊」，甚至與「賊」音相近的「則」字也不許提，提了就會招來殺身之禍。

在封建時代，這種忌諱心理發展到登峰造極的地步便是大興「文字獄」，許多文人學者因犯了當權者的忌諱而白白丟了身家性命，可悲可嘆。就連普通之人也有忌諱心理，你在謝頂者前如果說他「怒髮難以衝冠」或「這盞燈怎麼突然不亮了？」或「今天真是陽光燦爛」等話，人家肯定會慍而變色，有時甚至於怒目圓睜、拂袖而去，到時候你就會尷尬不已。

那麼，該怎樣避開別人的忌諱呢？

我們認為，應該先了解對方有無忌諱之處，對對方的忌諱之處要視為禁區，十分謹慎的避開，以免觸痛對方，在謝頂者面前不說「亮」，胖子面前不說「肥」，瘦子面前不說「猴」，矮子面前不說「武大郎」，其貌不揚者面前不說「醜八怪」，駝背面前不說「忍辱負重」。對人家失意之事也應盡量避開不談。比如，在落榜者面前少炫耀自己的大學生活，在久婚不育者面前少談生兒育女之事。

避諱，不僅是語言藝術問題和處理人際關係的技巧問題，更是對待朋友的態度問題，善待他人就是善待自己，尊重他人就是尊重自己，因此，有必要在交談中學會避諱，為自己留點口德，這樣也可使自己免除禍從口出之危機。

第十四計　處事要圓

不要輕易得罪人

　　得罪人是一種剝奪自己生存空間的行為，同時也可能變成一種壞習慣，影響自身的事業，那何不趁早改掉？社會是由不同的人組成的，人活在社會上，不管日常生活、上班，還是經營自己的事業，都會和別人產生一種互動關係。換句話說，人是靠彼此互助才得以生存，即便是流落荒島的魯賓遜也都要有一位名叫「星期三」的夥伴，更何況身處這樣一個競爭激烈、人際往來頻繁的社會裡的我們？因此，「得罪人」是一種剝奪自己生存空間的行為。

　　我們之所以不能輕易得罪人，至少有以下幾個道理：得罪一個人，就為自己堵住了一條去路。當然，你也許會想，人還不至於得罪了幾個人就無法生存下去吧。但你要知道，世界雖然很大，但有時就是顯得很小，連走在路上都會仇人相見，更何況是同行？同行有同行的交往圈子，得罪同行，彼此碰面的機會更大，那多尷尬！而且多麼不利！本來你可以和他合作獲利，卻因得罪他而失去機會，這多麼可惜！得罪一個小人，就為自己埋下一顆不定時的炸彈。得罪了君子沒有什麼了不起的，大家不講話，各走各的；但要是得罪了小人可沒完沒了。他不採取當面報復，也要在背後對你造謠中傷，你有理也會變成無理，多不值得！

　　這裡之所以強調「不輕易」得罪人，當然也是有道理的。當事者不可忍時，當正義公理不能伸張時，還是要有雷霆之怒的，否則就是非不分，黑白不明了。

第十四計　處事要圓

這種雷霆之怒有時會得罪人，固然有可能為自己堵住一條去路，但也有可能開出更多的康莊大道。但除了這一點之外，還是不得罪人好。

所以，當你感到自己的利益被侵害時，得不到他人的尊重時，請先冷靜想想，勿輕易動氣。此外，也切記不要氣焰囂張，盛氣凌人，這種只有自己而沒有別人的態度也很容易得罪人，而且我們常不自知。

最重要的一點是，輕易得罪人會變成一種習慣，老是壓不下怒氣，改不了個性，便會說「反正我就是這樣」，那就條條都是路，但條條路不通了。

俗話說，「多一個朋友多一條道。」反過來說，多得罪一個人就少一條路！

曹丕夾著尾巴做人

曹植、曹丕都是曹操的兒子。曹植才華橫溢，受人們所敬服，曹操也對他另眼相看，內心暗暗打算把王位傳給曹植。當曹植封侯的時候，曹丕在軍中只混到郎官，比起曹植，太不起眼了。但曹丕深知含蓄的妙用，一直夾緊尾巴做人。

曹操帶兵出征，曹丕、曹植都在路邊送行。曹植稱頌父王功德，出口成章，引人注目，曹操大為高興。曹丕則反其道而行，不能出口成章，就裝得很含蓄，假惺惺的哭拜在地上，曹操及他左右的人，都很感動，認為曹植有的只是華麗的辭藻，只有曹丕的真情流露才是真正的忠誠厚道。曹植則不知道夾緊尾巴做人繼續我行我素，不肯用心計也不肯裝模作樣。這樣正中曹丕下懷。曹丕進一步玩弄權術，把爭取做太子的野心掩飾起來。於是王宮中的人及曹操身邊人都為他說話，曹丕終於被立為太子。曹植的日子，從此便一天天難過了。

曹丕得到王位是利用含蓄而得手最明顯的例子，當然也可說是陰謀詭計，並不值得提倡。而作為曹植這一邊，則完全要引以為教訓：還是含蓄一點，夾緊尾巴做人的好。

含蓄些，夾緊尾巴做人，現在人也應當如此。

該忘記的要忘記

　　有一個朋友對我說:「我只記著別人對我的好處,忘記了別人對我的壞處。」因此,這位朋友受大家的歡迎,擁有很多知己。古人也說:「人之有德於我也,不可忘也,吾有德於人也,不可不忘也。」別人對我們的幫助,千萬不可忘了,反之別人倘若有愧對我們的地方,應該樂於忘記。

　　樂於忘記是一種心理平衡。有一句名言說「生氣是用別人的過錯來懲罰自己」。老是念念不忘別人的壞處,實際上最受其害的就是自己的心靈,搞得自己痛苦不堪,何必呢?這種人,輕則自我折磨,重則就可能進行瘋狂的報復了。樂於忘記是成大事者的一個特徵,既往不咎的人,才可甩掉沉重的包袱,大踏步的前進。樂於忘記,也可理解為「不念舊惡」。人是要有點「不念舊惡」的精神,況且在人與人之間,在許多情況下,人們誤以為「惡」的,又未必就真的是什麼「惡」。退一步說,即使是「惡」,若對方心存歉意,誠惶誠恐,你不念舊惡,禮義相待,進而對他格外的表示關切的話,也會使為「惡」者感念在心,改「惡」從善。

　　唐朝的李靖,曾任隋煬帝時的郡丞,最早發現李淵有圖謀天下之意,便向隋煬帝檢舉揭發。

　　李淵滅隋後要殺李靖,李世民反對報復,再三請求保他一命。後來,李靖馳騁疆場,征戰不疲,安邦定國,為唐王朝立下赫赫戰功。魏徵也曾鼓動太子建成殺掉李世民,李世民同樣不計舊怨,量才重用,使魏徵覺得「喜逢知己之主,竭其力用」,也為唐王朝立下豐功。　　宋代的王安石對蘇東坡的態度,也是曾有那麼一點惡行的。他當宰相的時候,因為蘇東坡與他政見不同,他便藉故將蘇東坡降職減薪,貶官到了黃州,搞得他好淒慘。然而,蘇東坡胸懷大度,他根本不把這事放在心上,更不念舊惡。王安石從宰相位子上垮台後,兩人的關係反倒好了起來。蘇東坡不斷寫信給隱居金陵的王安石,或共敘友情,互相勉勵,或討論學問,十分投機。蘇東坡由黃州調往汝州時,還特意到南京看望王安石,受到了熱情接待,二人結伴同遊,促膝談心。臨別時,王安石囑咐蘇東坡:將來告退時,要來金陵買一處田宅,好與他永做睦鄰。蘇東坡也滿懷深情的感慨說:

第十四計　處事要圓

「勸我試求三畝宅，從公已覺十年遲。」二人一掃嫌隙，成了知心好朋友。

相傳唐朝宰相陸贄，在有職有權時曾偏聽偏信，認為太常博士李吉甫結夥營私，便把他貶到明州做長史。不久，陸贄被罷相，被貶到了明州附近的貴州當別駕。後任的宰相明知李、陸有這點私怨，便玩弄權術，特意提拔李吉甫為忠州刺史，讓他去當陸贄的頂頭上司，意在借刀殺人，透過李吉甫之手把陸贄處理掉。沒料到李吉甫不記舊怨，一到任便特意與陸贄飲酒結歡，使那位現任宰相的借刀殺人之計成了泡影。對此，陸贄自然深受感動，他便積極出點子，協助李吉甫把忠州治理得一天比一天好。李吉甫不報復，寬待別人，也幫助了自己。

最難得的是將心比心，誰沒有過錯呢？當我們有對不起別人的地方時，是多麼渴望得到對方的諒解啊！是多麼希望對方把這段不愉快的往事忘記啊！我們為什麼不能用如此寬厚的同理心來原諒他人？古往今來，不計前嫌、化敵為友的佳話舉不勝舉。以古為鑑，可以讓我們明白事理，明辯是非，把握前途。

如何得了便宜又賣乖

元末的農民起義中，群雄割據，其中以朱元璋、陳友諒和張士誠較為強大。他們都想消滅對方，稱王稱霸，因而互相攻打。

一三六六年五月，朱元璋受到陳友諒和張士誠聯合的兩面夾攻。在雙方正在進行一場血戰的險惡形勢下，江北形勢驟變。小明王韓林兒和劉福通派出的三支北伐軍，遭到元軍反擊而慘敗。小明王退兵安豐後，張士誠卻派大將呂珍圍攻安豐，情況十分危急。小明王多次派人向朱元璋借兵解圍。這天，朱元璋召開軍事會議，討論派兵解圍的問題，會上議論紛紛，眾將都反對派兵，連軍師劉基也堅絕不同意。朱元璋這次力排眾議，陰險的對大家說：「我自有安排！」他毅然派兵去安豐救小明王。

朱元璋為什麼願冒此風險？狡猾奸詐的朱元璋自有他的如意算盤。他認為安豐是應天的屏障，安豐失守，自己的應天就暴露在敵方攻擊下，救安豐就是保應天；至於小明王，他在紅巾軍和勞苦大眾中的影響最大，他的旗幟有號召力。他朱元璋尊小明王為主，打他的龍鳳旗號，一來是利用小明王影響，爭取人心；二

如何得了便宜又賣乖

來,敵方打擊的矛頭首先沖著小明王,這樣可以幫助實現他今後成大業的圖謀。於是,他親自率軍北上,殺退呂珍,保住了安豐。小明王對朱元璋感激涕零。朱元璋乘勝回師,和陳友諒在鄱陽經過一場激戰,陳友諒兵敗身死。朱元璋獲得大勝後,打著小明王的旗幟,又被封為吳國公。

安豐之戰後,朱元璋決心把小明王控制在自己手中。他先處處賣乖,把小明王迎到滁州,並在滁州給小明王建造了巍峨的宮殿,安排了威武的鑾駕儀仗、豐盛的食物和華麗的服飾,但是背地裡卻安排親信,對小明王實行封鎖、隔離,甚至把侍奉小明王的宮中人員全部換成自己的部下。從此,小明王的一切,統統在朱元璋的掌握之中。後來,朱元璋又以借刀殺人之計殺了已無利用價值的小明王,到臨死時,小明王還念念不忘朱元璋的大恩大德。朱元璋靠賣乖既得了江山又得人心。

賣乖的頂尖工夫莫過於此:明明是在占便宜,甚至置敵人於死地,而給人的感覺卻是他們在給人施恩。他不讓自己的利益明示於人,而是將其粉飾成其他人的利益,使他在受惠時看起來卻好像在幫別人的忙。

美國口才大王卡內基的一次經歷,可以做為賣乖的典範。他是這樣請求一家旅館經理打消增加租金的念頭的。

我每季均要在紐約的某家大旅館租用大禮堂二十個晚上,用以講授社交訓練課程。

有一個季度,我剛開始授課時,忽然接到通知,要我付比原來多三倍的租金。而收到這個消息以前,入場券已經印好,而且早已發出去了,其他準備開課的事宜都已辦妥。那我要怎樣才能交涉及成功呢?他們感興趣的是他們想要的東西。兩天以後,我去找經理。

「我接到你們的通知時,有點震驚。」我說,「不過這不怪你。假如我處在你的位置,或許也會寫出同樣的通知。你是這家旅館的經理,你的責任是讓旅館盡可能的多盈利。你不這麼做的話,你的經理職位可能很難保得住。假如你堅持要增加租金,那麼讓我們來合計一下,這樣對你有利還是不利。」

「先談有利的一面。」我說:「假如大禮堂不出租給講課的而是出租給辦舞會、

第十四計　處事要圓

晚會的,那你可以大賺一筆了。因為舉行這類活動的時間不長,他們能一次付出很高的租金,比我得租金當然要多得多。租給我,顯然你吃大虧了。」

「現在,再來考慮一下不利的一面。首先,你增加我的租金,卻等於是降低了收入。由於我付不起你所要的租金,我勢必再找別的地方舉辦訓練班,實際上等於你把我趕跑了。」

還有一件對你不利的事實。這個訓練班將吸引成千的有文化、受過教育的中上層管理人員到你的旅館來聽課,對你來說,這難道不是起了不花錢的廣告作用了嗎?事實上,假如你花五千元在報紙上登廣告,你也不可能邀請這麼多人親自到你的旅館來參觀,但我的訓練班幫你邀請來了。這難道不划算嗎?」講完後,我告辭了:「請仔細考慮後再答覆我。」當然,最後經理讓步了。

這裡我要請你注意,我獲得成功的過程中,沒有談到一句關於我要什麼的話,我是站在他的角度想問題的。

把他人利益放在明處,將自己的實惠放在暗處,不但可以達到自己的目的,而且可以獲得對方的人情,賣乖的確是最為精明的操縱之術。

第十五計　圍魏救趙

圍魏救趙，巧解難題

「圍魏救趙」之計是《三十六計》當中的第二計，是拆台不可多得的巧妙手段。

孫臏不愧為兵聖孫武之後，善出奇計。圍魏救趙之計就源於他所策劃的齊魏桂陵之戰。魏國攻打趙國，包圍了趙都邯鄲，趙國深覺危急，向齊國求救。西元前三五三年，齊國派田忌為將，孫臏為軍師，率兵八萬，援救趙國。一開始，田忌想直接去與魏軍決戰。孫臏卻另有高見：要想解開一個繩結，不能強拉硬扯；要把打架的人分開，不能自己也加入進去打。派兵解圍，得避開實力，打其虛處，攻其必救。現在魏國的精銳部隊在打趙國，國內空虛，我們應攻打魏國都城大梁。這樣，魏軍定會回師自救。

田忌採納了孫臏的謀略。魏軍聽到了齊國攻打其都城的消息，急忙回救。然而齊軍在桂陵一帶埋伏好，打了遠道退兵的魏軍一個措手不及，因此救了趙國。

我有一同學，姓姚，深通圍魏救趙之計。他老婆被一姓蔡的經理追求著，他怕夫人萬一受不住誘惑了，問題就大了。那該怎麼辦呢？總不能拿著刀子去和蔡經理拼命吧。他想到了蔡經理的老婆。他與她本來就認識，於是就想盡辦法與她增加聯絡。她在一家琴行工作，會調音。他家有架鋼琴，就請她來調。這調音可是個技術活，一時半會調不完，調著琴調到了吃飯的時候，他早已把飯準備好，

第十五計　圍魏救趙

陪她小酌幾杯。她微帶酒意，臉紅紅的，拿著他送的小禮品回家了。自此，往來增多，友誼加深。姚先生知道，蔡經理愛自己的老婆和家庭，追他的妻子，只是玩玩想增加個情婦而已。於是，姚先生便在和蔡夫人交往中，並沒有告訴她丈夫在追自己的妻子，他不想破壞蔡家的和睦。漸漸的蔡經理發現了姚先生與自己老婆的友好交情，他怕姚來個「以其人之道，還治其人之身」，連忙退兵自衛。蔡經理心想：不能光想種別人的田，荒了自己的地。

姚先生的婚姻危機，沒起爭端，透過外交途徑和平解決了。這得益於圍魏救趙的智謀。

有家室的男人在外拈花惹草，通常是自忖「後方穩固」，才會有錦上添花的雅興。你讓他後院起火，來個「圍魏救趙」，正是拆了他的台。

下面再舉一個絕妙之例子。

西漢初年，漢高祖劉邦率領大軍與匈奴交戰。劉邦求勝心切，帶領騎兵追擊敵軍，把大隊人馬丟在後面，不料剛剛追到平城，便中了匈奴的埋伏，劉邦被迫困守白登山，然而，後續部隊已經被匈奴軍隊分頭阻擋在各要路口，無法前來解圍，形勢十分危急。到了第四天，被圍困的漢軍糧草越來越少。傷亡的將士不斷增加，劉邦君臣急得像熱鍋上的螞蟻，坐立不安。

跟隨劉邦的謀士陳平無時不在苦思冥想著突圍之計。這天，他正在山上觀察敵營的動靜，看見山下敵軍中有一男一女指揮著匈奴兵。一打聽才知道，這一男一女是匈奴王冒頓單于和他的夫人閼氏。

他靈機一動，從閼氏身上想出一條計策，回去和劉邦一說，馬上得到了允許。

陳平派一名使者，帶著金銀珠寶和一幅圖畫祕密的去見閼氏。使者送上厚禮又獻上一幅圖畫。上面畫的是一位嬌美無比的美女。使者聲稱是獻給匈奴王的中原美女。閼氏於是規勸匈奴王說，即使奪得漢地也不宜久居，再說兩個君主也不能總是互相敵對。

匈奴王經過反覆考慮，終於同意了夫人的意見。後來，雙方的代表經過多次談判，達成了停戰協議。

女人的威力往往在出其不意的地方顯示出來。有的大將軍在人前八面威風，可是回到家裡還是要聽老婆的。利用女人，「扯其後腿，拆其後臺」這一技的妙用，在於聽之無聲，視之無形，無窮如天地，難知如陰陽。施用暗往明來，陰差陽遣的手段，使對方墮入其中而不覺。

司馬相如卓文君圍魏救趙得錢財

漢代的大辭賦家司馬相如，出川漫遊，一篇《子虛上林賦》博得了海內文名。博雅之士，無不以結識司馬相如為榮。但司馬相如放任不羈，不拘禮教，一派浪蕩公子相。這一年，司馬相如外遊歸川，回成都的路上，路過臨邛。臨邛縣令久仰司馬相如之名，恭請他至縣衙。此事驚動了當地富豪卓王孫。卓王孫也想結識一下司馬相如，以附庸風雅。但他仍擺脫不了商人的庸俗，故而實為欲請司馬相如，但名義上卻是宴請縣令王吉，讓司馬相如作陪。司馬相如本來看不起這班無才暴富之人，所以壓根沒準備去陪宴。

到了約定日期，司馬相如卻沒有來。卓王孫如熱鍋螞蟻，王吉只好親自去請。司馬相如看在王吉面子上來到卓府，卓王孫一見他的穿戴，心中早已懷瞧不起之意，司馬相如全然不顧這些，大吃大嚼，只顧與王吉談笑。

忽然，內室傳來淒婉的琴聲，司馬相如一下子停止了說笑，傾耳細聽起來。原來這是卓王孫的女兒卓文君所奏。隨後司馬相如亦彈了一曲《鳳求凰》向卓文君表達愛意。卓文君也愛慕司馬相如的相貌和才華，兩人當夜私奔到司馬相如處，卓文君以身相許。當兩人一起回到成都。卓王孫知道後，氣得暴跳如雷，發誓不准他們返回家門。

卓文君隨司馬相如回到成都後才知道，她的夫君雖然名聲在外，但家中卻很貧寒。萬般無奈，他們只好返回臨邛，硬著頭皮託人向卓王孫請求一些資助。不料，卓王孫破口大罵。

夫婦倆心都涼了半截，可是她們兩人都是聰明人，很快就想出了一個絕招。第二天，司馬相如把自己僅有的車、馬、琴、劍及卓文君的首飾賣了得到一筆錢，在距離卓府不遠的地方租了一間屋子，開了一間小酒鋪。司馬相如穿上夥計

第十五計　圍魏救趙

的衣服，捲起袖子和褲管，像個酒保一樣，又是擦桌椅，又是搬東西；卓文君則粗布衣裙，忙裡忙外的招待來客。酒店剛開張，就吸引了許多人前來目睹這兩位遠近聞名的落難夫婦。司馬相如夫婦一點也不感到難堪，內心倒很高興，因為這正好達到了他們的目的——給頑固不化的卓王孫丟人現眼。

有幾個朋友勸卓王孫說：「令嬡既然願意嫁給他，就隨她去吧。再說司馬相如畢竟當過官，還是縣令的朋友。儘管現在貧寒，但憑他的才華，將來一定會有出頭的日子，你應該接濟他們一些錢財，何必為難他們呢？」這樣一來，卓王孫萬般無奈，只好分給卓文君夫婦僕人兩名，錢財百萬，司馬相如夫婦大喜，帶上僕人和錢財，回成都生活去了。

張儀巧施圍魏救趙計

幽默大師林語堂甚至斷言：「中國其實一向就是女權社會，女人總是在暗地裡對男人施加影響力，左右著男人的心理情緒和處事態度，無形中便決定了事態的發展。」一些老謀深算者深諳此道，求人時，專門在女人身上做些手腳，巧施圍魏救趙之計結果事半功倍。

戰國時的張儀就是抓住了女人的吃醋心理，以圍魏救趙之計作為突破口，最終影響了楚懷王的決策。

張儀是著名的「縱橫家」，他早年在楚國遊說時過得非常清苦，有些與他一樣的謀士因不堪忍受艱苦，紛紛要離開楚國。

張儀見狀，心裡也不好受，便挽留說：「你們還是再等一段日子，我去見一見楚懷王。」楚懷王就是那個逼死屈原的昏君，他十分迷戀女色，身邊的兩個大美人南后、鄭袖，頗得他的寵愛。

張儀見到楚懷王後，開門見山的說：「我在楚國什麼也沒有做成，所以我想去晉國試試，大王同意嗎？」

「那你走吧！」楚懷王毫不在意。

張儀接著問：「大王，您想要晉國的什麼東西？」

楚懷王想了想，說：「楚國什麼都有，我沒有什麼想要的！」

張儀看著得意洋洋的楚懷玉，輕聲說：「那美女呢？」

楚懷王沒料到張儀這一著，一時竟不知該如何回答。

張儀見其心動，接著說：「大王您也知道，鄭、周等地的美女，就像下凡的仙女一樣啊！」

楚懷王本是一個好色之徒，這下子被擊中要害，立刻精神一振，忙說：「楚國這麼偏僻，美女當然無法和中原的美女相比，你所說的美女，我當然是喜歡的。」

於是，楚懷王給了張儀許多珠寶錢財做為路費，張儀又將這些錢財分發給想離開楚國的謀士們。

張儀要從中原帶回美女的消息不脛而走，終於傳到南后、鄭袖的耳裡。

幾天後，南后派專人去給張儀送行。這位專人帶著重禮，對張儀說：「聽說將軍要去晉國，這是黃金一千兩，南后請你一定收下，權且作為路上之盤纏。」

鄭袖也送了五百兩銀子。

張儀心裡清楚，南後和鄭袖之所以給他送重禮，其實就是希望他不要把中原的美女帶回楚國。

張儀既抓住了楚懷王的好色心理，又抓住了女人的愛吃醋的心理巧施圍魏救趙之計，他成功的擊中了對手的弱點，真正是一箭雙雕，也獲得了大量的財寶。

第十五計　圍魏救趙

第十六計　投其所好

投其所好給其所要

很久以來,「投其所好」作為一個貶義詞為人所鄙夷。這主要是因為投其所好者的目的往往是自私的、不可告人的。假如目的是光明磊落、合乎情理的話,投其所好就可以被正名了。

心理學研究顯示:情感引導著行動。積極的情感,比如喜歡、愉悅、興奮,往往產生理解、接納、合作的行為;而消極的情感,如討厭、憎惡、氣憤等,則會帶來排斥和拒絕,所以,若是你想要人們相信你是對的,並按照你的意見行事,那就首先需要給予人們喜歡的東西,否則,你的嘗試就會失敗。

要使別人對你的態度從排斥、拒絕、漠然處之到對你產生興趣並予以關注,就需要最大限度的引導、激發對方的積極情感。「投其所好」實際上就是一個引導和激發的過程。這種過程的表達方式是多種多樣的,常見的主要有以下幾點:

(一) 發現對方的「閃光點」。要善於讚揚別人,善於從理解的角度真誠的讚美別人。而且要富於洞察力,善於發現對方美好的一面。

(二) 尋找對方的「興趣點」。在與別人交談時,往往會遇到這種情況,對方沒有在聽你說話,而是在做或在想別的事情;或者是嘴裡應付著的,眼睛卻注意著別處;或者是轉移話題,跟你瞎扯......遇到這種情況,你就應該盡快放棄你的話題,尋找他的「興趣點」之所在。唐代大詩人白居易說過:

第十六計　投其所好

「動人心者莫先乎情。」情動之後心動，心動之後理順，而理順之後，事情自然就會朝著有利於你的方向發展了。

柯達公司的總裁伊士曼發明了膠片以後，才能拍攝電影。他的發明為他帶來了巨額財富，並使他成為世界上最著名的商人之一。儘管如此，他仍然像平常人一樣渴望得到別人的稱讚。

伊士曼曾在洛克斯達城捐造伊士曼音樂學校和凱伯恩劇院，用來紀念他的母親。紐約某座椅製造公司經理艾特森，想得到該劇院座椅的訂單，於是他就和伊士曼約會見面。

一位工程師告訴特森說，伊士曼正埋首於桌上堆積的文件之中。聽見有人來，他抬起頭朝來者方向說道：「早安！先生，有什麼事情嗎？」

經介紹後，艾特森說道：「伊士曼先生，當我在外面等著見你的時候，我很羨慕你的辦公室，假如我有這樣的辦公室，我一定會很高興的在這裡面工作，你知道我從來不曾見過這麼漂亮的辦公室！」

伊士曼答道：「你使我想起一件幾乎忘記了的事。這房子很漂亮是不是？當初才蓋好的時候我極喜歡它，但是現在，有許多事忙得我就算幾個星期都坐在這裡也無瑕看它一眼。」艾特森走過去用手摸壁板，說道：「這是英國橡木做的對嗎？和義大利橡木稍有不同。」

伊士曼答道：「對了，那是從英國運來的橡木。我的一個朋友懂得木料的好壞，他為我挑選的。」隨後伊士曼領著艾特森參觀了他自己當初親手設計的房間配置、油漆顏色、雕刻工藝等等。

當他們在室內誇獎木工時，伊士曼走到窗前，非常親切的表示要捐助洛克斯達大學及市立醫院等機關一些錢，以盡心意。艾特森熱誠的稱讚他這種慈善義舉的古道熱腸。

兩個人接著談了許多生活中的、工作中的、商業中的事，艾特森總是適時的表達著自己的讚嘆，他們的談話遠不止五分鐘。艾特森不僅得到了那筆桌椅合約，還與伊士曼成了好朋友。

讀到這裡，相信你已經明白了為什麼要在人際交往中投其所好了吧？

投其所好，建立良好關係的妙方

在建立良好的關係的過程中，實現雙方興趣上的一致是很重要的。只要雙方喜歡同樣的事情，彼此的感情就容易融洽，對其他許多事情，彼此也就願意合作了。

每一個人都有某個方面的興趣。興趣可分為兩種：一種是對有關係的事物的興趣，一種是對無關係的事物的興趣。所謂有關係的事物，是指與你和別人共同都有興趣的事物。利用這種興趣，常常可以在彼此之間建立良好的關係。

可是有許多人對他們業務以外的某種事情更有興趣。通常一個人所做的工作，不是出於自願，而是為了謀生。但在業餘時間他所關心的事情，則是他自己所選擇的。換句話說，他最感興趣的事情是辦公室之外的事情。因此，從業務之外的事物上與某人接近，比在業務上與他聯繫更容易，更有效果。

一般人都希望與自己相處的人，有許多共同的興趣，但是，現實生活中很可能不是這樣，我們交往的人中，有的人特別喜歡熱鬧，有的會比較淡泊。如果可能的話，你應盡量找出他們最感興趣的事，然後再從這方面去接近他們。倘若沒有機會，或者這種機會不容易得到，那麼也該盡可能去選擇他們最感興趣的事供你利用，這樣做的目的是要使他對你發生興趣。

欲與別人的特殊興趣建立一種特殊關係，必須把你的真實的興趣表現出來。單單說一句我也很感興趣的話是不夠的，在對方的詢問下，你不能掩飾你真正的興趣，免得弄巧成拙。問題在於你怎麼能使他人了解你對某件事情的確和他有同樣的興趣。首先，你必須對他感興趣的事具有相當的知識，足以證明你是有相當研究的。越是值得接近的人，你就越應該努力對他所感興趣的事情，作進一步的了解，使你能夠應付他，使他樂意提供你所想知道的事情。

就像幼稚園的教師，有許多辦法去哄小朋友，把一群哭哭鬧鬧的小孩哄得高高興興。這當然有她們成功的手法，其原因是由於他們能放棄自己的個性去迎合小朋友的興趣和思想。

這種做法純粹是出於熱誠，而熱誠卻永遠是應酬成功的因素，當你的內心充滿熱誠時，你向別人提出的將不是一個令人難堪的問題，而是別人樂於回答，或

第十六計　投其所好

者是他所熟悉的問題。

你知道某人去過美國，如果你向他問及美國的事情，即使你的目的只不過想問問有關美國入境的手續，而他會連帶告訴你紐約帝國大廈的電梯快到什麼程度。

專家們提出實現和他人興趣一致的三個步驟：

（一）找出別人感興趣的事物。

（二）對他感興趣的題目應該先獲得若干知識。

（三）對他表現出你對那些事物確實感興趣。

投其所好，以禮服人

我們生活在一個講「禮」的環境裡，如果你不講「禮」，簡直就寸步難行，處處被人所唾棄。

求人要送禮，「禮」多人不怪，這是古老的格言，它在今天仍有十分實用的效果。有人經過調查研究指出，日本產品之所以能成功打入美國市場，其中最祕密的武器就是日本人的小禮物。換句話說，日本人是用小禮物打開美國市場的，小禮物在商務交際中起到了不可估量的作用。

當然，這句話也許有點言過其實。但是日本人做生意，確實是想得最周到的。特別是在商務交際中，小禮品是必備的，而且根據不同人的喜好，設計得非常精巧，可謂人見人愛，很容易讓人愛禮及人。

小禮物起到了非同小可的作用，而精明的日本人此舉之所以成功，在於他們聰明精明，摸透了外國商人的心理，又運用了自己的策略。一是他們了解了外國人的喜好而投其所好，以博得別人的好感；二是他們採取了令人可以接受的禮品，因為他們深知歐美商業法規嚴格。送大禮物反而容易引火焚身，而小禮物絕沒有行賄之嫌；第三，他們又很執著於本國的文化和禮節。

可見，禮品雖小，人家送的工夫到了家，你不能不佩服。

如今商業社會，「利」和「禮」是連在一起的，往往是「利」、「禮」相關，先「禮」後「利」，有禮才有利，這已經成了商務交際的一般規則。在這方面，

道理不難懂，難就難在操作上，你送禮的工夫是否到家，不顯山露水，卻能夠打動人心。

送禮其實已成了一種藝術和技巧，從時間、地點一直到選擇禮品，都是一件很費人心思的事情。很多大公司在電腦裡有專門的儲存，對一些主要公司、主要關係人物的身分、地位以及愛好、生日都有紀錄，逢年過節，或者什麼合適的日子，總有例行或專門送禮的行為，藉此鞏固和發展自己的關係網，確立和提高自己的商業地位。

第十六計　投其所好

第十七計　化敵為友

成大事者與敵人也要合作

　　有益的合作是化解風險、走向成功的高明手段。

　　作為企業的員工，對內對外要和許多人發生聯繫，如果仍然拘泥於比較狹窄的交際原則，與自己志同道合、脾氣相投的人則親，與自己性格迥異、職級相差、文化背景不同、甚至年齡懸殊則疏，是很不利於工作的。

　　工作上產生的人際關係，不同於個人選擇摯友良朋，應該從工作的層面上考慮，盡量打好彼此的合作關係。這種合作，是比較寬泛和寬容的。

　　任何人都有自己的思想、習慣及愛好，如果在與他人合作中，過分強調對方在行為性格中與自己的不同之處，就會因為這些微小的隔閡而產生溝通上的障礙，從而產生好惡，乃至影響合作。

　　在現在的社會中，幾乎任何人都有與不好應付的人打交道的機會。交際技巧上也相當重視這方面的問題。絕大多數的人與這種類型的人往來時，心情都相當不輕鬆、不愉快。如果可能的話，大家都想對他們避而遠之。但是，既然無可避免，最好的方法便是正視並面對這件事，並設法尋求解決之道才是。

　　唯一的克服方法，就是打開心胸、消除偏見及找出對方的優點、再虛心跟他接觸。這些方法，確實具有正確的意義。然而，在付諸行動時，這種不好應付的人經常不按牌理出牌，所以，想要達成上述的建議並非易事。而且，一般人均很

第十七計　化敵為友

難輕易的從腦海中消除成見。因此，在處理這方面的棘手問題時，必須先在想法上作巧妙的適當的轉變。例如，不妨設想「與那個討厭的傢伙碰面，對我有什麼好處呢？」換言之，將對方擬物化，並以做事的觀點來看待對方。在心理上須先將情感的因素置之一旁，再與對方進行交往。

此外，亦可將對方視為另一個集團的人。在那個集團裡，也許包括了你的同事、上司、朋友等。而他們之所以屬於那個集團是因為你與他們的交往，常會採用特別的、含有意圖的交往方式，這種交往方式近乎純生意上的往來關係。由此一來，你便可以掌握自己該如何與這些人進行交往的技巧了。同時，你也大可不必顧慮過多的情面、人情等問題，而是完全站在業務上的立場與其應對即可。此時，這些不好應付的人，對你而言應該再也不是問題了。

舉個例子來說。假如你正與不好應付的人碰面。在談話之初，或許只是閒聊著，不過，這種閒聊或試探的時間應儘早結束，並開始步入正題。

事實上，與這種人碰面，多半有相當的理由為前提。因此，應以這種前提做為談話中心，並盡速談妥，用這樣的方式便可以了。

總之，將此種會面視做生意上的往來，保持一種君子之交的態度即可。此外，值得一提的是，盡量避免涉及個人的情緒因素。不妨認為雖然對方是個不好應付的人，但一旦不與之交際，對生意上也許是一項損失。因此，若能順利達成目的，絕對是件值得的事！如此一想，你便不會對這種會晤而深以為苦了。

法國的知名政治家德布里安曾說：「對自己而言，最重要的不是別人如何看待你，而是你如何看待他們」由此不難推想，只要我們將那些不好應付的敵人視為純生意上的來往對象，只要我們一切為工作著想，應當不難處理這些人際關係。

如果朋友在生你的氣，其中必然有原因存在。姑且不論是否是你的錯，但你必須先去安撫對方的憤怒。不論生氣的原因為何，既然對方對你表示生氣，你就絕對不宜置之不理或正面衝突。倘若事後對方恍然大悟，發覺你是無辜的，那麼對你的寬容和氣度，必然會心悅誠服。

相反的，倘若你採取一味辯白的態度，便無異於火上加油，很可能導致更難

解決的地步。以下面的例子作為說明：某家食品公司的營業主任孫先生，有一天接到一家客戶公司孟經理的電話，以相當激烈的語氣向孫主任索賠，因為食品公司的貨品發生錯誤。

孫主任雖然認為不可能發生這樣的事，但深深了解情況如果惡化或擴大就更糟了。

於是他的第一步驟是無論如何先得向客戶表示歉意。於是，孫主任立刻趕赴孟經理的辦公室，誠懇的鞠躬致歉，並說：「給你帶來麻煩，實在相當抱歉！」對於錯誤則未作任何辯白。

事實上，道歉並非簡單的事。倘若態度不夠誠懇，或言詞有所不妥，對方在氣頭上，極可能認為「你這樣做，也算是在向我道歉嗎？」反而可能讓對方更加生氣。道歉是一種禮儀，我們必須要先有這樣的概念。所以，基於道歉而向對方表示謙卑並沒有什麼損失。即使對方屬於權威主義者，也無須吝於向他低頭，因為對事不對人是我們為人處事的基本態度。

結果，孟經理在對方謙和有禮、誠意十足的道歉後，一度氣憤的心情也為之平息。等孫主任告辭回返辦公室時，剛進門便接到孟經理打來的電話。這回，孟經理變得相當客氣，前後判若兩人。孟經理在電話中說道：「真是不好意思！造成這次出錯的原因，原來是我們公司的職員與貴公司聯絡上發生了錯誤。孫先生，過錯在我們，對你實在是過意不去，太對不起你了！」孟經理能夠及時找出錯誤的原因，對孫主任而言，是相當幸運的事。同時，孫主任當機立斷的先行道歉，也大大有助於對方找出真相的決心。總之，孟經理對孫主任的應對方法已賦予相當的肯定評價。

此外，應付對方的憤怒情況時，不妨考慮以下幾種心態：首先，如果能如同孫先生般幸運，不久對方即發覺原來是場誤會，是最好不過的了。但倘若對方對自己的誤會依然遲遲沒有發現，又應該如何處理呢？你不妨經由第三者來告知實情，或寫信告訴對方實情以澄清誤會。

再者，倘若造成對方生氣的原因，真是由於自己的錯誤，當然「解鈴終須繫鈴人」親自登門謝罪是理所當然的。不過，在表示歉意時，可得注意態度是否誠

第十七計　化敵為友

懇、事後補償的處理是否妥善。倘若，你的謝罪致歉讓對方覺得滿意，對方仍會對你的誠意與努力表示好感。

事實上，「人非聖賢，孰能無過？」只要能將錯事做完整的善後處理，還是能夠化險為夷、轉禍為福的。

儘管在犯錯時會遭受同事、上司或親友的指責或怒罵，心裡確實是不好受。但是，不妨反過來想：「要是沒人說你、罵你，豈不也表示無人關心你了嗎？」這樣一來，反倒能夠心平氣和的接受指責，而沒有不耐煩的表現，無形中，你便得到道歉的效果了。

尤其現在能苦口婆心勸說他人的人愈來愈少了，因此，若能接觸到這種類型的人，也算得上是自己的某種福氣哩！

所以，企業的員工必須敞開胸懷，學會化敵為友，要善於和自己性格、氣質不同的人相處，要學會理解對方，求同存異，這樣才能擴大交際面，廣泛進行合作。而最重要的是，大肚能容天下人、天下事，出入無礙，進退自如，這正是成就大事業的本錢。

親吻你的敵人

唐朝宰相陸贄，有職有權時，曾偏聽偏信，認為太常博士李吉甫結黨營私，便將其貶到明州做長史。不久，陸贄被罷相，貶到了明州附近的忠州當別駕。繼任宰相明知李、陸有私怨，便玩弄權術，特意提拔李吉甫為忠州刺史，讓他去當陸贄的頂頭上司，意在借刀殺人，透過李吉甫之手把陸贄除掉。不料李吉甫不記舊怨，上任伊始，便主動與陸贄把酒結歡，使那位現任宰相借刀殺人之計成了泡影。對此，陸贄自然深受感動，他積極出謀劃策，協助李吉甫把忠州治理得一天比一天好。

俗話說：多一個朋友多一條路，多一個敵人多一堵牆。

我們都知道這句話，也明白這個理。但是，一旦知道別人做了對不起自己的事，仍免不了耿耿於懷。看到這個人時，輕則如陌路相逢，視若無睹；重則似仇人相見，分外眼紅。有多少人能像李吉甫那樣，不計舊怨與仇人把酒結歡呢？

親吻你的敵人

其實，怨怨相報，未必有什麼好處：他損害我在先，我懷恨於心在後，於是便費心費神的盯著他，一心想尋個機會，以牙還牙。終於有一天，他落到了我的手中，我便瞄準時機，給他當頭一棒；或是在他得意之時潑盆冷水，損他一把；或是趁他失意之機落井下石，置其於死地……總之，我報了宿怨，泄了心頭之恨。

但靜下心來想一想，報復之後我又得到了什麼呢？而為了一時意氣之爭，圖片刻之快，我又失去了多少本該屬於我的快樂和輕鬆啊！費盡心機去精謀細劃，絞盡腦汁來苦苦算計，最終換來的僅僅是別人的敵視與更深的怨恨。然後，我就不得不更小心謹慎的生活，提心吊膽的過日子，生怕哪天一個不小心再被他算計了，這樣的日子挺累的，不是嗎？再說，我想報復人家，也未必能心想事成，鬧不好，落個「機關算盡太聰明，反誤了卿卿性命」，豈不是有點太不值了嗎？

大奸大惡之徒，人人得而誅之。與這種人的國恨家仇，非報不可。但在現實生活中，我們很難碰上這種人，平素與我們結怨的，多半是為利益衝突而起，或是為了意氣之爭。為小利而結仇，可能損大利；為一時意氣而結仇，可能惹大禍，都是得不償失的事。在不違反做人原則的前提下，以德報怨不失為一種高明的處世之道：即使他與我們曾有過節，我們也應盡力做到不計前嫌；他大紅大紫春風滿面時，我們不妨去錦上添花；他落魄困窘、山窮水盡之時，我們不妨雪中送炭，用我們真摯的熱情，融化冰封的情感，脫去彼此表面上冷漠的偽裝；用我們的大度與寬容，擦去恩怨的汙濁，讓靈魂更加純潔透明。這樣，我們就無需絞盡腦汁勞心傷神算計別人，也不需緊繃神經，警惕一切動靜，防人算計；我們可以不再擔心自己得勝之時無人喝彩，也不用害怕陷入危難之時孤立無援；不會時時想著算計別人，也不用處處擔心落入他人圈套。這樣處世豈不堂堂正正？這樣做人豈不是輕輕鬆鬆？

李吉甫與陸贄走的正是一條大路，一條用寬容拓展開的光明大道。李吉甫不計前嫌，不去報復，陸贄深受感動，以德報德。二人化敵為友，打破了不懷好意者「鷸蚌相爭，漁翁得利」的陰謀，把忠州治理得一天比一天好，他們的政聲也一天比一天高。他們在寬待別人的同時，也幫助了自己。

第十七計　化敵為友

　　人生的路上，我們並非獨行。朋友多了，路自然就寬了。何況，「獨樂樂不如與人樂樂」，縱然是風景如畫的勝景，誰願永遠獨處其中？當你悠閒漫步在一馬平川之上，朋友多了，路邊的風景就會變得更絢麗多彩；當你艱難行進在崎嶇坎坷之中，朋友多了，大家相互扶持，在山窮水盡疑無路時，大家同心協力共鏟荊棘，於是便有了「柳暗花明又一村」的驚喜。

　　如果我們沒有了寬容的心態，有怨必報，有仇必雪，那我們便給自己樹起了眾多的敵人。「多個敵人多堵牆」，仇怨越積越深，牆越築越厚，路也就變得越來越窄了，因此而堵塞了人生的旅途，我們怎麼能用自己築起的牆來親手埋葬自己的希望呢？

　　「歷盡劫波兄弟在，相逢一笑泯恩仇。」當我們回首往事時，也許昔日那些讓我們最仇視、最痛恨的人，恰恰是我們最懷念的人：那個對我責之甚嚴的老師，那個與我競爭甚烈的同學，那個對我橫加指責的上司，那個抓著我的毛病不放的同事……正是他們，使我們的人格得到昇華，使我們更加發奮圖強。如果我們把眼光放遠一點，推移到未來，也許就能想到，今天那些最讓我們痛恨的人，也許就是那些將來最讓我們懷念的人，這樣，我們就能恨意頓消和他們「相逢一笑泯恩仇」！在一笑泯恩仇的同時，我們將發現：我們不僅僅拆除了一堵牆，更重要的是，又為自己開闢了一條新路。於是心靈的空間不再狹窄陰暗多阻塞，人生的道路則會越走越亮越寬闊。

第十八計　沉默是金

學會做一個好聽眾

　　你覺得一個人是多說話好呢？還是沉默好呢？按「說話是鐵、沉默是金」的說法那便是沉默比多話好。

　　人之言語即是他行為的影子，我們常因言多而傷人，言語傷人，勝於刀槍，刀傷易癒，舌傷難痊。

　　一個冷靜的傾聽者，不但到處受人歡迎，而且會逐漸知道許多事情。而一個喋喋不休者，像一隻漏水的船，每一個乘客都希望趕快逃離它。同時，多說招怨，瞎說惹禍。正所謂言多必失，多言多敗。只有沉默，才不至於被出賣。保持沉默便是保持不傷人。

　　有人說言語是一種卑賤的東西，一個說話極隨便的人，一定沒有責任心。話多不如話少，話少不如話好，多言不如多知。即使千言萬語，也不及一件事實留下的印象那麼深刻。多言是虛浮的象徵，因為口頭慷慨的人，行動一定吝嗇。有道德的人，絕不泛言，有信義者，必不多言，有才謀者，不必我言。多言取厭，虛言取薄，輕言取侮，保持適當的緘默，別人將以為你是一位哲學家。

　　一個人話說得少而且說得好，便可被視為紳士。因此，在我們的人生中，有兩種教訓是不可少的，那就是沉默與優雅的談吐。如果我們不會機智的談吐，又不會適時沉默，是很大的不幸與缺憾。是的，我們常因話說得太多而後悔，所以

第十八計　沉默是金

當你對某事沒有深刻的了解的時候,最好還是保持沉默吧!

少說話固然是美德,但是,人既然在社會中生活,就必須說話,而不能不說話。既然要說話,該怎樣說才好呢?在任何地方和場合,最好能少說話,要說話就說自己經歷過的感想之話,說心靈深處的衷心之話,說自己有把握的話,說能夠啟迪人的話,說能警戒人的話,說能教育人的話,說溫暖的話,說能使人排憂解難的話。自己沒把握做到的話千萬不要說,言不由衷的話不要說,傷人的話不說,無中生有的話不要說,惡言惡語不要說,傷感情的話不要說,造謠的話也不要說,粗言穢語更是絕對不要說。

若是到了非說不可時,那麼你所說的內容、意義、措詞、聲音、姿勢,都不可不加以注意,什麼場合,應該說什麼,怎樣說,都應該加以研究。無論是探討學問,接洽生意,交際應酬,娛樂消遣時,種種從我們口裡說的話,一定要有重點,要具體、生動,「不鳴則已,一鳴驚人」雖未必能達到這個境界,但只要我們朝這個目標走去,還是會有成長的,有收穫的。須知道,為了保持你的話被人所重視,永不使人討厭,唯一的祕訣就是說適量、恰當的話,說適量的話能使你能靜靜的思索,使你說出的話更精彩、更動人。

做一個好的聽眾,是談話藝術當中一項重要的條件。因為能靜坐聆聽別人意見的人,必定是一個飽含思想和具有謙虛柔和性格的人。這種人在人群之中,起先也許不大受人注意,但最後必是受人尊敬的。因為他虛心,所以為任何人所喜歡;因為他善於思考,所以被眾人所信賴。那麼,要怎樣做一名好的聽眾呢?

第一是要真誠。別人和你談話的時候,你的眼睛要注視著他,無論對您說話的人地位比你高或低,用眼睛注視著是一件必要的事情,只有虛浮、缺乏勇氣或態度傲慢的人才不去正視別人。別人對你說話時,不可做著一些絕無必要的工作,這是不恭敬的表示,而且,當他偶然問你一些問題時,你就不會因為不留心他所說的話而無所適從。其次傾聽別人的話時,偶然插上一兩句同情的話是很好的,不完全明白時加上一句問話也是非常需要的,因為這樣做正是表示對他的話正在注意聆聽,但不可把發言的機會搶過來,更不可滔滔不絕的開始說自己的話。除非對方的話已告一段落,沒有人開口了,你才可以把話接下去,或是輪到

你說話的時候才可以這樣做。另外，無論他人說什麼話，最好不要隨便糾正他的錯誤，若因此而引起對方的反感，那麼你就不是一個好的聽眾。如果要提出意見或批評，要講究時機和態度，不要太莽撞，如果不講究方式和方法，就會將好事變成壞事。

有些人常喜歡把一件已經對你說過好幾次的事情一說再說，這也許是深埋在他心裡最難忘的事情，或比較得意，令他高興的事，或者比較傷心，令他不快的事。也有些人會把一個笑話說了多次還當新鮮的東西，在這種情況下，作為一個聽眾的你，此時要練習一種忍耐的美德，你不能對他說：「這事你已對我說過好幾遍了。」這樣做會傷害他的尊嚴，你唯一應該做的事是耐心聽下去，你這時心裡應該明白，他是一個記憶力不好的人，你應該同情他，而且他對你說是表示對你有好感和信任。

如果說話的人滔滔不絕，而你又毫無興趣，覺得用時間和精力去應酬他十分不值得的時候，你應該用更好的方法使他停止這乏味的話題，但最重要的是，不可傷害他的自尊、尊嚴。最好的方法是巧妙的引開他的話題，而談別的話題，這個別的話題最好是他所內行的或是喜歡的話題。

掌握傾聽規則

無論你與人交往的目的是什麼，都要掌握聽人講話時應該注意的事項，即掌握聽的規則，從而提高交往的效率。以下將聽的十項規則列舉如下。

（一）要搞清楚自己聽的習慣。

首先要了解，你在聽人講話方面有哪些好的習慣？有哪些壞的習慣？你是否對別人的話匆忙作出判斷？是否常常打斷別人的話？你是否經常製造交往的障礙？了解自己聽的習慣是正確運用聽的技巧的前提。

（二）不要逃避交往的責任。

要記住，交往的雙方既有說話者，也有聽話者，缺一不可，而且每個人都應輪流扮演聽話者的角色。作為一個聽話者，不管在什麼情況下，如果你不明白對

第十八計　沉默是金

方說出的話是什麼意思，你就應該用各種方法使他知道這一點。你可以向他提出問題，或者積極表達出你聽到了什麼，或者讓對方糾正你聽錯之處。如果你一言不發，或者一點表示也沒有，那麼，誰能知道你是否聽懂了對方的話？

（三）全身都要注意。

要面向說話者，同他保持目光接觸，要以你的姿勢和手勢證明你在傾聽。無論你是站著還是坐著，與對方要保持在對於雙方都最適宜的距離上。要記住，說話者都願意與認真傾聽、舉止活潑的人交往，而不願意與木頭人交往。

既然每個人能集中注意力的時間不長，你在聽話時就要有意識的把注意力集中起來，要努力把環境干擾降到最小的限度，避免分心。積極的姿勢有助於你把注意力集中在對方所說的話上。

（四）努力理解對方的言語和情感。

這就是說，不僅要聽對方傳達的資訊，而且要「聽」對方表達的情感。例如，假設一個工作人員這樣說：「我已經把這些信件處理完了。」而另一個工作人員卻這樣說：「謝天謝地，我終於把這些山一樣高的信件處理完了！」儘管這兩個工作人員所發出的資訊的內容相同，但後者與前者的區別在於他還表達了情感。一個不僅傾聽員工講話的內容，而且理解他的情感的細心的領導者，在下達新的任務以前，就已經取得了交往的較高效率。

（五）要觀察講話者的非語言訊號。

既然交往在很多時候是透過非語言方式進行的，那麼，就應當不僅要聽對方的語言，而且還要注意對方的非語言表達方式，這就是要注意觀察說話者的臉部表情、如何和你保持目光接觸、說話的語氣、音調和語速等，同時還要注意對方站著或坐著時與你的距離，從中發現對方的言外之意。

（六）要對講話者保持稱讚態度。

對講話者要保持稱讚態度能營造良好的溝通氣氛。講話者感到你的稱讚越多，他就越能準確表達自己的思想。相反，如果你對講話者表現出消極態度，就

會引起他的防禦反應，產生對你的不信任感和警惕性。

（七）要努力表達出理解。

在與人交談時，要努力弄明白對方的感覺如何，他到底想說什麼。如果你能全神貫注的聽對方講話，不僅表達出你理解他的情感，而且有助於你準確的理解對方給予的資訊。

（八）要傾聽自己講話。

傾聽自己講話對於培養傾聽他人講話的能力是特別重要的。傾聽自己講話可以讓你了解自己，一個不了解自己的人，是很難真正的了解別人的。傾聽自己對別人講些什麼，是了解自己、改變和改善自己聽的習慣與態度的一種方法。如果你不傾聽自己如何對別人講話，你也就不會知道別人應該如何對你講話，你當然也就無法改變和改善自己聽的習慣與態度。

（九）要以相應的行動回答對方的要求。

要記住，對方與你交談的目的往往是想得到某種可感覺到的資訊，或者是想使你改變觀點，或者試想迫使你做某件事情等。在這種情況下，採取適當的行動就是對對方最好的回答。

沉默是金，牢騷太多防腸斷

有人用發牢騷的方式來表達自己的不快、不滿和不幸。這種方式顯然是消極的，但在某種特定情況下，也不失為一種消除煩惱、宣洩不滿的辦法。

發牢騷，主要是發洩怨氣，講自己的倒楣事情。愛發牢騷的的人常常有一種頹廢情緒，說的話是「真沒勁！」、「做什麼都無聊！」他們有的是真的沒有精神，做事懶洋洋的，辦事沒有效率，遇事總往壞處想，看什麼都不順眼，這是精神頹廢，思想空虛的結果。

有的人每時每刻都在享受著大自然的無私奉獻，社會待他們十分寬厚，給予他們名譽、地位、美滿的家庭、舒適的工作、很高的待遇。可他們卻整天牢騷滿

第十八計　沉默是金

腹，怨天尤人散布悲觀的論調。他們並不是真正感到了生活的無聊，只是沒有意識到自己正生活在幸運之中，所謂身在福中不知福，或是不願在大家面前承認這種幸運。相反的卻將「無聊」當做時髦的語言，做出一種鄙視人倫、不隨俗流、看破紅塵的樣子。假如真的讓他們隔斷塵緣，放棄人生，他們是不會願意的。

愛發騷的人，喜歡向好發牢騷的人發牢騷。牢騷的情緒互相傳染。當一個人開啟話題，有同樣感受的人就會引起共鳴，互相傳播無聊的情緒，彷彿事物的性質會因發發牢騷而改變。

其實，我們都知道，發牢騷絲毫改變不了事物的狀態和性質，它能起的作用僅僅是把不滿的情緒表達出來，贏得一些贊同或附和，因而使不滿和怨氣造成的心理壓力減輕一些。

從根本上來講，發牢騷是知識分子對自身價值得不到實現的一種發洩，但這種情緒是一種消極因素，最終會給自己帶來損害。漢代有個官吏叫楊惲就是發牢騷的代表。楊惲由於好揭發人的隱私，愛發牢騷的老毛病也總改不了，自然就結了好多與他勢不兩立的仇家。可是他卻我行我素，自鳴得意。結果別人也就以其人之道，還治其人之身，向皇帝上書告密他誹謗大臣，圖謀不軌。皇帝看了之後，還念著他曾以同樣手段替他除去霍光的功勞，不忍心像對待霍光那樣，把他處死，便只是革去官職，貶為庶人。

按說，在那個人吃人、人坑人的社會裡，深知「伴君如伴虎」之祕密的楊惲，理應吃一塹，長一智，在各方面都有所收斂了。誰知，楊惲竟是一個天生固執的人，不但不知自省，反而把一肚子怨氣用另一種方式發洩出來，向自己的政敵乃至主子示威。為此，他花錢置產，每日大宴賓客，飲酒高歌，鬧得烏煙瘴氣，很不像話。這事不久被他的一位好朋友孫會宗知道了，他預感到楊惲這樣做是十分危險了，為了兩人的友誼，不忍看到他再遇到什麼不幸，就很誠懇的給楊惲寫了一封信，勸他收斂鋒芒，自我約束，不要再惹事生非，免遭不測。

誰曾想，楊惲一看這封因為善意而寫的書信，竟然如火上澆油，更加的偏執起來，他公開給孫會宗寫了一封充滿稜角的回信，說什麼「竊自思念，過已大矣，行已虧矣，長為農夫以沒世矣。田家作苦，歲時伏臘，亨羊炰羔，斗酒自

勞。酒後耳熱，仰天拊缶而呼烏烏。其詩曰：『田彼南山，蕪穢不治。種一頃豆，落而為萁。人生行樂耳，須富貴何時？』誠荒淫無度，不知其不可也。」

這信，表面上看似乎也在反省自己，但骨子裡是在發牢騷述不平，渾身是刺，怨懟之氣躍然紙上，這些當然逃不過他那些政敵的眼睛。恰好這時又發生了日蝕，這在那個科學尚不發達的時代，正是撲風捉影，造謠生事的好機會。於是，楊惲的政敵，就拿著他寫的這封信，向皇帝進讒言說：「楊惲這個人早就懷有野心，現在更加驕奢淫逸，一肚子牢騷，拒不悔過。這次日蝕之變，全是因為他冒犯上天才發生的，應該重重治罪！」這一下白紙黑字，可把皇帝惹毛了，立刻命人把楊惲抓來，草草處死了。由此可知牢騷於事無補，有時還會引來禍端。

總之，牢騷是一種情緒發洩，有利健康，但牢騷太多防腸斷，又要適可而止。有人對常發牢騷者總結出幾點勸告，以下羅列出來以供參考：
一、 不要發毫無意義的牢騷。發牢騷，應該針對有可能改變的事情。發牢騷之前，先弄清你的目的何在。
二、 要找對發牢騷的對象。也就是要找能為你解決問題的人。
三、 發牢騷要選好時候。也就是要在對方心情好或者願意聽的時候。
四、 發牢騷要保持冷靜。激動的情緒往往成事不足，敗事有餘。
五、 發一次牢騷只能有一個主題。

別怕別人把你當啞巴

大多數人為了使他人接受自己的觀點，總愛侃侃而談。商品推銷員更是如此。應該給別人把話說完的機會，因為他對自己的事情和自己的問題一定比您知道得更清楚，所以最好是向他提些問題，讓他告訴你他覺得什麼是正確的。

如果你因為不贊同他的意見而打斷他的話，那是不好的，請不要這麼做。在他話沒說完的時候，他會對你置之不理，因此請靜心聽他把話說完並盡量加以理解。要真心實意的聽，鼓勵他把話說完。

在公務交往中這種策略是否適用呢？讓我們來看一看，一個曾採用這種辦法的人是怎樣說的。

第十八計　沉默是金

　　幾年前，美國最大的一家汽車公司的代表要簽訂一項購買車身原料的合約。有三個公司為其準備好了原料樣品。汽車公司把所有樣品看過後發出了要這三個公司代表參加最後談判的邀請。其中一個公司的代表彭先生是在患有嚴重喉炎的情況下去談判的。彭先生回憶說：「輪到我進談判廳的時候，我的嗓子啞得一點話都說不出來。我幾乎是在耳語。進去後我發現以該公司董事長為首的談判小組成員全都在。我停下來想說話，但一句也說不出。」

　　「因為他們都坐在桌子後面，所以我就拿起一張紙，寫道：『先生們，我的嗓子啞了，不能講話。』『我替你講』董事長說，他展示了我的樣品開始誇獎起來。在爾後進行的討論中，他完全站在我的立場替我說話。我參加談判的方式僅限於微笑、點頭和做一些手勢。」

　　「這次我能一下子簽下了鉅額的車身原料合約，真是出乎我的意料之外。」

　　「我認為，假如我的嗓子不啞，這份合約就簽不成。因為我未必能恰如其分的處理此事。我完全是在偶然的情況下發現，給他人創造說話的機會不無好處。」

　　有這麼一條真理：「就連我們的朋友也認為，與其讓他自己炫耀自己成績，不如讓他聽聽我們對他的誇讚。」

　　一位法國哲學家曾說：「如果您想樹敵，就設法超過自己的朋友；如果您要朋友，就請為您的朋友提供超越您的機會。」

　　為什麼這是真理？因為，假設您的朋友超越了您，他會認為自己是個出色的人；但您在某方面超越了他的時候，就使他的身分有所降低，就會引起他的羨慕和嫉妒。

　　德國有一個諺語，翻譯過來的大概意思是：「人們在其所嫉妒的人遭受挫折時所產生的喜悅，才是真正的喜悅。」

　　有些朋友，他在您受到挫折時比在您獲得成功後更高興，這是完全可能的。最好把自己的成績看低一些。只要我們能謙虛一些，我們很快就能達到自己的目的。

　　我們應該虛心，因為我們自己並沒有什麼了不起的，我們都會死亡並在百年

之後被徹底遺忘。

　　如果總是想在別人面前誇耀自己微不足道的成績，生活就太沒意思了，最好是讓別人講話。

　　請仔細想一想，說老實話，您有什麼值得吹噓的呢？

　　所以，您如果想要人們依照您的觀點辦事，請這樣去做：「給他人多說話的機會，自己盡量少說。」

第十八計　沉默是金

第十九計　幽默社交

幽默社交高雅風趣

　　何謂幽默？至今尚未見到對其準確而全面的定義。儘管自古以來許多偉大的思想家都在努力尋求它的答案，如亞里斯多德、佛洛伊德等人，但是沒有一個能徹底解答這個問題。就連許多幽默大師和致力於學習幽默的人都無法給它一個明確的定義，或者說我們至今仍找不出一個公認的定義。

　　在著作中提及對幽默的爭論的，可以遠溯至西元三至四世紀時的柏拉圖及其對話錄。他曾寫道，我們應該避免幽默，因為它僅僅建立在我們因嘲笑他人的痛苦而得來的快樂之上。很久以來，哲學家、心理學家、科學家、幽默家，以及其他專家學者，對柏拉圖的看法有的贊同，有的反對。爭論集中在幽默究竟是痛苦還是歡樂上，或是融合了二者的；是純粹出於情緒作用的還是理智的，或是情感和理智混合的結果；是生理的還是心理的，或者二者兼而有之。

　　有人說：幽默是一種特性，以一種引發喜悅、愉快娛樂和開心的方式談笑。

　　也有人說：幽默是一種才華，是一種力量，或者說是人類面對共同的生活困境而創造出來的一種文明。

　　又有人說：幽默是一種給人帶來快樂的藝術，它使人從痛苦的情緒當中掙脫出來。

　　還有人說：幽默就是使人發笑。……一九〇一年，英國哲學家曾經這樣談到

第十九計　幽默社交

幽默：語言中幾乎沒有一個詞彙……比這個人人熟悉的詞更難定義。」過了將近一個世紀，情況似乎也沒太大的改變。一九七九年一月號《今日心理學》雜誌上有一篇題為「笑話各有所好」，分析了以讀者為對象來調查幽默的文章。這篇文章的作者指出：「幽默是微妙的，難以捉摸的現象，我們根本無法明確列出『幽默的種類』。」

如果說對於外國人來說，幽默都已經如此難以界定，那麼，對於中國人，可以說對其的理解更具有雙重的困難。因為，在中國固有的詞彙中，竟然找不到一個可以完全表達「幽默本意的詞。有人說是「逗趣」、是「喜悅」、是「滑稽」……當然幽默包含了這些內容，可又不完全只是這些內容。搜腸刮肚，翻譯家在此卻步了。只好根據英文的發音弄出了個「幽默」的新詞。

這時先介紹一個小故事：英國前首相邱吉爾一次應邀到廣播電台發表重要的演說。途中車發生故障，他只好在路邊招一部計程車，對司機說：「載我到英國廣播公司電台。」

「先生抱歉，我不能去，我正要趕回家開收音機，聽邱吉爾的演講呢！」司機說。

邱吉爾於是乎非常高興，馬上掏出一英磅給司機。司機一見有那多麼錢，也很高興，他叫道：「上車吧！去他的邱吉爾。」

下面再介紹一個小故事：傑克受聘為一家製造公司的生產部經理，他引進一些增加生產效率的新觀念，於是在他進入公司後的三個月，產量又增加了百分之十。

老闆很高興，拍拍傑克的背說「你做得真好！繼續努力，做出更好的成績。」「好！」傑克說：「但是你為什麼不把這些話放在我的薪資袋裡？」

「一定！」老闆說。他真的遵守諾言。

當下個月傑克領到薪水袋時，發現裡面附著一張紙條，上面寫著：「你做得真好！繼續努力，做出更好的成績。」

以上的兩個小故事，可謂鮮活的說明了幽默的本質。

由此我們不難看出：幽默是一種特性，一種引發喜悅、以愉快的方式娛人的

特性；幽默感是一種能力，一種了解並表達幽默的能力；幽默是一種藝術，一種運用幽默和幽默感來增進你與他人的關係，並讓你對自己作出真誠的評價的一種藝術。

美國人魯特克先生在其《幽默的人生》一書中指出，在人生的各種際遇中，幽默的力量是人際關係的潤滑劑，它以善意的微笑代替抱怨，避免爭吵，使你與他人的關係變得更有意義；幽默可以幫助你減輕生活中的各種壓力，有利於你擺脫困境；幽默能幫助你戰勝煩惱，振奮精神，在沮喪中轉敗為勝；幽默能幫助你把許多不可能變為可能；幽默比笑更有深度，其產生的效果遠勝於咧嘴一笑。總之，幽默是一切奮發向上者所必不可少的力量。

有一次，美國三百二十九家大公司的行政主管人員，參加了一項幽默意見調查。這項調查的結果由一家業務諮詢公司的總裁霍奇在報上公布，結果顯示：百分之九十七的企業主管相信，幽默在企業界具有相當的價值；百分之六十的企業主管相信，幽默感決定著人的事業成功的程度。由此我們可以看出，幽默之於現代人的重要。

現代人需要幽默，可以說如同魚需要水、樹木需要陽光一樣。具有幽默感，是現代人應具備的素養之一。

幽默社交獲益良多

相傳在古代，有個平庸無名的青年學者前往探望蘇東坡。他帶著一本詩冊，希望聽聽大詩人的高見。這位學者在朗讀自己的詩作時，音調抑揚頓挫，露出洋洋自得的神態。讀罷詩作，他問蘇東坡：「大人覺得拙作如何？」蘇東坡答道：「可得十分。」頓時，對方面有喜色。蘇東坡又說：「詩有三分，吟有七分。」蘇東坡以幽默的話語婉轉的批評這位不知天高地厚的後生學者的作品低劣，使聽者有回味反省的餘地。

幽默是人的思想、學識、智慧和靈感在語言運用中的結晶，是瞬間閃現的光彩奪目的火花。幽默初看起來似乎是一種形式上的逗笑，而實際上它是以嚴肅的態度，來對待對象、現象和整個世界。它能使聽者對你的說話感興趣，然而，卻

第十九計　幽默社交

很少能從根本上改變聽者的態度，因為從根本上改變聽者的態度是說話內容。

說話風趣，是人的幽默能力的一種重要表現。同時，它也能給說話者帶來諸多裨益。

首先，說話風趣，可以使尷尬、難堪的交際場面變得輕鬆和緩，使人原本的拘謹或不安立即消失，使談話氣氛活躍，使談話者之間關係融洽。比如，前美國總統雷根在就任總統後，第一次訪問加拿大期間，他向大眾發表演說，就在這時許多反美示威的人群不時的打斷這位總統的話語。陪同他的加拿大總理皮耶‧杜魯道顯得很尷尬，雷根卻面帶笑容的對他說：「這種事情在美國時常發生。我想這些人一定是特意從美國來到貴國的。他們使我有一種賓至如歸的感覺。」雷根幽默、風趣的言談，使原本雙眉緊皺的杜魯道頓時眉開眼笑了。

其次，說話風趣，可以使人精神得到輕鬆爽快的享受。現代社會逐步向高效率、快節奏發展，每天都接收到大量資訊，這就必然會使人的大腦容易產生疲勞。如果我們的生活能多點笑聲，多點幽默，就會消除人們的煩躁心理，保持情緒的平衡。說話，在某種程度上，具有一定的娛樂性。它不應該讓人感到緊張、費力，而應給人一種舒適輕鬆之感。沒有幽默的談吐，會讓人感到沉悶枯燥，而幽默風趣的說話，則往往惹得人捧腹大笑。

革命成功後，國父當了臨時大總統。有一天，他穿便服徒步到參議院開會。參議院門口的衛兵見他衣著簡陋，就用槍攔住他，並厲聲說：「今天只有大總統與議員們能進去，你這個大膽的工人要進去做什麼，快走！快走！如果被大總統看見了，會打死你。」

國父笑著說：「大總統是從來不打人的。」說完，出示了證件。

衛兵這才知道這個工人打扮的人就是大總統，急忙跪地請罪。

國父笑著拉衛兵起來，並幽默的說：「你不要害怕，我不會打你的。」

再次，說話風趣，可以揭示出事物的深刻含義，使人在笑語中明辨是非；同時，還可以巧妙的揭露對方的缺點，使人在笑聲中受到教育。這種「含笑談真理」的風趣方法，使有錯誤思想的人更容易接受批評，幡然悔悟。

說話風趣的益處還有很多，這裡不再一一例舉。英國作家哈茲里特曾說：「幽

默是說話的調味品,並非食物。」這是很恰當的。它說明了交際中幽默風趣的談話中是必不可少的。儘管你說的話裡有許多實在的內容,假如沒有風趣,就沒有味道,也缺少魅力。

幽默社交助你成功

美國加州一位大學畢業生,他急於尋找工作,一天他衝進加州的一家報館,對經理說:「你們需要一個好編輯嗎?」「不需要。」「那麼記者呢?」「不需要。」「那麼印刷工人呢?」「不需要。」「那麼,你們一定需要這個東西!」大學生從公事包中拿出一塊精緻的牌子,上面寫著:「額滿暫不僱用。」

經理看了看牌子,笑起來。他立刻打了通電話給老闆,把這件事說給他聽。隨後,經理笑嘻嘻的對他說:「如果你願意,請到我們廣告發行部來工作。」

後來這個年輕人成了這家報館出色的經理,他使報紙的日銷售量從五萬份提高到三十萬份。

幽默是一種高級的智力活動,它使人們在信步徐行時,突然發現一種奇異的風景,於是心神為之一開。這位年輕的畢業生很出色的運用了幽默的藝術,在給人以快樂的同時,達到了自己的目的。

幽默也是人與人之間的潤滑劑,善用幽默的人能與周遭的人相處更融洽,使彼此關係更和諧。有一位發胖的女演員,拿自己的體態開玩笑說:「我不敢穿白色游泳衣去海邊游泳。我一去,飛過上空的美國空軍一定會大為緊張,以為他們發現了古巴。」

我想,人們沒有理由不去喜歡這樣的人,和她們在一起,心情是愉快而輕鬆的,即使她拿我們開玩笑時,我們也多半會和她一起哈哈大笑,而沒有半點怨言。

幽默又是生活的調味品,善用幽默,我們的日子會過得有滋有味,生活也會更豐富多彩。

據說,有一個極富幽默感的人,在他的結婚宴席中講了一句後來廣為流傳的妙語。當時的賓客們一定要他回答為什麼愛上了新娘,他說:「我不知道,這可

第十九計　幽默社交

能已鑄下大錯。當初我只是愛上了她的酒窩，但因為我貪杯，所以我現在要和她的整個人結婚！」

這番話引起了哄堂大笑，很久以後還有人問他：「近來你還貪杯嗎？」我想，無論是他，還是他的妻子，永遠也不會把這愉快的時刻忘掉。

幽默還是人際關係的擋箭牌，善用幽默，能使我們在尷尬局面下成功脫困。幽默作家本奇利，在一篇文章中謙虛的談到他花了十五年時間才發現自己沒有寫作才能。結果一位讀者來信對他說：「你現在改行還來得及。」本奇利回信說：「親愛的，來不及了。我已無法放棄寫作了，因為我現在太有名了。」這封信後來被刊登在報紙上，人們傳為美談了很長一段時間。

事實是本奇利的幽默作品名聞遐邇，但他沒有指責那位缺乏幽默感的讀者，他以令人愉悅、迂迴的方式回答了問題，既保護了讀者可愛的自尊心，也保護了自己的榮譽。幽默更像是滅火器，善用幽默就能化解對方心頭的怒火，並使其轉怒為喜。

一位女士怒氣衝衝的走進超市，對店員喝道：「我兒子在你們這裡買肉鬆，為什麼缺斤少兩？」服務員一愣，等她猜中原因後，很有禮貌的說：「請您回去稱稱孩子，看他是否變重了？」這位媽媽恍然大悟，臉上怒氣全消，心平氣和的對服務員說：「噢，對不起，誤會了。」

這裡，服務小姐確定自己不會稱錯，便只剩下一種可能，即小孩子把肉鬆偷吃了。如果直接明說「我不會搞錯的，肯定是你兒子偷吃了」，或者說「你不找自己的兒子問話倒來問我稱錯了沒有，真是莫名其妙」。這不但不能平息顧客的怒氣。反會引發一場更大的爭論。因此，服務員用幽默委婉的語氣指出婦女忽視了的問題，既維護了商店的信譽，又避免了一場爭吵，贏得了顧客的好評。

善用幽默的好處很多，它會使我們腳下的路越走越活，也能使我們的生活更加豐富，使我們的工作更加輕鬆。善於運用幽默的人不僅受人喜愛，更能獲得別人的支持和幫助，做起事來更是事半而功倍。所以我們很有必要培養這種能力，使我們的人格更富含吸引人的魅力，使歡笑灑滿我們通往成功的人生之旅。

第二十計　魅力社交

高貴優雅的舉止助你社交成功

　　現代女性的社交活動越來越頻繁，如果能擁有端莊的舉止、優美的儀態、高雅的氣質，將有助於你在事業上的成功。而掌握各種禮儀，是使你成為高雅麗人必備的條件。

　　優雅的儀態是使外表美麗的致勝祕訣，基本的動作包括站姿、坐姿、走姿三種。

一、站姿——從腳開始

　　站姿優美的祕訣在於雙腳的位置，不論坐著走路時，雙腳的位置都是最基本的。以下是站姿的練習動作：

（一）腳部：右腳的腳踝輕輕靠在左腳的內側上，右腳是四十五度，重心放在左腳。

（二）膝蓋：前後腳之間輕輕靠攏，盡量不要有間隙，而且要伸直，不可以彎曲。

（三）臀部：雙臀緊緊併攏，下半部稍微往前推，上半部稍微往後移。

（四）腰部：和臀部連成一體，從臀部開始用力，將腰部挺直，縮緊小腹。

（五）手部：左腳在前時，左手也在前，兩手垂放在臀部的兩側，手肘微彎，稍稍離開腹側。

第二十計　魅力社交

(六) 胸部：從臀部到腰部如果姿勢都非常正確的話，胸部的位置應該也很正確，不需要多費力氣。

(七) 肩部：從腰部開始，將背骨挺直，雙肩自然的保持水準，不要出現一肩高一肩低的現象。

(八) 脖子：肩膀的位置固定了之後，往後面延伸，讓耳朵與肩膀成一直線，最好放一面鏡子在旁邊檢查。

二、坐姿——正確的坐姿給人以高雅感

最常見的錯誤坐姿是，隨意將雙腿往前伸，這樣會使腿部看起來既粗又醜；還有一種是朝椅子的正前方走去，一邊確定位置，一邊撫住裙子，然後翹起臀部，一屁股坐下，這樣的動作最不雅，正確的坐姿是：

(一) 膝蓋以下的腿部是直立的，正確的坐法會使雙腿看起來好像相疊在一起。

(二) 不要往後看，更不可傾斜上身，應該從容不迫的坐下，方法是從四十五度的位置，斜斜的往座位上走去，一邊用餘光確定椅子的位置。坐下時，上身保持直挺，先坐三分之一，再慢慢調整。

三、走姿——隨腳形而改變

(一) 腳形筆直的人，走路時，務必將位於前面的腳先跨出去，並應保持走著一條平行的直線，而且注意用力的地方是腰部，不能光靠膝蓋以下的部位來走路。

(二) 羅圈腿的人，立正時，雙腿無法緊緊靠攏，這不妨在走路的過程中，盡量使雙腳在一條直線上呈交叉狀。如此一來，從正面看會覺得好像一直線，顯得非常優雅大方。

專家的建議：不論站立、走路或坐下，最容易忽略的是手的動作。最基本的原則是保持自然，站立時，手的位置放在腰部和膝蓋的外側，但切忌緊貼腰際，那樣會顯得很胖，所以一定要保持一點空隙；另外，手部看起來越小巧越美觀越好。

簡單而實用的十種交際技巧

目前，越來越多的婦女在各個領域擔負著重要工作。她們在各種場合，非常重視和男性交談的技巧。交流學家提出了十種方法，可以提高交談中的交流藝術。

一、　緊緊圍繞你的交談目的和目標。女性容易因談話時離題而導致交流失敗。

二、　避免以問題形式提出自己的主要觀點，更不要以又高又尖的音調講話。因為這說明你心中緊張，缺乏把握而需對方去做決定。

三、　清晰的說話聲音，用聲音清楚、音調平和的方法講話。

四、　適當選用姿體語言。在交流過程中，與男性相比，女性偏向於拘束。因此女性要自如的運用眼神、姿勢、表情來傳達資訊。

五、　儘早、盡多的亮出你的主要話題，因為男人不習慣傾聽女人長時間講話。

六、　要爭取獲得對你的爭論的支持。否則女性比男性更容易被人認為智慧、才能不足。

七、　學習成為一個優秀的演講者。

八、　有效的應用幽默和微笑。

九、　不要輕易說抱歉。女性容易頻繁應用「對不起」之類的字眼表示同情與關心。這有礙於交流過程中保持一定的身分地位。

十、　交流最後應作肯定性結論，但不要過分傲慢。

做到上述十條後，你與他人的交流將會更加成功。它會幫助在場的每個人放鬆。這也提升了你的自信心和權威性。

交際中的常規裝束

打扮也有分時間、場合，這裡針對商業場合的流行禮儀一一介紹實用的化妝及裝飾品。

第二十計　魅力社交

正式的場合，應選擇能顯現出知性的妝容。因此口紅和眼影的顏色應與平時有別。

口紅應避免用過度珠光的顏色或極裸色，應該選擇看起來比較健康的橙紅色或比較穩重的玫瑰色系列，潤色的護唇膏也適合使用。

化妝的重點在眉毛，不曾修整過眉毛的人，可趁此機會將眉毛稍作修理，以使整個眉形更為好看。

塗口紅時，先用唇筆將唇形描好，然後在上片唇塗得較薄一點，下片唇塗得較厚一點，這樣可以增加你的魅力。

在正式的場合中，不宜讓頭髮隨意披散著，這樣的髮型也給人一種沒有精神的感覺。

不管是長髮或短髮，應將額前的頭髮整理好，讓整個臉顯露出來。而留長髮者可將頭髮盤起來，使自己更有精神。

若襯裙露出裙外，是非常不雅觀的，因此襯裙應該比裙子短。穿裙子外出時，應該先面對鏡子將手上舉，以確定襯裙不會外露。

夏天的衣裳較薄，這時最好穿顏色較淺的胸罩及襯衣。

在室內最好不要搽過濃香水，因為慣於搽香水的人會對味道比較遲鈍，因此可能不知不覺中搽得太多。若要用香水，也應該選擇較柔和的淡香精系列，有隱約的香味即可。

指甲不宜太長，指甲的形狀，剪成和自己指甲底部半月形月牙（指甲底部白色部分）相同的弧度。指甲邊的死皮有礙觀瞻，可用水泡軟後修剪，指甲油的選擇宜用裸粉色。

能否展現出自己的特色，其實只要多費一點心。參考下列各項的介紹，就能使自己成為一個更出色的人。

隨意變化就能呈現出畫龍點睛之效的大圍巾，平時應在皮包中準備一條，遇到天冷或穿短裙坐車時，不僅讓你禦寒，也能讓你變得更有女人味，無論上班或休閒都很適用。圍巾當然也可以繫在脖子或衣領上來裝飾，最好能自己發揮創意，以呈現出自我風格。

外型簡單的襯衫，適合穿去上班。買襯衫時，要檢查領口和袖口。有褶邊的袖口容易影響工作，所以要避免穿去上班。

有關絲襪，一般都穿接近膚色的自然色，或黑、灰色等比較適於搭配服裝的顏色。至於顏色較鮮豔或花紋較複雜的褲襪，則不適合上班穿。

需要站著工作，或經常走路，或坐辦公室的人工作時所穿的鞋子高度，以三到五公分為宜。太高，會讓腳的負擔太重，因而產生疲勞，此外也會引起腰和肩的酸痛。反之，若鞋跟太低，走起路來，因腳後跟要向後踩，也會減少一股韻味。

上班所穿著的裙子，長度以蓋到膝蓋為宜。理由是坐著和別人交談，或是端茶給客人、行禮等種種場合時，不會因裙子太短而感到不方便。裙子的長度，很容易受流行的影響，但是不管流行如何，上班時仍需穿著適宜的長度。裙子若太長，則會給予人一種不靈活的感覺。裙子的款式，應該以簡單大方為主，不宜太過花俏。

在工作場所，所配戴的手錶及裝飾品的樣式無需太複雜，會發出聲響的裝飾品尤其要避免，項鍊宜小而式樣簡單，不要戴太貴重或太誇張的項鍊去上班。戒指應避免一次戴好幾個。總之，上班的配件以簡單大方為主。

談吐不凡──成功交際的基礎

社交的成功，往往是口才的產物。所謂口才就是善於用準確、貼切、生動的口語表達自己思想感情的一種能力。因此，正如義大利著名詩人但丁所說的一樣，語言作為工具，對於我們之重要性，猶如駿馬對於騎士的重要性。

不難看出，社交場上的佼佼者，必定會在言談中穿插著真知灼見，給人以深邃、精闢、睿智、風流之感。語言的力量能征服世界上最複雜的東西──人的心靈，妙語連珠、談吐不凡已成為社交能力強弱的重要標誌之一。現代都市女性，應該怎樣提高與人交談的技巧？

談話，需要相當的經驗，當你面臨著各式各樣的場合，面對著各色各樣的人物，要能做得恰到好處，實在不是一件容易的事。

第二十計　魅力社交

自然、親切的禮儀，言詞得體是很重要的。然而，即使做到這點，也不能說就一定會收到良好的效果。以下向你介紹幾種談話技巧，或許有助於你在社交中取得勝利。

一、怎樣打開你的話匣子？

可以從眼前的事物談起。假如你在車站、碼頭上與人初識，一時沒有話說，這時最方便的辦法就是從眼前你與對方同時看到聽到感覺到的事物中找出幾件來談。在車站、碼頭，耳目所及也許是巨幅廣告，也許是外國遊客等等。

如果你到了一個朋友家裡，在客廳裡看到一張女童的照片，你就可以和她談談女兒的趣事；如果你朋友買了一件新衣裳，你就可以和她談談衣裳的色彩、款式；如果窗臺上擺著一個盆景，你就可以談談盆景的栽植和裝飾……凡是這一類眼前的事物，最容易引起人們的注意，也最容易發展成談話的內容。

圍繞著一個中心。倘若你不想東談一點西談一點，而想抓住一個題材把它談得詳盡深入一點，那麼，你就提出一個題材作為中心，讓交談雙方的思想圍繞著這個中心盡量的去討論與這個題材有關的東西，然後再把這些有關的東西分門別類，整理出一個完整的系統。這種談話，能把一個題材分解出許多的細節，而每個細節都可以用來發展、豐富雙方的談話內容。

二、怎樣製造交談氣氛？

人都各有各的癖好，各有各的脾性，有的人喜歡娓娓而談，有的人喜歡深思，有的人拙於應付。面對我們交談的對象，我們應該多關心別人，重視別人的喜好。善於跟人交談的人，很善於適應別人，並能夠調節自己去遷就一下別人的興趣與習慣，如果對方有滿腹牢騷，應讓他盡情的宣洩；失意的，多給予一些安慰與同情；軟弱的，多給予一點鼓舞和激勵。

假如對方對某一個問題產生特別的興趣，就讓對方在這方面暢所欲言；假如對方對某一個問題不想多談，就應及時轉換話題把談話引到另一方面。

真誠、溫暖的微笑，是打開別人心靈的鑰匙，也是造就良好交談氣氛的催化劑。如果遇到抑鬱、冰冷的表情，人的心情就會僵硬起來；如果遇見了歡樂、溫

暖的笑容，人的心情就柔軟、融化、變的活躍了。因此，快樂生動的目光，舒暢悅耳的聲調，將使談話的氣氛活躍，令人心曠神怡。反之，如果我們沒有良好的談話態度，就不可能製造良好的交談氣氛，沒有一個良好的交談氣氛，別人就會對你敬而遠之，甚至討厭你、不願意和你交談。

三、語言的表達方式

在交談中為了使自己的談話更具表達力和說服力，應注意：

（一）說話要清晰明暢。

說話是一門藝術，不但要讓人聽懂，還要讓人聽得舒服。說話速度快的人，會使人產生「這個人講話沒經過大腦」的感覺，也許她講的話並沒有錯誤，卻會令人不敢太相信。但如果說話太慢或總是有氣無力，對方也會失去與你交談的興趣。我們在交談中要注意做到清晰明暢。在長輩面前說話，口吻要嚴肅、謙恭，不宜高談闊論，旁若無人；和同輩說話，雖然可以隨便一些，但也不宜高傲放肆；和晚輩說話，切忌以長者自居，用教訓人的口吻。與人討論問題時，多用商量、探討的語氣，不要讓對方感到你是盛氣凌人的，因此要少用做結論式的語氣。對別人有所求時，要用懇請的語氣。說話時，要根據不同的目的和要求，該詳則詳，該略則略。避免過於簡短或囉嗦，並注意提高自己說話的邏輯性和條理性。

在交談時應注意發揮聲音的魅力。

大多數女性在與人交往時往往只注意穿衣打扮，卻很少能留意自己「聲音」的魅力。於是常會看到一些容貌姣好、衣著光鮮奪目的女孩，說起話來，卻直叫人們猛搖頭；倒是那些相貌普通，但說話抑揚頓挫的女性較能給人良好、舒服的印象。

（二）富於幽默感。

幽默感是一種興致和機智的混和物，富有幽默的人，常常能使空間中充滿歡聲笑語，有時一個笑話，或是兩句妙語，就能驅散愁雲，化干戈為玉帛。交談中恰當的運用幽默語言，能使人在笑聲中、輕鬆的感受中領略所隱含嚴肅內容的底蘊。幽默的力量能助你一臂之力，使你的工作或事業能夠順利的進行。幽默能

第二十計　魅力社交

幫助你解決人際關係的難題，教你學會如何擺脫窘迫的處境，使你能善於待人接物、廣交朋友。

（三）製造巧妙的藉口。

說到藉口，有許多種類型與風格，在某個偶然的場合中，你見到了一個你非常想見的人，或者是一位你傾慕的異性，或者一位名人，你很想再次見到他，但太直率的闖去會面，一定會令人反感。於是，你要設法找一個藉口，比如，你在離開時，假裝無意的帶走了對方的東西，比如一支筆，或者一本書、一張照片等等。再找一天，專為此事趕去他的家中送還，那就名正言順了。如果在約會時遲到了，感覺到對方明顯的不悅，於是你開始解釋，用「車太擠」、「我的錶停了」等等可能是真的理由也可能是假的藉口，這些理由很傳統，難以一下子消除對方的不愉快，因為這種藉口太乏味平淡了。但是如果你說：「鄰居的老太太急病，我把她送去了醫院，當時她那個疼呀……」細節多，情節多，就容易把對方的注意力轉移開了，這是有感染力的藉口。一個巧妙的藉口，可以為我們日常生活起到潤滑劑的作用。藉口不是欺騙。欺騙有害人利己的性質，而藉口只是因為人性複雜，而有些事情是無法解釋與闡述的，製造藉口往往是對這種情況的巧妙避開。總之，世界的無奈，常常在你「靈機一動」中就變成了世界的精彩。

用微笑展示社交魅力

俗話說：「伸手不打笑臉人。」這句話十分實用。它說明笑臉待人的作用，也說明了人們需要什麼。天生能給人一副笑臉，這是父母給的好脾氣，雖不足為奇，但這樣的人與人交往容易占到便宜卻還不引人注意。

吃一虧，長一智，學會笑臉迎人，這就是一種謀略了。

舉一個歷史的例子，漢初劉邦去世時，匈奴單于趁機侵略漢朝疆土，還寫了一封十分欺侮人的信給呂后。信上說：「妳最近死了老公，我正好死了老婆，看妳人老珠黃也不如從前俏麗了，妳就帶著江山跟我過日子吧。」呂后看了信，氣不打一處來，恨不得宰了匈奴單于。但呂后到底是一個厲害的女人。她採取了微

笑外交，順水推舟的回信說：「我老了。只怕不能侍候大可汗了，不過，我們宮中年輕貌美的人倒有的是。」於是，她送了一個宮女和番，一場對漢朝毀滅性的災難躲過了。

當時呂后是要負氣動武，結果是可想而知的。因為，早在八年前，劉邦曾親率大軍征討匈奴，但一戰即敗，劉邦被困在山西定襄，差一點兒被活捉。劉邦領軍尚且如此，更不要說呂后了。

但硬的不行，軟的能行。劉邦的戰爭手段失敗，呂后的微笑外交卻獲得平安。

以上例子證實，微笑外交尤其是處於不利地位的弱者應採取交際的謀略，它讓人們在隱忍中求發展，至於在一般情形下，微笑外交則用於製造一個好的生存與發展的環境與氣氛。正如常言所云：「和氣生財；笑一笑，十年少。」常言所說不俗，其交際謀略大可效法。

第二十計　魅力社交

第二十一計　善於合作

眾人拾柴火焰高

　　每個人的能力都有一定限度，善於與人合作的人，能夠彌補自己能力的不足，達到自己原本達不到的目的。清末名商胡雪巖，自己雖然不甚讀書識字，但他卻從生活經驗中總結出了一套哲學。他善於觀察人的心理，把士、農、工商等階層的人都聚集起來，以自己的財富優勢，與這些人協同作業。由於他長袖善舞，所以別的人也被他的行為所打動，對他產生了信任。他與漕幫協作，及時完成了糧食上繳的任務。與王有齡合作，王有齡有了錢在官場上高升，胡尋岩也有了機會在商場上發達。如此這般的種種互惠合作，使胡雪巖這樣一個小學徒工變成了一個執江南半壁錢業之牛耳的巨商。

　　自己力量有限，這不單是胡雪巖的問題，也是我們每一個人的問題。但是只要有心與人合作，取人之長，避己之短，而且能互惠互利，讓合作的雙方都能從中受益。

　　每年的秋季，大雁由北向南以人字的形狀長途遷徙。雁在飛行時，人字形的形狀基本不變，但頭雁卻是經常替換的。頭雁對雁群的飛行起著很大的作用，因為頭雁在前面開路，牠的身體和展開的羽翼在衝破阻力時，能使牠左右兩邊形成真空。其它的雁在它的左右兩邊的真空區域飛行，就等於乘坐一輛已經開動的列車，自己無需再費太大的力氣克服阻力。這樣，成群的雁以人字形飛行，就比一

第二十一計　善於合作

隻雁單獨飛行要省力，也就能夠飛得更遠。

人只要相互合作，也會產生類似的效果。只要你以一種開放的心態做好準備，只要你能包容他人，你就有可能在與他人的協作中實現僅憑自己的力量無法實現的理想。

有一句名言：「幫助別人往上爬的人，將會爬得最高。」如果你不會爬樹，但你幫助了一個孩子上了果樹，你因此也就得到了你想品嘗的果實，而且你越是善於幫助別人，你能吃到的果實就越多。

你好，我也好，合作起來更好

有人說眾人攜手能做出更大的蛋糕。但是有些年輕人卻信奉另外的一種哲學。他們認為，財富是有一定的限額的，你有了，我就沒有了。這是一種享受財富的哲學而不是一種創造財富的哲學。財富創造來固然是為了分享的，但是我們的注意力並不在這裡，我們更關注的是財富的創造。

同樣大的一塊蛋糕，要分的人越多，自然每個人分到的就越小塊。如果斤斤計較於這件事，那我們就會只信奉相信享受財富的哲學，就會去爭搶食物。但是如果我們是在聯手製作蛋糕，那麼，只要蛋糕能不斷的往大塊做，我們就不會為眼下分到的蛋糕大小而倍感不平了。因為我們知道，蛋糕還在不斷做大，眼前少一塊，之後隨時可以再彌補過來。而且，只要大家聯合起來，把蛋糕做大了，根本不用發愁能否分到蛋糕。

過去農村封閉，獲取財富極端困難。老百姓家中難得有一桌一椅一床等物質享受。所以那時的農村要分家是件很困難的事情。兄弟妯娌間為了一個小鍋、一張小凳子，便會惡語相向，乃至大打出手。這是一種典型的分財哲學。

後來人們都往都市裡移動了，財富累積越來越多。回過頭來，發現各自留在家裡的親屬們根本犯不著為一些雞毛蒜皮的事生氣。相反的，嫂子留在家裡，屬於弟弟的地也不妨代種一下，父母留在家裡，女兒的小外孫也不妨照看一下。相互幫助，盡量解除出門在外的人的後顧之憂。反過來，出門人也會感謝老家親戚的互相體諒和幫助。一種新的哲學也就誕生了，這種哲學就是：「你好，我也好，

大家合作起來更好。」

遺憾的是，有些大學畢業生，大概是在校園待久了，居然信奉這樣的哲學：「你必須踐踏別人，糟蹋別人，利用別人。」還有一些學生，自己擁有的資源不願意與人分享，反過來，既想利用別人的資源，又不好意思張口。這樣的一種心態是一種很大的障礙，絕對不利於個人的成就與發展。

與人攜手，把蛋糕做得更大一些。這樣做的話，你還發愁沒得吃嗎？

優勢互補，事業成功

合作之所以被需要，首先源於你的能力有限，同時也因為你的能力傾向與其他人不同。

在商業中，專業從事銷售的人大多樂觀、熱情，專業從事財務的人則大多理智、有條理、慎重。

人的能力傾向總會有所側重。有些人像獵人，敢於冒險，追逐不定的目標，誓死完成自己既定的任務。有些人像保管員，善於保存，把已經到手的成果收藏好、保管好。

性格類型的差別是長期養成的。不能說哪一種類型就一定好，哪一種就一定壞。但是性格類型不同，所能從事的工作性質就不一樣。要想有所作為，首先得明白自己的性格類型，然後選定一個適合於你自己類型的工作目標。在與人合作時，也應注意分析別人的性格特點，盡可能使每個人都能找到適合於自己的工作。

金岳霖先生是著名哲學家。他性格內斂，專事學問，曾經培養出了殷海光、王浩這樣的名人。但是他拙於處理人際關係，尤其不善於處理上下級之間的關係。一九五二年院系調整後，有鑑於他的名望，學校讓他去負責哲學系的行政工作。金先生上了沒幾天班，就一臉茫然的向人抱怨說：「我不知道這個班是怎麼上的。」

像金先生這樣的人，只能說是知識上的打獵者，但卻不是行政管理上的打獵者。所以最好能去做適合自己性情的學問。不是說行政管理不重要，而是說必須

第二十一計　善於合作

要有善於這方面的人去做。

如果一個人能從事與自己個性相契合的工作，那他一定會全心全意的做好這項工作。世界上最大的悲劇，也是最大的浪費，就是大多數人都在從事最不適合其個性的工作。過去的社會體制限制著個人，使得他們沒有選擇的權利。現在社會，選擇餘地越來越大。但好多人卻仍然只是選擇從金錢觀點看來最為有利可圖的事業或工作，根本沒有去考慮自己的個性和能力。

當然，有一些人存在著這樣的擔心，認為社會只會把財富集中在某些固定的行業上。假如自己率性而為，會白白喪失獲利機會。

這種情況肯定存在。但是第一，最高貴的成就不但包括金錢，還包括思想的平靜、喜樂與幸福，只有從事自己最喜歡的工作的人，才能得到這些。第二，商品化社會是個交換社會，你的性格傾向與個人愛好必然會塑成特別的商品，也總會為充分交換的社會所認可。但是前提是，你要相信，與他人合作，可以保證你自己的事業成功。

第二十二計　笑口常開

笑話，交際中不可缺少的藝術

　　說笑話，是當今社會人際交往中不可缺少的手段，儘管善於說笑話不一定就等於幽默。

　　幾乎每個人都有過這樣的體驗，在會議上或課堂上，一席趣語可使笑聲滿堂，氣氛和諧而輕鬆，增強接受效果；在交際談話時，一則笑語常令人捧腹不止，在笑聲中交流和加深了感情。

　　一則笑話往往就是一個短故事。它是運用巧妙的線索故弄玄虛，逗人離奇的情節，經過仔細編輯而成的。講笑話的目的是要獲得一種出人意料的高潮，引得聽眾哄然大笑。而且，往往每一個說笑的高手都會使用吸引聽眾的注意力的動作：一個微妙的微笑、聳肩、哄騙式的呻吟，所有這些，都是為了控制聽眾，達到良好的「笑」果。

　　笑話有高雅與低俗之分。日常生活中，高雅的笑話俯拾皆是，極大的豐富和充實了我們的生活。當然，低俗的笑話也是不勝枚舉，不少人就常常善於搜集這類笑話，在適當的場合予以發揮，引起人們哄堂大笑或忍俊不禁。據說，在日本，低級下流、滑稽庸俗的笑話，也能活躍座談會或宴會的氣氛，因此也備受歡迎。我們認為，每一個人都應該學會說笑話的藝術，而且應該學會說高雅的笑話，不說低俗的笑話。

第二十二計　笑口常開

幽默的人可能會說笑話,而會說笑話的人則未必一定就是幽默之人。據說,美國某經營者訓練班裡有一種培養幽默能力的學習。學習方法很簡單,僅僅是讓學員背誦一些小笑話。針對此法,有的專家指出,它只能使人學到幽默的一些表面工夫,並不能真正幫人學會幽默的真諦。

幽默,從一般含義來說,是指講話語言生動、有趣,既滑稽而又含有深刻的諷喻意味,所以逗人發笑,達到一種耐人尋味的良好的語言藝術表達效果。幽默,是一種氣質,善於幽默的人,隨時隨地可以發掘幽默的題材,找到幽默的故事,具有幽默氣質的人,往往具有過人的魅力。真正的幽默,是滲透在人的個性裡的,是人的一種特徵,一種性格。外國有些幽默專家常把幽默作為人是否成熟的一個標誌。

笑是人類良好情緒的一種表現,笑話是促進人的心理健康的有效藥劑,會說笑話,掌握笑話藝術,是培養人的幽默氣質的良好途徑。所以,我們希望世界上的每一個人都笑口常開。妙語不絕。

笑臉贏得成功

我曾經是一個常常悶悶不樂的人,經常為一些小事而煩惱憂愁,總覺得生活是灰色的,見不到陽光,沒有色彩。見過我的人都說我有山一樣的嚴肅的感覺,整天都見不到笑臉。

我也很少在鏡子前看到自己的笑臉。忽然有一天,有個朋友找到我,對我說:「你再也不能這樣下去了,你必須笑,你必須笑對人生。無論碰到什麼人,遇到什麼不順心的事,你都要讓自己笑。如果不這樣,那你一輩子都不會快樂的!」這時,他拿出一面小鏡子,說:「你每天必須對著鏡子裝出笑臉,特別是煩惱的時候。現在就笑給我看吧!」說著他把鏡子放到我面前。

鏡子中的我皺著眉頭,拉長著臉,什麼表情都沒有。我才發覺我的這張「臉譜」居然這麼可怕,酷得好像連我自己都不認識了。「笑,快笑。」朋友在一旁催促著。我終於忍不住笑了,鏡中的那張臉上出現了很久未見過的笑容。我第一次發現,自己的笑臉也是如此美麗的。這時,心中的抑鬱之氣也漸漸消散了。

後來，我就天天帶著這個小鏡子。每當煩悶時，每當惱怒時，每當鬱鬱寡歡時，我都強迫自己露出笑臉，經過幾次勉強微笑的練習之後，我的心情真的好多了。再後來，我的朋友也變多了，許多人都說我的笑臉吸引了他們，我的笑臉縮短了我跟他們間的距離，我成了一個快樂的人，我的生活充滿了陽光，我真的應該感謝我的那位朋友。

人是喜愛微笑的動物。笑是上天賦予人類的一項特權，真誠的微笑可以縮短人與人之間的距離。試想，當我們遇到一位陌生人正對著你笑時，你是否感覺到有一種無形的力量在推動著你跟他接近；如果你看到的是一張苦瓜臉，你還會有好心情嗎？你是不是只能對這種人敬而遠之。

微笑，可以消除人與人之間的隔閡、誤會。當你跟朋友吵了一架之後，忽然有一天見面時，看到他給了你一個真誠友善的微笑，你還會對他像剛吵完架似的疾惡如仇嗎？

笑，可以緩和緊張的氣氛，調節莊嚴的氛圍。在嚴肅的會議上，在長時間的比較枯燥的課堂，主講人適當的開個小玩笑可以打破緊張沉悶的氣氛，重新調動聽者的注意力。笑，可以融解客人的拘謹。當客人來訪，我們以笑臉相迎，會使客人感到自由、輕鬆愉快。

有句諺語說得好：「微笑是兩個人之間最短的距離。」人際交往中離不開笑，一個沒有笑的世界簡直就是一個人間地獄。

笑，也是美的。就如鹽之於食物，是生活中不可缺少的一部分；笑也是無聲的語言，但是「無聲勝有聲」。所以我建議：每個人都隨身帶一面小鏡子，每當生氣、厭惡、消沉、無精打彩時，強迫自己「製造笑容」，養成每天早晚製造笑臉的好習慣，因為：幸福來自笑臉，健康來自笑臉，修養來自笑臉，交際來自笑臉。

笑臉能帶來意想不到的交際效果

在業務往來和社交場合中，笑能帶來許多意想不到的效果。笑，使人變得善良友好；笑，讓人感到親切自然；笑，說明你的心胸坦蕩。所以，當你笑的時候，

第二十二計　笑口常開

別人才會把你當做朋友，才能對你敞開心胸。

到某公司找人時，對所見到的第一個人，包括收發室的人微笑，笑得謙虛熱情，表示對他給你的幫助致以謝意。看到他們公司的裝潢布置要從心裡有一種讚賞之情。在見到要找的人後，要非常高興，然後把對他們公司的外部環境所留給你的好印象告訴對方，並對對方在如此優美的環境裡工作，表示羨慕；如果在見到要找的人之前你曾問過幾個人，那麼也要告訴對方，他們公司的每一個人都熱情而彬彬有禮，你羨慕他們這裡的同事之間的友誼。

你這種歡樂的心情和對他們公司的讚賞都會給對方帶來好情緒，他會在這一天當中都有一種特別高興的感覺，會一直想著你這個非常樂觀而讓人感到快樂的客人。對方高興了，在與他談業務時就會有一個很好的氣氛。

說話時要把每一句話都說得很輕鬆，即使是一些很重大的問題也要用一種輕鬆自如的口氣，面帶微笑的說出來。

如果遇到敏感的、難以開口講的問題，與對方談論時，可以趁雙方哈哈大笑時，一點一點的提出來，把這個對方容易拒絕的問題一點一點的融化在笑聲裡。就像往開水裡加冷水一樣。在水沸騰之後注入一點冷水，溫度一會兒就升高了。然後再注入，一點一點注入進去，水總是能維持高溫的。如果一下注入很多冷水，熱水變涼了，再開就需等一段時間。因此，對於不易解決的問題，一定要在雙方高興時提出來，而且不要著急，要一點一點的提，這樣問題就容易解決了。

第二十三計　男女有別

說話男女有別

不知道你注意過沒有，男人和女人實際上各有自己的「性別語言」，也就是說，男人和女人在許多時候，語言並不相通。下面簡單列舉幾點不同。

一、　男人講話的時間比女人多。如果一個團體裡男女都有，男人說話時間比較長，而且較常發言。結果：女性常會停止談話，或者只有兩人互相交談。

二、　在男女都有的團體裡，百分之九十六的插話是男性所為。如果一個團體裡只有男性或女性，則其互相插話的比例相當。結果：女人更難充分表達自己的想法。而男人則覺得女人的貢獻較少，團隊裡有女人對他們也沒有什麼助益。

三、　不管說話者是男是女，女性比男性會更多的注視著對方。結果：男性認為女性為慢不經心的聽著，甚至是愛賣弄風騷；女人則覺得男人傲慢自大。

四、　女人學習語言的能力通常比男人快。結果：男人認為有些女人在言語上占他們便宜，有些女性則認為男人智力較差或頭腦不清。

五、　男人通常會控制談話主題。結果：女人會覺得受到排擠或覺得無聊，男人則失去了增加見聞的機會。

第二十三計　男女有別

六、　在一般的討論場合中，女性提出的話題比男性多。結果：男人被認為只會談工作和運動；女人則被視作浮躁、缺乏專注。

七、　女性通常會點頭讓說話者知道她有專心在聽；男人則只有在贊同對方的話時才會點頭。結果：男人常會以為女性同意他的看法，事實卻不然。女人則認為男性對她的話毫無興趣、固執或根本沒有在聽。

八、　不管男女都有一些自己用得比另一性多的字眼，甚至有些字眼是另一性不曾用過的。結果：我們有時候就無法了解或欣賞對方。

　　不止語言，說話時的情緒也充分展現著這種性別差異。對於男女應該有什麼樣的情緒，以及應該如何表達，我們的社會有一定的規則。

　　最近幾年來，男女兩性都很努力在學習表達自己隱藏的一面。很多人在改變自己後，也訓練自己的小孩如此做。也許你就是其中之一。

　　我們的感情生活像火山一樣，大家看得見的只是露出表面一小部分而已，其餘威力很大的部分則深深埋藏在「地底下」。傳統上來說，女性幾乎和她們表面看起來的正好相反。許多男性用攻擊性、看起來在生氣的行為來表現憂傷、困惑、恐懼、痛苦、甚至愛等感受。

　　相反的，許多女人實際上是在生氣時，表面反而是在微笑、落淚或一副迷惑的樣子。你會發現，當男人在一起時，向對方表示友好的方式卻是「大打出手」。而當他困惑不解或不確定某件事時，通常會用生氣的語調說：「誰來告訴我這裡到底怎麼回事？」當然，你也會發現，當女人淚流滿面的離開談話現場時，其實是有人講話觸怒了她。

　　這裡我們提供了一些處理彼此情緒的小妙方：

一、　給男人的提示：工作場所中，女人很少是因為憂傷或失落而掉淚的。當你看到女人哭得像淚人兒時，可別上前去安撫、碰觸或照顧她，或是想要改變當時的情況；你最好留在原地不動，問她想說什麼或做什麼？你也許可以問幾個誘導性的問題，如：「如果是我處在這種情況，我也會生氣。妳覺得如何呢？」

二、　給女人的提示：男人生氣有很多種可能。當一個男人看起來或聽起來在生氣時，妳千萬不要自顧自的走開（除非妳有充分證據顯示妳有急事）。

相反的，妳應鼓勵他多談一點，多問他一些關於發生的事，以及他認為發生了什麼事。

社交中的禁忌

要在各種社交場合上給人留下美好印象，不可以不注意風度與儀態。以下列舉了社交場合切忌出現的八種表現：想要在別人心上留下好印象的人必須謹記。

一、　不要耳語。在眾目睽睽下與同伴耳語是很不禮貌的事。耳語可被視為不信任在場人士所採取的防範措施，要是你在社交場合老是耳語，不但會引起別人的注視，而且令人對你的教養表示懷疑。

二、　不要放聲大笑。另一個令人覺得你沒有教養的行為就是放聲大笑。儘管你聽到什麼驚天動地的趣事，在社交宴會中，也得保持儀態，頂多報以一個燦爛笑容即止，不然就要貽笑大方了。

三、　不要滔滔侃談。在宴會中若有異性向你攀談，你必須保持落落大方的態度，簡單回答幾句即可。切忌滔滔不絕的向人報告自己的身世，或向對方詳加打探，要不然就要把人家嚇跑，或者被視作長舌公、長舌婦了。

四、　不要說長道短。長舌的人肯定不是有風度教養的社交人物。就算你穿戴得再華貴，若在社交場合說長道短、揭人隱私，必定會惹人反感。再者，這種場合的聽眾雖是陌生人居多，但所謂「壞事傳千里」，只要你不禮貌、不道德的形象從此傳揚開去，別人自然會對你敬而遠之。

五、　不要大煞風景。參加社交宴會，別人期望見到一張張可愛笑臉，即使你內心縱然有什麼悲傷，或情緒低落，表面上無論如何都應裝出笑容可掬的親切態度，去應對當時的環境、人物。

六、　不要木訥嚴肅。在社交場合中滔滔不絕固然不好，但面對陌生人就宛如啞巴也是不妙。其實，面對初相識的陌生人，也可以由交談幾句無關緊要的話開始，待引起對方與自己談話的興趣時，便可自然的談笑風生。若老坐著閉口不語，一臉肅穆的表情，跟歡愉的宴會氣氛便格格不入了。

第二十三計　男女有別

七、　不要在眾目睽睽下補妝。在大庭廣眾下撲施脂粉、塗口紅都是很不禮貌的事。要是你需要修補臉上的妝容，必須到洗手間或附近的化妝室去。

八、　不要忸怩忐忑。在社交場合，假如發覺有人經常注視你，你要表現得從容鎮靜。若對方是從前跟你有過一面之緣的人，你可以自然的跟他打個招呼，但不可過分熱情，或過分冷淡，免得影響風度。若對方跟你素未謀面，你也不要太過於忸怩忐忑，又或怒視對方，你可以有技巧的離開他的視線範圍即可。

第二十四計　難得糊塗

外愚內智藏而不露乃真聰明

　　你可以用眼神、語調或手勢代替語言示意某人的錯誤。如果你直接說他不對，你想他能同意嗎？絕對不會，因為你說話時就已經傷了他的自尊心。

　　這樣做的話，他可能會想要報復您，但他絕不會改變自己的見解。您可以用柏拉圖和康德的所有邏輯觀點來說服他，但未必能使他改變主張，因為您已傷了他的感情。

　　任何時候都不要以這樣話開頭：「我來證明給你看」。這實際上等於說：「我比你聰明。我跟一說準能讓你改變自己的觀點。」這是一種挑釁行為。它能使對方在你剛與他談話初就反對您的意見。

　　即使在最有利的情況下你也難以改變別人的主張，何必自我難堪呢？如果您想論證些什麼，您就要盡量使人不知道您的意圖。說得巧妙點，不要讓對方發覺您在試圖說服他。

　　假如某人提出一個主張，你認為是不對或確信是錯誤的，最好的方式是這樣對他說：「我不同意您的意見，但我的看法也有可能是錯誤的，如果我哪裡說得不對，請你給予糾正。我們共同實事求是的分析一下。」這是很有魔力的話。任何人任何時候都不會反對這種說法。

　　倘若你勇於承認自己難免會犯錯誤，就永遠不會陷入窘境，也會使對方像你

第二十四計　難得糊塗

一樣開誠佈公，促使他承認自己也難免犯錯誤。假如您明明知道某人有錯誤，於是就直截了當的給他指出來，那結果會是怎樣的呢？

張先生是紐約市的一個年輕律師，前不久，在聯邦最高法院審理一宗涉及鉅款和違法的重大案件時他出庭辯護。該律師發言時一名法官對他說：「根據軍艦製造廠限制條款，您的當事人應判六年刑，難道量刑不當嗎？」張先生停下來，看了法官一眼，然後開門見山的說：「尊敬的法官，這種條款是不存在的。」事後張先生說：「法院鴉雀無聲，室內溫度好似降到了零下。我是對的，法官是錯誤的。於是我就向法官直言陳述了自己的觀點。但您想他能同意我的觀點嗎？不會的。但我仍然相信自己的觀點是符合法律規定的。我覺得這次的辯護發言比以往任何一次都成功，但就是沒能說服法官。當我向這位著名學者指出其不對時，我已經是在犯一個大錯。」只有很小一部分人的思想是符合邏輯的。大多數人生來就具有偏見、嫉妒、貪婪和高傲等。

人們一般是不願改變自己的觀點的，不管是否涉及宗教等原因。假如你喜歡對別人的不妥之處加以指責，那就請您每天早晨把這段話讀一遍：「我們有時會在沒有受任何指責，沒有什麼心情不快的情況下改變自己的主張。要是有人直言不諱的說我們不對就會引起我們的不滿和怨恨。我們經常對自己的信念是否對沒有把握，當有人勸我們回心轉意時，我們卻又固執己見。顯然，觀念並不值錢，值錢的是我們受到威脅的自尊心……『我的』這一常用的字眼是人生和整個人際關係中最重要的一個詞。懂得這一點就說明你開始變聰明了。該詞無論與什麼詞搭配使用，對一個人來說都具有同等意義。『我的』午餐、『我的』狗、『我的』房子或『我的』父親、『我的』國家。我們都喜歡繼續相信我們早就以為正確的東西，如果有人懷疑我們的主張是否正確，我們當然會感到不滿，就會去尋找能說明自己正確的理由，以堅持自己的主張。」

因此，若想要人們同意您觀點，請您遵守的準則是：「尊重他人的意見。任何時候都不要直截了當的說某人不對。」

藏起明白裝糊塗

　　蘇聯衛國戰爭初期，德軍長驅直入。在此生死存亡之際，曾在國內戰爭時期馳騁疆場的老將們，如鐵木辛哥、伏羅希洛夫、布瓊尼等，首先挑起敵前指揮的重擔。但面對新的形勢，他們漸感力不從心。時勢造英雄，一批青年軍事家，如朱可夫、華西列夫斯基、什捷緬科等，相繼脫穎而出。這中間，老將們思想上不是沒有波動的。一九四四年二月，蘇聯元帥鐵木辛哥受命去波羅的海，指揮軍隊的行動，什捷緬科作為他的參謀長同行。什捷緬科早知道這位將帥對總參部的人報懷疑態度，思想上有了芥蒂，心想：「命令終歸是命令，只能服從了。」等上了火車，吃晚飯時，一場不愉快的談話開始了，鐵木辛哥率先發難道：「為什麼派你跟我一起去？是想來教育我們這些老頭子，監督我們的吧？你們還在桌子底下跑的時候，我們已經率領著部隊在打仗，為了給你們建立蘇維埃政權而奮鬥。你軍事學院畢業了，自以為了不起了！革命開始的時候，你才幾歲？」這通訓話，已經近乎侮辱了。但什捷緬科卻老實的回答：「那時候，剛滿十歲。」接著又平靜的表示對元帥非常尊重，準備向他學習。鐵木辛哥最後說：「算了，外交家，睡覺吧。時間會證明誰是什麼樣的人。」

　　應該說，「時間證明論」是對的。他們共同工作了一個月後，在一次晚間喝茶的時候，鐵木辛哥突然說：「現在我明白了，你並不是我原來所認為的那種人。我曾經覺得，你是史達林專門派來監督我的……」後來什捷緬科被召回時，心裡很捨不得和鐵木辛哥分離。又過了一個月，鐵木辛哥親自向大本營提出要求，調這個晚輩來共事。

　　什捷緬科在受辱之時裝傻過了上司那關，展現了後生的謙卑以及對老人的尊重，是大智若愚的表現。懂得裝傻者絕非傻子，顯得木訥憨厚有時是最高智慧者才能為之。許多時候，要想受到別人的敬重，就必須掩藏你的聰明。下面再介紹幾例裝傻術的妙用，希望你能舉一反三。

　　(一) 睜一眼，閉一眼。

　　在交際活動中，單憑言語難以說服對方，可採用交際情境表達意思，有時給

第二十四計　難得糊塗

對方多一些思考、體驗，常可產生言語不能達到的效應。法國有位農學家，在德國吃過馬鈴薯，很想在法國推廣種植這種作物，但他越是熱心的宣傳，別人越不相信。醫生認為馬鈴薯有害人的健康，有的農學家斷言種植馬鈴薯會使土地變得貧瘠，宗教界稱馬鈴薯為「鬼蘋果」。經過一段時間的思考，這位一心推廣馬鈴薯種植的農學家，終於想出一個新點子。在國王的許可下，他在一塊出了名的低產田裡栽培了作物，並由一支身穿儀仗隊服裝的國王的衛兵看守，並聲稱不允許任何人接近這塊地，挖掘它。但這些士兵只在白天看守，晚上全部撤走。人們受到禁果的引誘，晚上都來挖馬鈴薯，並把它栽到自己的菜園裡。這樣一來，沒過多久馬鈴薯便在法國推廣開了。這個推廣馬鈴薯種植的主意獲得成功就得益於情境的巧用。直言馬鈴薯好的話，人們不信；由皇家種植，國王衛兵看守，暗示的情境意義即：其為貴重物品。由此誘發了人們佔有的欲望，加之栽種後親自品嘗與體驗，確信有益無害，就會完全接受了這種作物。這裡交際情境的魅力，就在於利用了人們的好奇心理，睜一眼，閉一眼，創造了一個使人接觸馬鈴薯的契機，所以產生了可喜的效應。

（二）歪打正著出笑料。

對日抗戰期間，以國立編譯館為首發起募捐勞軍文藝晚會。一連兩晚，盛況空前。在正式開演之前，先表演一段相聲。老舍自告奮勇，並請梁實秋先生做搭擋。梁實秋有言在先：在演出時用摺扇敲頭的時候不能真打，只能點到為止。到上演的那一天，從走到台前，泥塑木雕的繃著臉肅然片刻，裝著一副傻樣，沒有說話，台下的觀眾已笑成一片。他倆幾乎只能在一陣陣的笑聲之間進行對話，一逗一捧，詼諧幽默。當須用摺扇敲的時候，不知老舍是一時的激動忘形，還是有意違背諾言，竟掄起大扇向梁實秋的頭上敲去，梁實秋本能的把頭向後一閃，摺扇正好打落梁實秋的眼鏡。說時遲，那時快，梁實秋連忙手掌向上，兩手前伸，正好接住落下的眼鏡，並保持那姿勢久久不動。台下掌聲、喝彩聲經久不絕。相聲本來就容易使人發笑，老舍這一喜劇性的「歪打正著」，更讓人捧腹大笑。觀眾們以為這是他倆的絕活，連聲高呼：「再來一回！」老舍，尤其是梁實秋心中有數：這絕活只能來一次！

(三) 荒誕之中明事理。

有時面對一個錯誤的推理和結論，從正面反駁可能無濟於事，這時不妨用另外一個類似的，並且明顯是錯誤的推理，來達到批駁的目的，效果反倒更好。這種錯誤的推理具有很強的荒誕性，含不盡之意於言外，會使人在笑意中明確是非，從而達到幽默的真正目的。推理越具有荒誕性，說出的話就越具有幽默感。

宋高宗時，有一次宮廷廚師煮的餛飩沒有熟，皇帝發怒了，把那個廚師下了牢獄，沒過多久，在一次演員演出時，兩個演員扮作讀書人的模樣，互相詢問對方的生日時辰。一個說「甲子生」，另一個說「丙子生」。這時又有一個演員馬上來到皇帝面前控告說：「這兩個人都應該下獄。」皇帝覺得蹊蹺，問是什麼原因。這個演員說：「甲子、丙子都是生的，不是與那個餛飩沒煮熟的人同罪嗎？」皇帝一聽大笑起來，知道了他的用意，就赦免了那個「餛飩生」的廚師。演員借皇帝「餛飩生就下大獄」這個前提，演繹出一個錯誤的結論：是「生」就該下大獄，甲子生、丙子生也該下大獄。這顯然是荒誕不經的，引人發笑。但演員的推理語言婉轉，表達含蓄，蘊涵了豐富的機趣。這種幽默語言的產生，不能不歸功於巧奪天工般的荒誕推理。

(四) 明知故犯生幽默。

某年六月，電視台曾播出一個特別節目——首屆外國人漢語知識大決賽。有位美國朋友在按規定要用漢語講一件含有漢語知識的完整事件時，這樣說：「有天，我去拜訪一位中國朋友，他留我吃午飯。我說，做飯很麻煩。他說，又不是請客，做頓便飯不麻煩。我說，你就做頓小便飯吃，不要做大便飯了，大便飯超級麻煩的。」聽完他的敘述，台下的觀眾笑得前仰後合，直不起腰來。表面看來，這位美國朋友不懂得「便飯」這個名詞按漢語構詞習慣不能和形容詞「小」與「大」搭配的道理。其實，這位朋友並非真的不懂，他只是明知故犯，有意違反漢語的構詞習慣，製造歧義，違反邏輯事理，荒謬的把「便飯」同「小便（飯）」「大便（飯）」串聯起來，製造笑料罷了。

有個相聲叫《歪批三國》，其中有這麼一段：甲問乙：「劉備賣過草鞋，張飛賣過肉，你知道趙雲賣過什麼？」乙說：「不知道。」甲說：「你沒聽過《天水

第二十四計　難得糊塗

關》（一齣三國戲劇）裡姜維在校場上唱的那兩句嗎」『這一般五虎將俱都喪了，只剩下趙子龍老邁年高。』這趙雲不是賣年糕的嗎？」聽眾聽到這裡，無不捧腹大笑。把「老（邁年高）」理解為「賣年糕」，相聲的作者利用諧音製造歧義，造成了笑料，取得了幽默生動、令人解頤的效果。

(五) 答非所問妙解困。

答非所問指答話者故意偏離邏輯規則，不直接回答對方提問，而是在形式上回應對方問話，透過有意的錯位營造幽默。答非所問並不是思維混亂，而是用假借的形式，幽默的表達潛在意圖。在一次聯合國會議休息時，一位已開發國家外交官問一位非洲國家大使：「貴國的死亡率一定不低吧？」非洲大使答道：「跟貴國一樣，每人死一次。」

外交官問話是對整個國家而言，對非洲的落後存在挑釁，大使並不理會其問話的隱藏的涵義，故意將死亡率針對每個人，頗具匠心的回答，幽默有效的回敬著外交官的傲慢，維護了該國尊嚴。答非所問講究技巧，抓住表面上某種形式上的關聯，不留痕跡的閃避實質層面，有意識的中斷對話邏輯的連續性，尋求異軍突起的表達，幽默旨在另起新灶，跳出被動局面的困擾。

有個愛纏人的先生盯著小仲馬問：「您最近在做些什麼？」小仲馬平靜的答道：「難道您沒看見？我正在蓄絡腮鬍。」鬍子是自然而然長的，小仲馬故意把它當做極重要的事情，顯然與問話目的不相符合。小仲馬表面上好像是在回答那位先生，其實並沒給有用的資訊。小仲馬自然是懂得對方問話意思的，但他偏要答非所問，用幽默暗示那人：「不要再繼續糾纏。」

難得糊塗──別樣的交際情懷

這裡所說的糊塗，並非是指對事物的認識模糊、混亂、不明事理的真糊塗，而是指在明事理、知變通的情況下，大事密於心、小事疏於表達的交際情懷，也是一種明智、曠達的生活態度。

利害關頭「裝糊塗」。一般來說，在涉及重大利益的緊要關頭，應該據理力

難得糊塗——別樣的交際情懷

爭，毫不留情。但有時對方憑藉諸多優勢擺出一副咄咄逼人的架勢時，暫時處於劣勢的一方大可不必針鋒相對以硬碰硬，而不妨先讓其發洩完畢之後，你再裝出一副「不明白」的樣子，請他再說一遍。這個時候，對方的氣勢就成了強弩之末了。這樣，你再按「既定方針」行事，必須是後勁十足，如此一來對方也不敢小覷。第一次世界大戰後，土耳其獲得獨立。英國夥同法、義、俄等國在洛桑與土耳其談判企圖繼續奴役土耳其，迫使土耳其簽訂不平等條約。當土耳其外交部長伊斯美提出本國條件時，一下子觸怒了英國外交大臣。他咆哮如雷，揮拳吼叫，極盡恫嚇威脅之能事。伊斯美作為小國代表，儘管其他列強也助紂為虐，他卻裝聾作啞、一聲不吭。等英國外交大臣喊完了，他才不慌不忙的張開右手靠在耳邊，把身子移向英國代表，十分溫和的說道：「閣下，您剛才說什麼呀？我沒聽清楚呢！」英國代表碰了一顆軟釘子，不得不有所收斂了。該例子中土耳其外長的「糊塗蓄勢」可謂是恰到好處。對方明擺著人多勢眾，妄圖恃強凌弱。他若是一味的「舌戰群儒」，甚至拍桌對罵，就有可能被對方抓住把柄，談判也會不歡而散，對土耳其方面極為不利。伊斯美不失時機的糊塗一番，委實是談判中的上策，既表現了自己有勇有謀，又維護了國家的利益，可謂是一箭雙鵰。生活中小事糊塗心自寬，生活好比一鍋大雜燴，什麼滋味都有。如果一個人對生活中的物是人非過分挑剔，得饒人處不饒人，整天沉緬於雞毛蒜皮的小事之中，勢必會給對方造成為人刻板的印象，同時也給自己埋下自尋煩惱的種子。因此，一個心胸開闊的人，他不會拘泥於身邊的細微小事。

得糊塗處且糊塗，既表現了大度，也得了人心。現代社會在工作上，有些人遇事必言利，錢多多幹，錢少少幹，沒錢乾脆就不幹。而一些淡泊名利、潛心鑽研的人一度被某些人譏諷為「死腦筋」、「糊塗蟲」。

殊不知正是在其他人都「精明」到家的情況下，一個人若能認定一個目標，保持他慣有的「糊塗」心態，也許就能在日後的時事變遷中獨領風騷。

第二十四計　難得糊塗

第二十五計　敵變我變

勇於接受事實，及時修正錯誤

　　只要你認知到世事每時每日都在變化，便確立了對自己的一種進化觀，一種辦事態度。對於弱者，須拋棄自卑感；對於強者，要打破其自我膨脹。

　　而且，還須有一種開闊的胸襟，勇於接受事實，善於接受批評。因為這是成功的條件。同時，還須能認清事實，在事實的面前，正視自己所作所為的得失，就像站在鏡子面前，看自己面容服飾，哪些地方該修飾一下，哪些地方該弄整齊些，或者該洗洗臉，梳梳頭。但檢討、修正自己當然比照鏡子難得多，因為，人都有自信，這種必要的好品質卻也容易發展過頭，變成永恆的自我膨脹，這樣一來自己發現不了自己的失誤，所以讓別人來批評、指點，就變得尤其重要。能利用別人的批評、指點來修正自己的人，就是得到自我能力的擴大，能多方聽取別人的意見，個人離完善的距離就會近得多。以此謀事，何事不成。中國歷史上的一代明君唐太宗曾這樣評價魏徵對自己的批評，他說：「用銅作鏡子，可以端正衣帽；用歷史作鏡子，可以照出天下興亡和朝代更替的原因；用人作鏡子，可以明白自己的得失。我經常審視這三面鏡子來防止自己犯錯誤。現在魏徵去世，我就失去了人的這面鏡子！」說完不禁潸然淚下。

　　在魏徵與唐太宗合作的十七年裡，魏徵給唐太宗提出了幾百條意見，太宗基本採納了不部分。即使一時意見不合，以後發現自己錯了。唐太宗就對大臣們

第二十五計　敵變我變

說，很後悔當初不聽魏徵的話，當時唐軍攻克了吐魯蕃。唐太宗要在那裡設一個州──西州。魏徵說，這樣做會吃力不討好，設州必須有健全的州治，但唐太宗不聽。西州設立沒幾年，果然如魏徵說的，讓唐朝背上了沉重的包袱，唐太宗便對別人說，還是魏徵的眼光準。

可以這樣說，唐太宗開創「貞觀之治」的盛世，一方面由於他和他的助手精明強幹，另一方面也在於他能不斷修正自己，使自己的言行、品德自始至終的保持他宏偉的策略藍圖付諸實施。

適應新形勢，不斷修正自己

誰不能適應新形勢，不斷修正自己，誰就要嘗到失敗的苦頭。在中國歷史上，有王莽這麼一位透過不流血方式取得政權的皇帝。他本是一位出色的經濟思想家，同時又有崇高政治理想與抱負，他奪權當了皇帝之後，就著手對原西漢的政策、經濟進行全面改革，實行土地國有、耕地重新分配；強迫勞動，管束遊手好閒者；實行貸款制度；徵收所得稅等，還大力改革官吏制度。王莽的願景很好，但他忘了自己應該隨時代前進，他那些具有社會主義性質的政策和經濟改革違背當時的社會現實。這樣一來，他的改革使老百姓得不到好處，生存環境更加惡劣，既得利益者又從中破壞。到最後老百姓除了造反之外別無出路。

到了這時，有一個下級武官田況向他上書，揭露地方官吏謊報軍情，官逼民反，官吏相互推諉的事實，並向王莽提出加強軍隊的戰鬥力、安定危局的措施。無論是作為一種建議，還是適應形勢變化的要求，王莽都應該採納，或認真對待。但王莽卻嫉妒田況的才能，調田況入京做師尉大夫，讓別人代替田況指揮軍隊。如此這般，王莽派下去的官員全是庸人，地方的局面也就更不可收拾。

可以說，王莽對西漢王朝奪取成功，是由於他為了自己的政治理想，能不斷修正自己。但等到了他真正成功，並想創造一個理想的社會時，他卻不能反省自己，適應敵變我變的新形勢，這樣他想改造社會，也只是空話。

以變應變是生存發展的需要

　　王莽一生成敗的鮮明對比告訴我們：世間一切時刻在變，以變應變是人們生存發展的需要。所以，「敵變我變」是人們適應形勢發展，不斷調整自己的思想與行為的應有能力。所謂「敵」不一定就是敵人，不過泛指對手、環境而已，比如對於個人存在的環境，對於生意人的商機，對於企業、廠家的同行等等。因為大家都在求生存、求發展，都在想新招、出新點子。時移則勢異，勢異則情變，情變則法不同，順理成章。

　　以軍事上的敵變我變為例，諸葛亮對孟獲的「七擒七縱」，可以說是古今兵家敵變我變，克敵制勝最成功的範例。

　　一擒孟獲，諸葛亮本是乘勝之師，他讓王平打前哨，故意裝做不是對手，引孟獲入埋伏被大軍包圍，最後又用大將趙雲與魏延在峽谷前後堵截，使孟獲插翅難逃。

　　二擒孟獲採用的則是反間計加上借刀殺人之計，孟獲被捉一次，變得謹慎，退到瀘水以南，以瀘為屏障，準備持久堅守，諸葛亮派馬岱出戰，激發對上次被俘虜放歸將領的感恩之心，又讓孟獲與他們發生衝突，堡壘被內部自己人攻破，孟獲手下的將領毫不客氣的將孟獲綁赴蜀營。

　　二次被擒，仍被放回。這一回諸葛亮故意讓孟獲了解己方的糧草、軍情，孟獲氣極敗壞，急於報仇洩恨，又自以為對蜀軍情況成竹在胸。便以送禮謝恩名義前來劫營，可諸葛亮早已摸透孟獲的心思。孟獲又一次自投羅網──三次被擒。

　　第四次是把好鬥的孟獲引入陷阱，四次被擒。

　　第五次，諸葛亮採取統戰之計，讓孟獲原來的盟友擒住孟獲。

　　……

　　從第一次以後發制人的手段開戰，謹慎中張弛變化有度，直至終於收服了孟獲。第一次擒住孟獲之後，諸葛亮是勝後求戰，孟獲的心理與部隊的虛實，皆了然在心。由於諸葛亮懂得順應孟獲心理與戰術的變化，敵變我變的對症下藥，使孟獲完全在他的掌握之中，演出了戰爭史上「七擒七縱」的奇蹟，也使戰術上「敵變我變」的內涵得到了充分的發揮。

第二十五計　敵變我變

第二十六計　真假虛實

真假虛實的煙幕術

　　曾國藩練兵時，每天午飯後總是邀幕僚們下圍棋。一天，忽然有一個人向他告密，說某統領要叛變了。告密人就是這個統領的部下。曾國藩大怒，立即命令手下將告密者殺了示眾。一會兒，被告密要叛變的統領前來給曾國藩謝恩。曾國藩亦臉色一變，陰沉著臉，命令左右馬上將統領斬首。

　　幕僚們都不懂為什麼，曾國藩笑著說：「這就不是你們所能明白的了。」說罷，命令人把統領斬首了。他又對幕僚們說；「告密者說的是真實的，我如果不殺他，這位統領知道自己被告發了，勢必立刻叛變，由於我殺了告密的人，就把統領騙來了。」

　　蒙蔽別人最關鍵的在於掩飾自己的真實意圖和目的。不能讓人發現，更不能讓人預見，所以詐騙者在蒙蔽他人時，最常玩的把戲便是聲東擊西。假裝瞄準一個目標煞有介事的佯攻一番，其實暗自瞄準別人不留神的靶子，然後伺機施以致命打擊。有時他似乎不經意間流露出自己的心思，實際上是在騙取他人的注意和信賴，目的在於突然發難以出奇制勝。

　　一九六八年春天，捷克斯洛伐克掀起一個自上而下的改革運動。改革派領導人杜布切克接任捷克斯洛伐克共產黨第一書記，改組了中央主席團和書記處，透過了一個具有改革新思想的「布拉格之春」。

第二十六計　真假虛實

　　捷克斯洛伐克的這一運動不僅激怒了前蘇聯，也使東歐各國惶恐不安。可是，當八月三日在捷克斯洛伐克達成的華約六國協定公布之後，人們普遍鬆了一口氣。因為。前蘇聯在協議中承諾了不對捷克斯洛伐克採取軍事行動。一時間布拉格市民產生了種種樂觀情緒。

　　八月二十日夜，一架前蘇聯民航客機出現在捷克上空，在盤旋了幾圈之後，向布拉格機場發出緊急信號，聲稱飛機發生機械故障，要求緊急降落。機場負責人按國際慣例，同意了它的要求。當飛機在機場跑道停穩後，幾十名全付武裝的前蘇軍突擊隊員衝出艙門，迅速占領了機場塔樓，並指揮隨後而來的蘇軍大型運輸機降落。當一輛輛坦克、裝甲車從飛機上開下來，駛向市區時，人們這才明白前蘇聯的真正含義。

　　原來前蘇聯用了一招緩兵之計，誘使捷克斯落伐克放鬆了戒備心理。待到時機成熟之後，又來了個暗夜偷襲，不費吹灰之力就占領了捷克斯洛伐克全境。

　　蒙蔽別人絕非奸邪之人的專利，它亦可用於達成好事善舉。例如在人際交往中，人們都是懷著一定的目的展開交際活動的，或者為了尋求友誼，加深感情；或者為了交流切磋，互通資訊；或者為了尋求合作，獲得利益；或者為了求得幫助，擺脫困境。一般情況，交際雙方有了明確的交際目的，便於雙方的互惠互動。但有時，交際目的的過於顯露，反而會有礙合作，不利於交際目的實現。這就需要隱蔽交際目的。某陶瓷廠為酒廠生產包裝瓶，原定價每個瓶子十元，在準備簽訂下年度合約時，陶瓷廠考慮到原材料漲價等因素，準備調高酒瓶價格，但又怕酒廠不接受，經過一番謀劃，陶瓷廠向酒廠展開了攻勢：「由於國家控制信貸以及其他原因，我廠流動資金嚴重不足，希望貴廠能預付下年度三分之一的貨款。否則生產難以保證，怕耽誤供瓶計畫，將給貴廠生產帶來影響。」

　　酒廠當然不願一下子支付大筆的預付款。經過數次商談，最後陶瓷廠做出了讓步：為了不支付預付款，只好考慮適當提高酒瓶價格。結果陶瓷廠如願以償。

真真假假，深藏不露

　　《三國演義》中，張松欲獻四川地圖給曹操。曹操看不起矮小、貌陋的張松，拂袖而去。曹操的主簿楊修是一善辯之士，斥責張松，並傲慢的聲稱曹丞相具有雄才，並出示曹操撰寫的兵法書籍《孟德新書》以為佐證。誰知張松博聞強記，將書接過看了一遍，便熟記於胸，而後大笑道：「此書吾蜀中三尺小童，亦能暗誦，何為『新書』？此是戰國時無名氏所作，曹丞相盜竊以為已能，只好瞞足下耳！」楊修駁斥說：「丞相私藏之書，雖已成帙，未傳於世。公言蜀中小兒暗誦如流，何相欺乎？」張松立即表示：「公如不信，吾試誦之」。遂將《孟德新書》從頭至尾背誦一遍，並無一字差錯。楊修大驚，得知此事的曹操也納悶：「莫非古人與我不謀而合？」令人扯碎其書燒之，並讓楊修帶張松來見他。

　　在這場交鋒中，張松之所以能夠打敗曹操、楊修的傲慢氣焰而獲勝，就在於成功的運用於一種論辯技法——虛擬示意法。

　　虛擬示意法，就是將本來沒有的情況當做客觀事實提出，並竭力讓對手相信，從而戰勝之的一種論辯技法。這種方法的實施，包括虛擬和示意兩個步驟。兩者，是緊密聯繫的。但比較起來，虛擬較容易些——主導者就是自己，虛到什麼程度，擬出何種樣式，全憑自己；而示意則較困難——目的是要對手相信自己的說法。

　　要成功的運用虛擬示意法，就需要巧妙把握這兩個步驟。具體說來，就是：

要虛得合情合理，讓對方真假難辯。

　　裝模作樣做給對手看的姿態要合情合理。也就是說，不能與現實生活的差距過大。要虛得大致符合當時、當地、當事人的實際情況。因為人對是非的判斷，靠的是知覺，知覺的正確與否，依賴於過去實踐的知識和經驗。當對手的虛擬與自己過去實踐的知識和經驗相吻合或一致時，知覺就產生一種認同感，於是就對對手的虛擬予以理解、認可。前例中，張松虛擬的「此是舊中國時無名氏所作」，曹操是一位統兵主師，要寫的書籍，難免對前人總結戰爭的經驗有所借鑑。加上他的猜疑心本來就重，當然就會相信了。反過來，如果張松虛擬的是

第二十六計　真假虛實

「此是我的主上劉璋所作」，抑或「此是江東孫權所作」，以楊修、曹操的知覺，都不會產生認同。因為這與他們的實踐與經驗相差太大。

　　在論辯中，作為對手，對方總是對你抱有某種程度的戒備與警惕的；對你所說的，本能的會產生懷疑。這就更需要在虛擬時，於合理上多下些工夫。有時，不防來一點真真假假，造成一種虛虛實實、實實虛虛的混沌局面。如張松的「無名氏」，不說具體，讓你莫測高深。這時，對手的知覺是：「實亦實，虛亦實。」於是，也就自然而然的相信你虛擬的全部內容，而落入圈套。說虛話技藝成熟者經常使用「有幾分真」的謊言來使人信以為真，蒙蔽性非常高。

　　示意要疏而不漏，態度誠懇。
　　巧妙示意的主要表現形式是言語。同時，應當輔以情感、神態、動作、語調等的幫助。對手對你的虛擬接受程度，取決於對你的示意的感知與理解的深淺。你的示意越清晰、越確切、越有誘惑力，對手的感知與理解就越強，從而，導致其產生錯覺的概率也越高。比如《三國演義》中，諸葛亮為了孫劉聯合抗曹，在勸說周瑜時，便虛擬出「曹操征伐江南，是為了得到二喬」之說。而為使周瑜深信不疑，當時他所作的示意就相當細緻周密，先是將曹植《銅雀台賦》中的「連二橋於東西兮，若長空之蟲帶蟲東」，改為「攬二喬於東南兮，樂朝夕之與共」，巧妙的連結二喬。激起周瑜大怒後，又佯作惶恐之狀，連稱：「失口亂言，死罪，死罪！」待周聯合破曹之意已定之後，再故意勸其「事面三思，免致後悔」。這樣才鞏固了自己所要達到的目的。

　　因此，可以說，示意，是在操縱對手的知覺。虛擬一旦實施，擺在自己面前的，既要千方百計調動對手的情感，使他對自己建立起足夠的信任，又要竭盡全力維護自己的虛擬，使對手沒有任何懷疑的餘地。要讓對手明白：如果不相信你所說的，那麼，將會給自己帶來麻煩；只有相信你所說的，自己才能獲得利益。這是將一個充分必要條件的假言推理擺在對手眼前，迫使他只能作出「相信你所說的」這唯一的選擇。

　　為了更有效，示意還可以利用人們對共同點所具有的認同心理，站到對手的角度上，設身處地為對手的利益說話，使對手感到你是為他好，雙方的利益是一

致的。並適當的使用一些緩解對方警惕性的言語。如諸葛亮用的「事須三思，免致後悔」。現代社會諸如「考慮到我們雙方的利益」「這是人人皆知的」「早就如此」「聰明的人都會這樣做」之類。如此，對手的防線最終會崩潰，自覺不自覺的會相信你的虛擬。

有一年在國際名酒節上，外國某經貿公司與宜蘭一酒廠的談判，酒廠即成功的運用了此法。該公司欲訂購威士忌十噸。但宜蘭的酒廠眾多，各家競爭激烈。究竟要訂哪家的，委實舉棋難定。他們在與這家酒廠的洽談間，對這麼一宗大生意，酒廠掩藏起內心的興奮，平靜而又抱歉的說：「對不起，我們今年的貨早已訂完了。已開始預購明年的。如果你們需要，我們設法給你們安排明年早一些的。」對此虛擬，外國公司當然大感意外：「是嗎？前天你們還在拼命拉客戶哪！」酒廠隨即實施示意技巧，擺出一副真誠的樣子說道：「商場如戰場嘛，你們是聰明人，怎會不懂？那是我們的一種策略。眾所周知，我們的酒是根本用不著拉客的；更何況過了一天，情況哪還會相同？今天一大早，台中一家公司才將今年的最後一批十噸全部訂完。你們可以去問問他們嘛！」此示意果真有效，外國公司有些急了：「是的，聽說你們的酒好，我們才慕名而來。我們來一趟也不容易，能不能通融一下，先挪給我們一些？」酒廠進一步示意，故作難狀。外國公司更加著急，好話說了一大堆。廠家這才以關懷、同情的口吻說道：「既然你們要與我們長期合作，考慮到我們的長遠利益，我們可以跟其他客戶商量一下，每家讓出一點，幫你們湊足十噸」。外國公司大喜，酒廠更是心中暗喜。

提防當面說好話背後下毒手的偽君子

為政者以權謀之術作為自己升官的必經之路，一方面要學厚黑之術，另一方面要學明哲保身之術，利益的權衡是他們判斷是非的標準，而感情除了用來掩飾內心的險惡及目的之外，在內心深處或許已經正在泯滅。

戰國時，智伯想討伐衛國，就虛心假意的給衛君送去四百匹馬和一塊玉璧。衛君很高興，群臣都祝賀，只有大夫南文子面有憂色。衛君問他：「大國與我們交好，而你面有憂色，這是為什麼？」南文子說：「無功而受賞，沒出力而得到

第二十六計　真假虛實

禮物，這是不能不明察的。送四百匹馬和一塊玉璧，是小國間的禮節。而大國這樣做，大王就要有所提防了。」衛君把南文子的話告訴了邊境部隊，部隊加強了防範。後來智伯果然起兵襲擊衛國。等到了邊境，見到衛國已有準備，就回去了。智伯說：「衛國有賢人，已預先知道了我的計謀。」為政者的每一次行為都是有其目的的。智伯送衛國重禮看起來像是聯絡感情，其實為政者的「情感」後面必定有所圖謀，南文子料定智伯故意做出與衛國交好的姿態以掩飾起兵襲衛的真實目的。這正是為政者的共同特徵。

怎樣做一個遇強示弱，遇弱示強的交際高手

叢林裡的生態圈似乎是天定的，強與弱，誰都不可能去改變。但人類社會卻不同，人類固然也有先天的強與弱以及後天的強與弱，但因為人類有智慧，可以透過學習及經驗的積累，在人性叢林裡巧妙的獲得生存的機會，並進而為自己爭取利益。

有一個法則是值得在人性叢林裡進出行走時參考的，那就是遇強則示弱，遇弱則示強。人雖然不太容易去改變自己條件的強或弱，但卻可以用示強或示弱的方式，為自己爭取有利的位置。

「遇強則示弱」的意思是：如果你碰到的是個有實力的強者，而且他的實力明顯高於你，那麼你不必為了面子或意氣而與他爭強，因為一旦硬碰硬，固然也有可能傷害對方，但毀了自己的可能性卻更高。因此不妨示弱，好化解對方的戒心。以強欺弱，勝之不武，大部分的強者是不做的。但也有一些具有侵略性格的「強者」欺負「弱者」的習慣，因此示弱也有讓對方摸不清你的虛實，降低對方攻擊有效性的作用，一旦他攻擊失效，他便有可能收手，而你便獲得了生存的空間，並反轉兩者處境，他再也不敢隨便動你。至於要不要反擊，你要慎重考慮，因為反擊時你也會有損傷，這個利害是要加以評估的。何況還不一定可擊敗對方，「生存」才是主要目的。

「遇弱則示強」的意思是：如果你碰到的是實力比你弱的對手，那麼就要顯露你比他「強」的一面，這並不是為了讓他來順從你，或滿足自己的虛榮心或優

怎樣做一個遇強示弱，遇弱示強的交際高手

越感，而是弱者普遍有一種心態，不甘願一直做弱者，因此他會周圍尋找對手，好證明他也是一個「強者」，你若在弱者面前也示弱，正好引來對方的殺機，徒增不必要的麻煩與損失。反之示強則可使弱者望而生畏，知難而退。所以，這裡的示強是防衛性的，而不是侵略性的，因為侵略也必為你帶來損失，若判斷錯誤，碰上一個「遇強示強」的對手，那你不是很慘嗎？人性叢林裡沒有絕對的強與弱，只有相對的強與弱，也沒有永遠的平衡。國與國之間不易做到此點，但人與人之間卻不難做到，只要你願意，也不論你是弱者或強者。「遇強示弱，遇弱示強」，只是交際中一種方法罷了。

第二十六計　真假虛實

忍痛割愛理智處事

第二十七計　忍者有道

忍痛割愛理智處事

　　職業對一個人來說極為重要。因為職業是事業成功的立足之地。有一個理想的職業是幸運的、幸福的。沒有一個理想的職業，就沒有安身立命之地，不但生活沒有著落，精神也沒有安放的樂園。所以人的一生中求職是件大事，現代人口眾多，雖然求職不易，但誰都有個飯碗端著，不論是金碗、銀碗、鐵碗、泥碗。但是，要求到一個符合專業、興趣的工作卻未必那麼容易。或者有時候你本來在從事一項很有特色，有發展前途，自己酷愛的職業，上級卻偏要你離開原職位，從事一項你所不擅長，更不喜歡的工作，出於種種原因，你又無理由拒絕，這時就只能是忍痛割愛。

　　柳暗花明又一村，歪打正著。大部分沒有得到自己感興趣的工作，或被動離開自己酷愛的職業的人，都會這樣去寬解自己，這個愛的割捨之後的疼痛很快就會被治癒。興趣是可以培養的，不喜歡做的只要熟悉了，鑽進去就會喜歡的。割捨酷愛的職業，雖然一時難免有種失落感，但是新的職位也可能很快就會以新的成就彌補上那種失落感。現實生活中我們常常可以看到一些這樣的成功者，本來酷愛文學創作，可公司偏偏讓他做研究，後來他也在研究領域裡頗有建樹；本來他特喜愛記者工作，可偏偏讓他從事教學，儘管不喜歡，可幾年工夫卻培養了一批優秀記者；他本來是個業務材料，可偏偏讓他去當管理幹部，因為他懂業務，

第二十七計　忍者有道

是內行，管理工作也做得有條不紊，有聲有色；他本在教書，甚至對經商帶頗有點偏見，但是需要他下海經商，也做的風生水起。所以，從大局著眼，懂得服從上司安排，順應時勢潮流，有敬業精神，肯鑽敢幹，無論做什麼都能做好。割捨一個酷愛的職業並非剜卻心頭肉，你不必痛不欲生。假如你的職業，你所酷愛的工作是被人搶走了，那也得忍痛割愛，不必要死要活，和人家拼命。這時的忍就需要一點自省精神，想想自己何以被人取代，如果人家比你強，你就老老實實服輸，向人家學習，另謀新職；如果人家是與你旗鼓相當，但又有背景，那你就自認有點倒楣，承認現狀，見怪不怪。起碼你從中了解了社會，切身體驗了人生的艱難曲折。

倘若你是被老闆炒了魷魚，那也要忍痛割愛，認真總結自己為什麼不適合這位老闆，是自己的錯，還是老闆有問題；是工作問題，還是感情問題。想開了，割捨了，離開就是。此處不留人，自有留人處。不過，這種忍痛割愛最好少來，次數多了你就不痛不癢，麻木不仁了。那樣可就無可救藥了。

在求職工作中，要避免出現「忍痛割愛」，從主觀上要樹立起敬業意識，做一行愛一行專一行，相信行行出狀元。

如果你的愛情是一杯苦酒，不要釀造它

在人生的「愛河」裡，愛情恐怕是最美麗、最激盪人心的一朵浪花。生命是非常寶貴的，每個人只有一次，可是拿它與愛情相比，在人們心目中的分量未必能超過愛情。古人曾云：「問世間，情為何物？直教人生死相許。」今人亦說：「要愛得死去活來」。至於洋人，在國外把話說得就更明白了：「生命誠可貴，愛情價更高」。兩相比較，孰輕孰重已無須贅言。命是可以不要的，情卻難以割斷。難怪人們要說：「英雄無奈是多情」。實在是它比命還重要。所以無論是在文學作品中，還是在人們的心目中，都稱讚那種純真無邪、生死不渝的愛情。

不過，在現實生活中，有一些愛情儘管愛得轟轟烈烈，死去活來，卻並不值得稱讚，倒是一些能忍痛割愛的人是讓人敬佩的。說起在愛情方面的忍，不外乎有以下幾個方面：

如果你的愛情是一杯苦酒，不要釀造它

一忍早戀。有人對大學生談戀愛一直持不反對也不贊成的態度。不反對是怕反對了反而使其產生逆反心理，不贊成則實在是擔心影響學業。有位大學生認真的說：「戀愛只要處理好了，無礙於學習」。其實，對多數人來說，這種說法只是自欺欺人。據調查，百分之九十五以上的學生，談戀愛後學習成績很快就下降。

大學生如此，中小學生就更加不應該了。現在人人都在追劇，各種各樣的雜誌擺滿了街頭。試問，哪一部電視劇中沒有一對對戀人的倩影？哪一本雜誌沒有愛情故事的描寫？這對中小學生的早熟起了催化劑的作用。早熟的結果就是早戀。五六年級的小學生就開始寫情書已不算是奇聞；剛上國中就和小情人一起約會亦屬平常，甚至還有偷吃禁果的。這些小情侶未必真懂愛情，只是把電視、電影、小說中看到的模仿模仿而已。

看起來可笑，說起來可嘆，想起來可怕。該是不該，不言自明。影響來源於社會，責任在於家長，受害的是孩子。他們需要他們的家長來巧妙的協助斬斷情絲。感情閘門一開就勢不可擋。但要相信大凡激烈得快，平淡得也快。早戀有百害而無一利。

二忍單相思。既然是愛情，就應該是雙方的。如果一方有情，一方無情，有情終被無情惱，有情者還是忍痛割愛為妙。《紅樓夢》中的賈瑞是典型的單相思。在賈敬的壽宴上，他看見了王熙鳳，立刻被鳳姐的美貌迷住，一見鍾情。在後花園中，向鳳姐明送秋波，暗吐心曲。「鳳姐是個聰明人，見他這個樣子，如何不猜出八九分呢？」在甯國府裡，除了兩個石獅子是乾淨的，其餘都有些不乾不淨，鳳姐也在所難免。可是你賈瑞是個什麼東西，以你的身分、地位、人品，如何能與甯國府中的二奶奶相般配呢？如果換了一個人，事情可能也就不了了之了，但偏偏遇上鳳姐，賈瑞就活該要倒楣了。你看書中鳳姐那個狠勁：「哪天叫他死在我手裡，他才知道我的手段。」妳不同意就算了，幹嗎不依不饒，非要置人於死地呢？結果鳳姐毒設相思局，賈瑞一命歸黃泉。

單相思者並非都是像賈瑞那樣的男子，被相思的也並非都是像王熙鳳那樣的女子。在單相思的人心目中，往往認為自己看上的「意中人」是世界上最完美的，所以才非此女不娶、非此男不嫁。這種矢志不渝的愛是令人同情也讓人感動

第二十七計　忍者有道

的。不過，一方如醉如痴，另一方橫眉冷對；一方情如烈火，另一方冷若冰霜。明知他不愛我，我卻偏要愛他；這種種死纏亂打的愛法是很折磨人的。落花有意，流水無情，單相思終究還是單相思，總是一曲悲歌。風月寶鏡裡所照的未必就是賈瑞一人。

三忍苦戀。苦戀者，痛苦之戀也。愛情是一杯酒，夫婦二人情投意合，相愛得越深會感到這杯酒越甜；二人在一起共飲此酒，感到的是幸福，是美滿，是甜蜜。可是，有時二人相愛所釀造出的卻是一杯苦酒。

一對夫婦原本是親戚，男的是表哥，女的是表妹，這是一樁近親婚姻。科學和實踐證明，近親結婚有害無益。它會使下一代智商低下，容易基因變異而產生疾病，而且一代不如一代。文明社會是不允許的，法律上也是禁止的。無奈，這一對年青人，青梅竹馬，兩小無猜，從小在一起玩的遊戲都是扮演新郎、新娘。長大後情意更深，兩人依定要圓孩提時代的新郎、新娘夢，父母也曾幾次手掄大棒打鴛鴦，怎奈鴛鴦越打越不散，最後竟說：「寧可死，也不願孔雀東南飛」。父母也怕真出了人命，睜隻眼閉隻眼也就算了。二人多年的夙願總算得償，而這火熱的愛情也結下了三顆惡果，如果當初能忍痛割愛，怎麼會有今日之苦？

著名的表演藝術家劉喜奎和梅蘭芳有過一段愛情故事，梅曾熱烈的追求劉，二人心心相印，同事們也都熱情幫忙，欲成全美事。但是，舊社會一個長相漂亮的女演員一旦出了名，達官顯貴，軍閥政客就會如狼似虎般的追逐和迫害。如果二人成親，不僅劉會受到壞人的打擊，也會毀了梅的前程。劉喜奎思之再三，終於忍痛割愛，主動找到梅，對他說：「在我的一生中，從來沒有愛過一個男人，可是我愛上了你，與你在一起生活一定是很幸福的。可是我預感到在我的身後會有許多魔爪，如果你娶了我，他們必定會遷怒於你，甚至毀了你的前程。我認為，拿個人幸福生活和藝術事業相比，生活總是占第二位的。所以我要拒絕你的求婚，把你永遠藏在我的心裡。」梅蘭芳雖然很痛苦，但仍然十分冷靜而理智的同意了。後來，劉喜奎得享盛名，果然受到一連串的迫害，不得已，只好憤然離開舞台，隱名埋姓四十年。事實證明，劉喜奎做對了。如果愛情是一杯苦酒，請不要釀造它！

如果你的愛情是一杯苦酒，不要釀造它

四忍插足之戀。愛情是一男一女兩人之間的事，不容許有第三個人插進一腳，這是個道德問題，也是個法律概念。可是，一部愛情戲中一旦出現了三個主角，這場戲該如何收場呢？

報紙上登過一篇題目叫《一幅感人的離婚照》的報導。講述一對夫婦受到政治迫害，兩人只好分離。一個農民為了讓這個已經對生活絕望的婦女能活下去，便悉心的幫助照料她。在來往中，二人產生了感情，並成了夫妻，過上了幸福的日子，沒成想，這個婦女以前的丈夫獲得平反歸來。善良的農民便忍住自己內心的痛苦，勸女人當初結髮的丈夫破鏡重圓，而與自己這個二婚的丈夫離婚。這使女人萬分感動，含著淚與他照了一張離婚照片。

農民的這種忍痛割愛的精神值得讚賞。試想，如若不然，那是怎個尷尬的局面啊！三個人都要痛苦，前夫有失妻之怨，善良的農民則會有奪妻之愧，女人則處於兩難之中，農民的做法讓三個人都解脫了，他雖然忍受一時的痛苦，卻換來終身的心安！當然，這是特殊的歷史時期出現的特殊的第三者。

生活中更多的是：一個平靜的家庭，突然闖進一人；一對法律上已被承認的夫妻，其中一方又移情別戀。這一現象在現代越來越多。有位第三者這樣述說婚外情的原因：戀愛是一首浪漫的詩歌，而結婚則是一部現實的小說，再往深處說婚姻簡直就是愛情的墳墓。要想譜寫愛情的續曲，就得求諸婚外情。配偶不如情人那樣有韻味。

就他而言，把婚姻看作是愛情的墳墓，恐怕是很荒謬的。我們可以舉出很多很多古今中外的例子來駁斥，比如馬克思和燕妮。他們的愛情自始至終都是那樣的濃、那樣的美、那樣的真、那樣的純，並不因結婚而稍有遜色。凡是懂得愛情、珍惜愛情的人，他是不會有進入墳墓的感覺的；結婚前他們在書寫優美的詩句，婚後仍然在繼續寫著。把結婚看成是愛情墳墓的人，其實並不懂愛情！至於說到伴侶不如情人有味，一個髮廊老闆說：「情人的愛不牢靠，沒有老婆的愛扎實，剛咳嗽幾聲，就會把藥送到你手上，天剛變冷，就會有一件毛衣放在你眼前，這一切只有老婆能做到。情人只會索取你的錢與付出，而老婆則付出愛給你。」這話說得很樸實，很精彩，那些正在譜寫婚外情歌的人不知能否受到

第二十七計　忍者有道

感化呢？

　　婚外情一般都是以離婚為結局，這是一個有目共睹的事實，最近，在報紙上看到一篇文章，講某城市的習俗有了很大的變化，過去人們一見面的問候是：「吃飽了嗎？」而現在人們一見面卻問：「離了嗎？」這些離婚族中，恐怕有相當多的一部分人是婚外情者，他們離婚後又會怎樣呢？觀察發生在周圍的幾起這類離婚案，最慘的是孩子，這是首當其衝的受害者，他們要失去父愛或母愛，這對幼小的身心都有極大的傷害。其次是被遺棄者，愛情生活上的挫折，使他們的性情大變，大吵大鬧，忿忿不平，甚至玩出人命的也大有人在。至於婚外情者，多數都是再次進入「墳墓」，只不過這次進的，大多還遠遠不如上次。所以，婚外情本身是一種玩火的遊戲，如果某些人把它看作是一種愛情的話，這的的確確是一種多餘的愛，應該忍痛割愛，把這份愛還給應該得到它的人。

該丟的面子不保留，後退一步天地寬

　　虛榮心人皆有之，死要面子則是虛榮心的最具體表現。一個人不可能不要面子，但又不能夠死要面子。死要面子的人，往往會真正丟了面子。

　　曹雪芹在小說《紅樓夢》中，以生動的筆墨，真實的描寫了本已敗落，但仍不肯放下架子的諸多世家子弟的形象。在他們看來，如果這些面子一旦全不存在，活著還有什麼意思！在這裡的架子實際也就是面子，可見，有些人是把面子看得比生命還重要的，這就是他們的人生之道。

　　面子當然不能不要，一個一點面子也不要的人，恐怕自尊心也不復存在。關鍵的問題是要搞清楚怎麼做才算不丟面子？什麼面子可以丟，什麼樣的面子應當保留？

　　一句話，出於虛榮的面子應該丟，有關人格的面子需要保留，人格不保何以處世？而保的辦法則在於實事求是。事實俱在，曲直分明的話，面子不保亦在；嘩眾取寵，裝腔作勢，則面子雖保亦失。不適當的過分看重面子，在中國傳統思想裡是頗為嚴重的，其實，面子是中國人心理上的沉重包袱，看似薄薄的情面，其實質上有令人難堪的苦衷。

該丟的面子不保留，後退一步天地寬

中國古籍《墨子・離婁》中講了這樣一則故事：齊國有一位窮人，娶了一個媳婦，還有一位偏房。這位先生的祖上也許是有錢的，但如今沒落了，然而他的面子可低不下來，就是在自己的妻、妾面前也忘不了打腫臉充胖子。於是他對她們說，經常有貴客請他赴宴，而且每次回來都裝成酒足飯飽的模樣。其實，每天他都是去東門外的一個墓地裡，跑去乞討剩餘的祭品，原來他就是這樣參加宴會的！而每天他都跑來洋洋自得的在他的一妻一妾面前擺出一副不可一世的樣子，絲毫也不感覺慚愧。因為在他看來，這樣才算有面子，還管什麼死要面子活受罪。

面子有時還是傷害自我的導火線。古代的時候，人們把勇敢看成有面子，所以傳說有兩位勇士，為了表示勇敢，居然互割對方的肉下酒，最後雙雙送了性命。這種要面子的做法，當然是非常愚蠢的。但是在那個時候，卻也司空見慣。並不足怪。

面子更是社會劇變時的晴雨表。在商品經濟的社會中，貧富差距在不斷加大，許多人在社會劇變中失去了自我價值的判斷，他們的心理遭到極大的扭曲，因此只有借助於虛榮來滿足自己的面子虛榮心。

有些人即使債臺高築，也要揮金如土，與他人比吃、比穿、比用、比收入。在生活消費中，大手大腳，寅吃卯糧，借貸消費。其目的是希望他人能將目光聚集在自己身上。虛榮的情緒與他人的反應息息相關，他人反應的變化會使虛榮的情緒迅速對應調整，從小處說面子所帶來的虛榮心腐蝕了人的正常心理，破壞了人的健康情緒，成為了人性中的一個毒瘤。

虛榮心會使人變得怪僻而孤獨。例如有一位在某研究所工作的科學研究人員，技術與學識上也許並不太差，但由於自尊心過強，所以，儘管年逾不惑，卻仍然和同事們難以和睦相處。原因是，不管是在學術問題的討論上，還是在工作方案的安排上，甚至就連日常瑣事的看法和處理上，只要別人的意見與自己不合，他就覺得面子受了損害。一點也不能容忍，非要別人按自己的想法去辦不可。否則，就會不依不饒，甚至惡語相向。因為，他覺得自己永遠高人一籌，意見必然正確無誤，別人只有跟著走的份，否則就是以邪壓正，同時，也是不

第二十七計　忍者有道

給自己面子。正因為他的這種毛病，所以，凡與他相處稍久的人，無不敬而遠之，避之猶如瘟疫。試想，一般人在這種環境下，如何能夠忍耐，可他自己卻安之若素。

在日常生活中，鄰舍是時常要吵架的。吵架不能沒有和事佬，而和事佬最大的任務便是研究出一個臉皮均勢的新局面來，就好比歐洲的政治家，遇到國際糾紛的時候，不能不研究出一個權力均勢的新局面來一樣。遇到這種案件的時候，和事佬的目的絕不在公平的解決，使權利義務各有所歸，而在把面子在當事的雙方分配一下。至於公平處理，雖然有它的好處，但在東方人看來，往往認為是不可能的。在民事法院上，這條臉皮均勢的原則是一樣的適用，大部分的官司，歸根究底，總是求一個平手，兩不相虧，各不傷臉。

既然大家都有面子，所以一定要相互照顧。為了保全臉面，人與人相處就須十分小心了，要善於察言觀色，領悟別人的話外之音，而不能過分相信自己的直覺。為了防範小人，以免傷了自己，於是大家逐漸掌握了一套很有應用價值的「會議語言」——在會議或其他公開場合向大家表白的語言，其特點是謙虛、圓滑、空泛。

謙虛的語言如：我是來學習、取經的；拋磚引玉，難免有錯，敬請指教等等，其作用是避免人家說你自負、驕傲，且可做免戰牌之用。

圓滑的語言如：雖然……但是；一分為二；原則上同意等等，其作用是避免任何可能的偏頗，把思想鋒芒藏起來，讓人抓不到話柄。

第二十八計　明理自律

曹操驕橫失西川

　　三國初期，盤踞漢中地區的漢寧太守張魯，打算奪取西川，擴大勢力，好登上「漢寧王」的寶座。益州牧劉璋急派別駕張松到許都向曹操求援。張松除了攜帶一批準備獻給曹操的金銀珍寶以外，還暗地藏了一幅西川的地形詳圖。由於劉璋糊塗而又懦弱，當時川中的有識之士都感到在群雄競爭的形勢下，劉璋絕對保不住西川，因此不少人都有另投靠山的打算。

　　張松借出使的機會，帶著這幅極有價值的軍事地圖，就是有這種打算。張松一行到了許都，被接待在驛館裡，等了三天才得到接見的通知，心中很有些不高興，而且丞相府的上下侍從都公開索賄，才肯引見，這使得張松更加暗自搖頭。

　　曹操傲慢的接受了張松的拜見，然後責問說：「你的主人劉璋，為什麼這幾年都不來進貢？」張松巧妙的解釋：「因為道路很難走，賊寇又多，常常攔路搶劫，不能通過。」

　　曹操大聲喝斥說：「我已掃清中原地區，哪裡還有什麼賊寇！分明是捏造藉口。」張松是西川有名的人物，身高雖還不滿五尺，但嗓音洪亮，說話有如銅鐘之聲。他書讀得很多，有超人的見解，以富有膽識聞名。自來許都後，發現曹操那樣慢待地方來客，心中早已不快；今天又見曹操這般蠻橫，便斷了向他投奔的念頭，決心教訓他一番，然後走人。曹操剛講完話，張松嘿嘿一笑說：「目前江

第二十八計　明理自律

南還有孫權，北方存在張魯，西面站著劉備，他們中間擁有軍隊最少的也有十餘萬人，這算得上太平嗎？」

這一段搶白頓時使曹操窘得說不出話來。曹操一開始見到張松，覺得他個子小，面孔猥猥瑣瑣，已有五分不喜歡，現在又發現他言語衝撞，讓人很不高興，於是一甩袖子，起身走進後堂去了。

曹操左右的人紛紛責怪張松無禮，不該這樣頂撞，張松冷笑一聲說：「我們西川可惜沒有會說奉承討好言辭的人！」這句話不打緊，立即召來一聲大喝：「你們西川人不會奉承討好，難道我們就有這樣的人嗎？」張松轉眼一看，這人生得單眉細眼，貌白神清，請教姓名，原來是丞相門下的掌庫主簿楊修。張松過去聽說過他是朝廷太尉楊彪的兒子，博學善辯，不覺有心難他一難，楊修也一向自命不凡，但發現張松不是一般人物，於是就邀請張松到旁邊書院裡會上一會兒。

兩人坐定後，楊修略作寒暄說：「出川的道路崎嶇，先生遠來一定很辛苦。」

張松表示：「奉主人的命令辦事，雖赴湯蹈火，也不能推辭啊！」

楊修存心考考張松的知識，詢問說：「川中的風土民情怎樣？」

張松察覺對方的用意，便故作賣弄的回答：「川中原是西方的一郡，地稱為益州。錦江的道路險峻，劍閣的地勢雄壯。周圍二百八十條道路，縱橫三萬多里，人煙稠密，到處聽得到雞啼狗叫的聲音；市場繁榮，抬頭看得到四通八達的街巷。土地肥沃，沒有什麼水旱災害；人民富裕，文化生活十分發達。加之物產堆積如山，是任何地方都比不上的啊！」

楊修接著又詢問一句：「川中的人才怎麼樣？」

張松越加得意的說：「西川歷史上出現過大辭賦家司馬相如、名將馬援、『醫聖』張仲景和著名陰陽家嚴君平。其他三教九流、出類拔萃的人才，數也數不完！」

楊修逼近一句：「那麼當今劉璋手下，像你這樣的人還有幾個？」

張松一聳肩說：「文武全才、有智有勇、為人忠義慷慨的，有幾百人之多。像我這樣無能的，更是車載斗量，難以計算了。」

楊修又問一句：「先生現在擔任什麼職務？」

張松謙虛的回答說：「濫充一名別駕，很不稱職。」迅速反問：「敢問楊先生在朝廷裡擔任什麼職務？」

楊修回答說：「在丞相府裡擔任一名主簿。」

張松不客氣的反撲過來：「楊先生的上代擔任國家高級官員，為什麼不到朝廷裡任職，直接協助皇帝工作，卻屈屈在丞相府裡幹這樣一個小官！」

楊修聽了這話，滿臉慚愧，硬著頭皮勉強解釋說：「我雖然職位不高，但蒙丞相將處理軍政錢糧的重任交付給我；而且早晚還可以得到丞相的教誨，很受啟發，所以就接受了這個職位。」

張松聽到這句話，乾笑一聲說：「我聽說曹丞相文的方面不明白孔孟之道，武的方面不了解孫武、吳起的兵法，僅僅依靠強橫霸道取得宰相的高位，哪能有什麼教誨來啟發閣下呢？」

楊修一本正經的說：「不對，先生居住在邊地，怎能知道丞相的傑出才幹呢？我不妨讓你開開眼界。」說著，叫手下人從書箱裡拿出一卷書來，遞給張松。張松書名題作《孟德新書》，於是從頭到尾翻了一遍，其中共有十三篇，都是談論戰爭中的重要策略的。誰知張松看完，頗有些不以為然的對楊修說：「楊先生怎樣看待這部書呢？」

楊修不無炫耀地回答：「這是曹丞相博古通今，模仿十三篇《孫子兵法》寫成的。你看這部書可以傳之不朽嗎？」

張松竟揚聲笑了起來：「我們西川三尺高的孩子都能把這部書背下來，怎能說是『新書』呢！這原是戰國時代一位無名氏的作品，曹丞相把它盜用來表現自己得才學，這只能騙騙閣下罷了！」

楊修不無嗔怪的說：「這完全是丞相自己寫成的，先生說什麼川中的孩子都能背誦，欺人太甚了吧！」

不料張松立即應聲說：「先生如果不信，我馬上背給你聽。」說著，即合起書來，從頭到尾將書中全部字句背誦了一遍，一字不差。

楊修這時才大吃一驚說：「張先生過目不忘，真是天下的奇才啊！」

後來，楊修在曹操面前誇讚張松，建議主公重新接見張松。終因雙方的觀點

第二十八計　明理自律

差距太大，張松又諷刺了曹操一頓，然後離開許都，把身上帶著的那張十分有價值的地圖獻給劉備去了。

可惜曹操一輩子都在搜羅人才，一輩子都想消滅掉劉備，卻因為自己難於明理自律，一時的驕矜而助了劉備一臂之力。

曹咎性情暴躁，不遵將令吃敗仗

漢高祖三年，歷史上著名的楚漢之爭已持續了三年。這年九月，楚霸王項羽在西面戰場猛攻劉邦漢軍的時候，背後的彭越軍卻壯大起來，給項羽造成了巨大壓力，使他煩躁不安。

彭越原與項羽一起參加過反秦戰爭，戰功卓著。但在推翻秦朝後，項羽卻沒有封他為王，彭越懷恨在心。這時，他與劉邦的漢軍聯合，接連攻下了睢陽等十七個城，威脅項羽。為了安定後方，項羽決定親自帶軍回師東征彭越。他把留守成皋前線的任務交給大將曹咎，叮囑說：「一定要守住成皋。如劉邦來挑戰，千萬謹慎，不要出戰，只要阻住他東進就行了。」

成皋是險要地段，那裡又設有糧庫，戰略地位上十分重要。項羽實在放心不下，臨行又對曹咎說：「我在半個月內，一定擊敗彭越，回來與你共同出擊劉邦。切勿輕率出戰。」

然而，作戰並非如項羽想的那樣順利，直到第二年十月，項羽仍未返回成皋。此時，劉邦就乘機率領漢軍渡過黃河，向成皋的楚軍發動進攻。

起初，曹咎還遵守項羽的軍令，儘管漢軍一次再次的挑戰，他謹慎的堅守城池，不准任何人出城與漢軍交戰。劉邦達不到正面交戰的目的，就改變策略。他知道曹咎性情暴躁，有勇無謀，就針對這個弱點，設法把楚軍引出城來，然後予以消滅。

於是，劉邦派一部分士卒到楚軍城邊叫罵，嘲笑曹咎膽小如鼠，躲在城中不敢出來。連續叫罵了數天，曹咎實在忍不住這口氣，竟把項羽叮囑的謹慎行事忘得一乾二淨，一般傲氣上升，就下令楚軍出城作戰。

漢軍已經休整了數月，此時見楚軍中計出城，稍一接觸，就佯裝戰敗，退向

成皋附近的汜水對岸。曹咎見漢軍不堪一擊，驕橫之氣更盛，指揮楚軍渡汜水追擊。在汜水對岸以逸待勞的漢軍乘楚軍渡至河中心時，立即集中兵力向楚軍發起了猛烈的攻擊。楚軍前進不得，後退不及，被殺得大敗，幾乎全部戰死溺水。曹咎自知違反了軍令，就在汜水上自殺身亡。劉邦乘勝奪得成皋。

這一仗，使項羽失去了戰略要衝和儲糧基地，楚強漢弱的局面從此開始改變。

董卓貪戀女色引殺身之禍

西元一八九年，在鎮壓黃巾起義中卓有「戰功」的董卓，率兵進入了洛陽，廢掉漢少帝，立獻帝，獨攬朝中大權。

董卓看出丁原是他專權的障礙，遂起殺機，收買了丁原的部將呂布，將丁原殺死。從此，董卓權傾朝野，為所欲為，竟然犯下指揮士兵屠殺無辜百姓的暴行。董卓的殘暴專橫犯了眾怒，統治集團內部產生了分裂。

司徒王允表面上效忠董卓，暗地裡卻對他恨之入骨，時刻想除掉他，但苦於一時沒有良策，一直心情不暢。一天晚上獨自在後花園中散步，忽聞花叢後有輕微的嘆息聲，王允頓覺奇怪，輕步上前一看，原來是養女貂嬋在嘆息流淚。

貂嬋自幼喪父，來到王允府中學習技藝，不但長得出眾，而且十分聰明伶俐，很得王允的喜歡，大了以後被王允收為養女。

貂嬋看王允到來，急忙起身拜見。王允愛憐的問道：「是什麼事使妳這樣傷心，夜深人靜在這裡嘆息？」貂嬋回答說：「這些年來您一直待我如親生女，我今生今世也報答不完大人的養育之恩，總想著能有機會為您效力。近來看到您心事重重，好像有什麼大事發生，但又不敢動問，所以只好在夜晚向上天祈禱，望能為大人分憂。」

一番話聽得王允十分驚訝，萬沒想到平日只會跳舞彈琴的貂嬋，竟然暗自希望替自己分憂，於是道：「妳心裡真是這樣想的嗎？」貂嬋見王允略有猶豫的意思，有些發急的說：「只要能為您分憂解難，我就是粉身碎骨也在所不辭！」王允輕拍貂嬋，心中頗在感觸：「想不到漢朝的復興還得靠她呢！」

第二十八計　明理自律

　　王允帶著貂嬋來到內室，掩好門窗，然後說：「董卓亂政，權傾朝野，恐怕漢室江山，要為他所得。為了先主的重托，保住漢室江山，唯一的辦法就是盡快除掉董卓，這件事只有靠妳了。」說完淚流滿面，向貂嬋連連稱謝。貂嬋急忙扶住王允說：「只要是您的吩咐，就是刀山火海我也敢闖！」於是王允授意貂嬋對付董卓之計。

　　時過不久，董卓義子大將呂布在府中宴請賓客，王允藉機派人參加，並送去許多珍貴之物。呂布不知身居高官的司徒王允，為何要給自己一個小小的騎都尉送厚禮，於是決定親去王府，一是探明究竟，一是作為道謝。

　　呂布到王府後，受到熱情款待。王允笑著說：「您是天下的英雄，我不過是略表對將軍的敬意而已，區區薄禮，實在不值得將軍掛在心上。」呂布本是見利忘義之人，王允也正是投其所好，才選擇他作為除掉董卓的突破口。

　　聽到王允的稱讚，呂布心裡十分舒暢，話語也多了。王允命貂嬋前來獻酒。經過刻意修飾過的貂嬋，容貌豔麗，楚楚動人，在侍女的攙扶下，由內室款款走出。呂布一見貂嬋不由得兩眼發直，心中暗自說：「真想不到天下竟有如此美女！」呂布看得愣住，直到王允和他說話，才發現自己失態，忙掩飾的問道：「小姐是府中什麼人？」王允漫不經意的回答說：「是小女貂嬋。」隨後讓貂嬋為呂布敬酒。貂嬋為呂布斟滿了一杯酒，裝出一副羞澀的樣子，雙手獻給呂布。呂布連忙接過酒杯，偷看貂嬋，正巧貂嬋也在看他，二人的目光碰到一起。王允見狀心中暗喜，對貂嬋說：「妳陪將軍多喝幾杯，讓將軍盡興，今後我們還要仰仗將軍呢！」然後讓貂嬋坐在身邊。

　　席間二人眉來眼去，有王允在旁又不便開口說話，呂布顯得有些急躁。王允見時機已到，就藉故離開。王允一走只剩呂布和貂嬋二人，呂布心中高興，對貂嬋問長問短，貂嬋都一一回答。這時王允回到席前，暗示貂嬋迴避，貂嬋心領神會，起身向告辭呂布走向內室。

　　呂布按捺不住的問王允說：「小姐真是美麗無比，不知何人有此大福，能娶她做夫人？」王允說：「小女還不曾婚配，我想高攀將軍，不知您意下如何？」說完觀察呂布的反應。呂布一聽大喜過望，急忙向王允參拜說：「岳父大人在上，

請受小婿一拜。」王允扶起呂布說:「將軍不必多禮,待選個良辰吉日,就將小女送過府去成親。」呂布再次拜謝了王允,才滿懷高興的告辭。

呂布如此貪色,他中計也是理所當然的。不知明理自律,害身害已不說,更容易被別人利用。第二天,散朝後王允、董卓走在一起,王允邀請董卓去府上喝酒做客,董卓很痛快的答應了。隔了一天,董卓在侍衛的簇擁下。來到了王允的府邸,王允以隆重的禮節歡迎董卓,然後擺上酒席,分賓主落座,邊飲酒邊交談,氣氛十分融洽。王允不斷奉承董卓功德無量,功高蓋世,聽得董卓心花怒放。

董卓與王允越談越投機,酒興也越來越濃。王允舉手向侍從示意,音樂聲徐徐響起,伴隨著樂曲走出一隊歌女,個個長得國色天香,婀娜多姿,尤其是領隊的那位,更是容顏照人,美若天仙,看得董卓欲仙欲醉,就問王允說:「這位漂亮的歌女是誰啊!」王允說:「是我新買來的歌女,名叫貂嬋。」董卓笑道:「不但人美,名字也悅耳。」一曲終了,王允叫眾人退下,留下貂嬋給董卓敬酒,貂嬋手捧酒杯緩步上前為董卓敬酒,董卓滿臉堆笑問道:「今年多大了?」貂嬋微笑不語,王允在旁說:「今年已經十六歲了,您若是喜歡,就帶回府裡去伺候您吧。」

董卓聽後心中暗喜,但表面上卻假意推辭說:「君子不奪人之美,我怎能這樣做呢?」王允說:「如果您不嫌棄的話,就請收下,這也算是抬舉我了。」董卓見王允確有誠意,就順水推舟的說:「如果我再推辭,就辜負了你的一片好意了,恭敬不如從命。」說完大笑不止。

王允將貂嬋先許呂布又許董卓,一箭雙雕,然後又故意傳出消息,讓呂布知道此事。呂布果然中計,怒氣衝衝找到王允指責道:「您既然已將貂嬋許配於我,為何又送給董卓?」王允見狀四周環顧,見沒有人,就壓低聲音對呂布說:「這裡不便細說,請將軍隨我回府。」說完就同呂布一同回到王府。

呂布迫不及待的問道:「有人親眼看見貂嬋在太師府中,這難道是假的不成?」王允見呂布怒火中燒,更不急於回答,給呂布讓坐後,又命人獻茶,然後才一副無可奈何的架勢說:「前幾天太師來我府中飲酒,席間說見見我的女兒,

第二十八計　明理自律

我不好拒絕，就讓小女出來給太師敬酒。

誰知太師見後，就十分喜愛，說府中缺人侍侯，暫時讓她過去，待找到合適的人，再送她回來，太師的要求我怎能違抗呢？」

呂布見王允說的合情合理，無可指責，就向王允賠罪，然後離去。呂布回府後，坐臥不安，夜不能寐，第二天一早就藉故來到太師府打探消息。侍衛先告訴呂布，太師新得美人，還未起床呢，呂布聽後心如刀割，但又不敢過於放肆，急得在大廳中團團轉。

過了些時候，董卓來到大廳問呂布是否有事，呂布謊稱剛剛聽人說太師得了美人，特前來賀喜，董卓聽後，稱讚呂布有孝心，並讓貂嬋出來相見。貂嬋在呂布面前裝出愁眉不展的樣子，趁董卓不察時，用手指向自己的心口，然後又指呂布。呂布領會貂嬋的示意，心中更加淒苦。董卓見已到上朝的時候，就和呂布一同而行。見過皇帝後，董卓留在朝中處理政務，呂布藉機來到太師府找貂嬋。

二人相見百感交集，到了僻靜處貂嬋淚流滿面，痛不欲生得對呂布說：「我今天見了將軍一面，死也甘心，本想侍奉將軍一生，看來今世是不可能了！」說完就要尋死。呂布急忙拉住貂嬋，流著淚說；「請妳放心，我一定將妳救出來，否則的話誓不為人！」貂嬋聽後撲向呂布說：「將軍待我真是恩重如山，如能將我救出來回到將軍身邊，就再也沒人敢欺負我了。若不能實現，真就沒什麼指望了。」貂嬋越說越傷心，哭泣不止。

正在二人難捨難分之際，董卓突然從外面進來，見到他們情意綿綿的樣子，氣得大喝一聲直奔過來。呂布見勢不妙，扔下貂嬋向外逃走。

董卓站在府門望著逃去的呂布，氣得怒目橫對。這時董卓的謀士李儒來到門前，看到董卓怒氣衝衝的樣子就問發生了什麼事，董卓一言不發的來到書房。李儒隨後跟了進來，站立一旁，這時董卓才對李儒說明發怒的原因，揚言非殺了呂布不可。

李儒聽完董卓的話，笑著勸道：「太師怎麼能為這點小事殺人呢？貂嬋不過是個歌女而已，呂布可是朝中猛將啊！不可以因小失大。我看不如來個順水推舟把貂嬋送給呂布，這樣便可使呂布感激您，一生都為您效勞。」這時董卓的氣已

經消了一半，覺得李儒的話確實有些道理，就來到貂嬋的臥室想問清緣由。

董卓見貂嬋仍在哭泣，就先勸慰了一番，然後說：「既然呂布對你有意，我就成全你們吧。」剛剛止住哭聲的貂嬋，聽了董卓的話又哭了起來，說自己並無意於呂布，是他強行對自己無禮，自己是想誠心誠意伺候太師，如果真要將她送給呂布的話，寧可一死以報太師之恩。董卓聽了貂嬋的一番哭訴，以為自己所見到的並不是兩人有私情，氣也全消了，又見貂嬋對自己如此忠心，很是高興，向貂嬋保證以後再也沒人敢欺負她。貂嬋也破涕為笑。

董卓對李儒的話並沒有完全聽進去。他還是不忍已到手的美人成為他人懷中物。如果他此時明理自律不為女色所惑，毅然決然的把貂嬋賜與呂布，哪裡會有後來的殺身之禍？貂嬋的幾滴眼淚就讓他把李儒的勸告拋到九霄雲外去了，只圖享樂，還忍什麼？什麼也忍不了。

第二天，王允將呂布請到府中，若無其事的與呂布閒談，呂佈滿臉愁容，心情沮喪，王允假裝不知，問呂布因何事而悶悶不樂，呂布就將昨天在太師府中發生的一幕，詳細的告訴了王允。

王允聽後，故意氣憤的說：「想不到董卓已經荒淫霸道到如此地步，連自己兒子的妻子都要強娶，這不但使我無臉見人，這也是對將軍的侮辱啊！」

呂布憤恨的說：「我真想殺了這老賊，可又怕別人議論，終究我們有父子之名啊！」王允說：「將軍說的有道理，看來我們只好任人欺辱了。」王允的話聽起來是像在贊同呂布，實際上則起到了火上澆油的作用。他十分清楚呂布的為人，不但不講情義，素來以天下無敵而自居，不將別人放在眼裡，心胸狹窄，性格暴躁，這奪妻之恨怎能忍得下？

不出所料，王允的話音剛落，呂布就拍案而起，手握劍柄，滿臉殺氣，咬牙說道：」我一定殺了他，報奪妻之仇！」王允見呂布決心已下，又燒了一把火，說：「將軍如果殺了董卓不但報了仇，重要的是為國家除去一害，可以名留千古啊！」呂布伏地而拜，表示願意聽從王允調遣。

等待數日，行動的機會終於來了。皇帝大病初愈，準備臨朝召見文武官員，眾臣奉命進朝拜。

第二十八計　明理自律

　　董卓由太師府乘車去未央宮，隨身侍衛前呼後擁，道路兩旁兵士林立。董卓自從專權以來，誅殺異己，暴虐百姓，自己知道樹敵太多，為防暗算，每次出門外行，都內穿護身甲衣，以防不測。今天雖然有重兵護衛，仍然格外小心。

　　董卓的馬車行至中途，王允的心腹李肅向眾人發出了行動的暗號，緊接著飛步上前拔出佩劍，向董卓刺去，卻不料堅實的甲衣擋住了利劍，董卓由車上迅速站起，將李肅擊倒在地。這時眾人持刀上前向董卓砍去，董卓一一躲過。情況非常危機，董卓大叫呂布護駕，呂布大聲說道：「聖上有旨，誅殺賊臣董卓！」話音未落，呂布長戟已刺進董卓的咽喉，李肅上前一刀割下董卓的頭。

　　董卓被殺的原因一是暴政專權，引起眾憤，二是統治集團內部，爭權奪利互相傾軋，而董卓又不明理自律，因為貪戀女色遭到殺身之禍，最後一點是根本的原因。

　　當時王允和董卓在力量對比上，是敵強我弱，而且相差懸殊。如果以武力要達到除掉董卓的目的，希望甚微，於是王允採取了瓦解董卓內部勢力的策略，利用貂嬋製造董卓和呂布之間的矛盾，進而除掉董卓。

第二十九計　忠告悅耳

忠言也要順耳

　　與人交往的過程中微笑以待、和善相處是很重要的，但這只是一種前提。要想與某人的關係更進一層，除了一般的關懷和讚美外，還要善於對他的缺點提出善意的批評。對他的不足提出忠告，這樣往往能贏得對方的信任，甚至將自己視為他的知己。

　　良藥苦口利於病，忠言逆耳利於行。忠告的話聽起來一般都讓人難以接受，甚至會引起反感或者抵抗，取得相反的效果。商朝末年，紂王昏庸無道，丞相比干多次進諫，紂王非但不聽，還下令將比干剖心處死。在職場中，對上司提出忠告很有可能遭致他的嫉妒，結果導致自己被開除；對於下屬的忠告也往往會引起他們的不滿情緒。那麼，該怎麼進行忠告呢？

　　忠告首先應該是對他誠心誠意的關懷。當你對某人提出批評時，如果對方發現你並不是為了關心他才批評他，而是出於你個人的某種意圖，他馬上會站到與你敵對的立場上。

　　忠告要想獲得成功，必須了解真實情況，不要捕風捉影。只有了解了事實，你才能清楚的判斷是否有必要提出忠告，提出忠告的角度要怎麼選擇，提出忠告以後會有怎樣的效果。如果你是公司的一位職員，你對公司的計畫背景缺乏了解就對其提出自己的看法，你不可能獲得上司的信賴，相反，他會認為你思考問題

第二十九計　忠告悅耳

不夠周到。不了解朋友的意圖就對他的行為妄加非議，他會認為你對他沒有盡到一個朋友的責任。

　　憑藉聽到的資訊忠告別人，容易引起誤解。這時補救的辦法是與他溝通，聽聽他怎麼說，等了解清楚事實之後再想辦法消除誤解。掌握了事實真相和對方的心理，就該拿出勇氣來忠告，指出他應該改善的錯處。當然要注意你的措辭，得罪了人是無法取得成功的。

　　「現在的年輕人自以為是」「別理他，反正我們沒有損失」，「這樣太可笑了……」作為一名領導人，諸如此類的措辭永遠都是失敗的，上司有指導屬下的義務，對下屬應有深切的愛護之情，以懇切的忠告作為幫助他們進步的動力，能夠很快的獲得愉快的人際關係，如果害怕得罪人，一味的保持緘默，做個老好人，最終無法獲得良好的人際關係。

　　對人提出忠告的時候，應該抱著體諒的心情。他雖然在某些方面做得不對，但是他可能有難言的苦衷。所以在提出忠告的時候，還要體諒他的難處，不要一味的強求或大加責難。必要的時候要深入他的內心，幫助他徹底的解決心病。

　　要注意切忌在大庭廣眾之下提出忠告。因為提出忠告的時候必然涉及他的短處，觸動他的傷疤，而每個人都有自尊心，被當眾揭短時，在面子上很容易下不了台，從而很容易產生抵觸情緒。

　　在這種情況下，即使你是善意的，他也會認為你是在故意讓他當眾出洋相。在當事人感情衝動的時候不適合提出忠告，因為在他衝動的時候，理智起不到半點作用，他也判斷不清你的用意。這時提出忠告，不僅不能解決問題，反而火上燒油。

　　提出忠告的時候，要注意簡潔中肯，按照「一時一事」的原則。若是再加上回溯起對方過去的缺失，再予以責備，當然會引起對方的反感，不理睬你的好心了。所以要掌握重點，不要隨便提及其它無關的事情是很重要的原則。

　　在提出忠告的時候要給對方留有餘地，不要把他指責得一無是處，否則很容易引起他的逆反心理，「既然我已經這樣了，那就乾脆一錯到底」。最後反而不如不提忠告。必要的時候可以多列舉對方的一些優點，比如，你可以這樣說：「你

平時工作努力，表現積極，唯一的缺點就是思考問題的時候稍微草率了一點，如果你思考問題再慎重些，就很有前途了。」用這種口氣跟他說話，他會備受鼓舞，很容易的接受你的忠告。

忠言逆耳，你的一句話可能贏得他的尊敬，也有可能招來殺身之禍，因而在提出忠告時，要注意策略，慎之又慎，把忠言逆耳變成忠言順耳。

不要直率指出對方的錯誤

想要改變人的態度，實際上就意味著他人的態度不符合我們的要求。或者說，你之所以要改變對方的態度，是因為你認為他的態度是不好的，甚至是錯誤的。即使如此，你也要切記：在勸說對方的時候，不要直率的說「你錯了」，或者說「你不應該持有這種不正確的態度」之類的話。如果你這樣說了，不但改變不了對方的態度，還會弄巧成拙，招致對方的反感或產生敵對的情緒。

因為人們一般都有肯定自己的傾向，渴望自己的能力為別人所承認，並確信自己的態度和行為是「合理的」。如果我們在勸說時不照顧別人的這種自尊心，開門見山，直截了當的說：「你錯了，理由有如下幾條」。這等於完全否定了對方的能力，說對方愚蠢，是個笨蛋，不能正確的認識、分析各種問題，結果只能傷害對方的自尊心，使他感到丟失了顏面，喪失了尊嚴。這時，縱使你掏出心給他看，也往往無濟於事，他可能不再聽你的勸說，而是努力防衛或抗拒，以挽回丟失的面子，重新樹立自己的尊嚴。為此，他會為自己的態度找出種種辯護理由，甚至強詞奪理。

我們自己也可以平心靜氣的想，如果我們已經覺得自己真的錯了，可是，還有人不顧我們的自尊，一再的指出我們的錯誤，那麼，我們是不是也會覺得難堪，甚至有可能奮起反擊，頑固的申辯說自己是對的呢？又有誰不想努力的保護自我的形象，以免使它受到傷害呢？

這就是說，人人都有自我保護的「本能」，都忌諱別人直接指出自己的錯誤。既然如此，我們在勸說別人的時候，就得多加注意，不要輕易讓「你錯了」說出口，尤其是千萬不要強迫人家當面承認錯誤，而是要採取一些溫和委婉的形

第二十九計　忠告悅耳

式,巧妙的暗示出他錯在哪兒。比如,在剛開始交談時就說:「我有一個不太成熟的想法,請你幫我分析分析,看看可行不可行?」這樣,對方對你的問題可能會被引起好奇心,不知不覺的與你討論起來。在討論的過程中,你就可以藉機的推銷你的產品了。當然,為了不引起對方的戒心,在開始交談的時候,還需要扯一些與主題無關的「家常話」,這是一個必要的「預熱」過程。這是出於對對方的尊重。這樣一來,才容易讓對方接受你的勸告。

總之,在想要改變人家的態度時,一定要注意維護對方的面子,保持他的尊嚴。過分的直率的指出對方的錯誤,等於剝奪了對方的尊嚴,撕破了對方的顏面,也等於宣布自己是不被對方歡迎的人,這樣,即使你的意見再好再有用,也難以讓它發揮出「效益」來。

學會用委婉的語言解決矛盾

小倆口過日子難免會磕磕絆絆,在處理這些矛盾時,不應過於任性,口無遮攔,而應顧忌自己的行為後果,有的時候不妨來一個「曲線救家」。比如說,掌管「家庭財政」的妻子一旦發現了丈夫祕密存放的私房錢後該怎麼辦?顯然,如果怒容相對、歇斯底里一通大鬧,勢必會影響夫妻之間的感情,使家庭蒙上陰影;但若麻木不仁、聽之任之,又失去了作為一個妻子的家庭責任感。如何處理才既不影響夫妻感情,又不失妻子應有的家庭責任感呢?

一、投石問路,試探反應。

不直接詢問或揭穿丈夫的祕密,而是採用其他途徑跟丈夫溝通。這樣做的好處起碼有三個:一是讓丈夫暗中下了「台階」,使丈夫不至於陷入尷尬境地;二是給丈夫留有思考和處理問題的餘地,防止夫妻之間發生正面衝突;三是表現了對丈夫的信任和應負的責任。這方法較好的保留了丈夫的面子,不傷夫妻之間的感情,能夠促使丈夫自覺的吐露存私房錢的用意。有位先生與妻子感情頗深。一次,其妻在整理丈夫的書架時,無意間發現丈夫的書籍裡夾有五千元。其妻想:平時未聽丈夫說起過這筆錢,那麼,他存私房錢有什麼用?於是,這位頗有心

計的妻子在丈夫的私房錢旁留下了一張紙條：「你存得好辛苦啊，不過，我相信你不會亂花！」一連數日，妻子都像沒事一樣。直到有一天，丈夫又往書中放錢時，發現了妻子的紙條，才主動跟妻子坦白：「你終於發現了我的祕密，這是我用稿費存的錢。我看你嫁給我後省吃儉用，沒有一件首飾，所以，我想等攢夠了錢給你買條項鍊，給你一個意外的驚喜。」丈夫一席話，說得妻子直流淚。

二、走個「彎路」迂迴探詢。

　　迂迴探詢丈夫存私房錢。最普通的方法是，自己不直接出面詢問，而讓家庭其他成員出面探詢。比如，讓公婆或已懂事的孩子去轉達你的意思，然後等待丈夫的回答。

　　有一名男人平時幾乎把所有的收入都交給妻子，因此，妻子對他絕對放心。然而，有一天，妻子在丈夫書桌的抽屜裡發現了一萬元。妻子疑竇頓生：丈夫對自己一貫忠誠，為何這會兒私下存錢？憑這位妻子當時的怒氣，真想等丈夫回家後狠狠的責問他一頓。可是，她還是冷靜下來，想：如果自己直接責問，丈夫沒了退路，一定非常難堪；再說，丈夫私下存錢，也許有什麼原因。於是，她授意上國中的兒子出面去打探。果然丈夫在妻子面前透了實底：那一萬元是丈夫做一個專案得到的獎金，他打算在岳父七十壽辰時作為壽禮交給妻子。至此，妻子不僅心中的疑竇釋然，誤會消除，而且在心裡升起一股感激之情。

　　夫妻吵架後的「講和」，也可採用曲線和解的策略，維護家庭和睦。可以肯定的說，幾乎沒有人在吵架之後能毫無尷尬之感的對對方說：「別吵了，我們和好吧！」如果真的有人這樣做過，出現下面這種局面的可能性很大，對方眼睛瞪大，更加生氣的說：「你給我氣受的時候怎麼沒想起來講和，把我氣得半死，現在想要和好了，沒那麼容易。」直接了當的講和往往會遭遇失敗，但間接的講和往往會成功。比如丈夫和妻子剛吵了一架，丈夫苦於不知道如何跟妻子和解，正在這關鍵時刻，繈褓中的孩子哭了。妻子趕緊把孩子抱了起來，哄了一會，孩子仍然哭個不停。丈夫趕緊湊過去：「孩子可能餓了。」妻子：「你知道孩子餓了，還不快去沖牛奶！」丈夫沖好了奶粉，調好了溫度走過來把奶瓶遞給妻子，關切的說：「奶沖好了，趕緊餵吧。」這時候，妻子可能會找藉口埋怨那麼一兩句，

第二十九計　忠告悅耳

發洩心中的怒氣：奶這麼燙，能趕緊喂嗎？冷熱你都不知道，奶都沖不好，除了脾氣大，還能做什麼？」對妻子的話，丈夫大可不必計較，因為這些話純粹是平衡心理的需要，是非正式的象徵性外交譴責用語。

「迂迴求和術」當然不是「圈套」，作用在於緩衝吵架的慣性，維護夫妻雙方的面子，還會給小日子增添些情趣和味道，對於加深夫妻感情大有益處。

該原諒時要原諒

《三國演義》周瑜與諸葛亮的故事想來大家不會太陌生。周瑜是東吳的都督，諸葛亮是西蜀的丞相，迫於曹操百萬大軍南下的危急局勢，吳蜀決定聯合抗曹，於是周瑜和諸葛亮走到一起，共商大計。周瑜見諸葛亮才略過人，處處高自己一籌，妒火中燒，對諸葛亮屢次刁難加害；但諸葛亮沒有跟周瑜計較個人榮辱得失，而處處以聯合抗曹的大局出發，最後不但打敗了曹操的八十三萬大軍，也機智巧妙的躲過了周瑜的加害。諸葛亮的寬闊胸懷，高尚品格和足智多謀給每一位讀者都留下了深深的印象。

類似的故事，在我國古代可以說不勝枚舉。戰國時期廉頗與藺相如的故事可以說家喻戶曉。藺相如對廉頗的嫉妒誹謗置之不理，容忍迴避，而以國家大義為重，終於促成廉頗醒悟，兩人成為刎頸之交。這種「海納百川，有容乃大」的氣度對我們的處世交友有很重要的指導意義。

人難免會犯些小錯誤，或一時粗心，或因現實錯綜複雜，或個人能力有限，對你產生誤會讓你難堪，這些事情在我們的交往中也許司空見慣。這時我們不要抓住別人的小辮子不放，或者藉機讓對方下不了台。交際中難得的是諒解和寬容，「人之相知，貴在知心」，能夠原諒別人的過失，理解別人的痛處、難處，寬容幾分，忍讓幾分，那麼心胸最狹窄的人也會成為你的朋友。

中國古代一位哲人有一段話世人可能並不陌生，問曰：「世人輕我、騙我、謗我、欺我、笑我、嫉我、辱我、害我，何以處之？」答曰：「惟有敬他、容他、讓他、耐他、隨他、避他、不理他、再待幾年，你且看他。」我們也許不可能如此寬宏大量，也不提倡無原則的一味退讓容忍，只是在交際過程中要有意識的培

養這種寬宏大量，能寬容的就寬容。

　　福特是美國石油大王洛克斐勒的好友，也是幫助他創建石油公司的夥伴之一。但有一次，洛克斐勒與福特合資經商因福特投資過大而慘遭失敗，損失巨大，這使福特很過意不去。有一天，福特走在路上，看到洛克斐勒與其他兩位先生走在他後面。他覺得沒臉回頭，假裝沒有看見他們，一直低頭往前走。這時洛克斐勒叫住了他，走上前拍了拍他的肩，微笑著說：「我們剛才正在談有關你的事情。」福特臉一紅，以為洛克斐勒要責怪他，於是他說：「太對不起了，那實在是一次極大的損失，我們損失了……」想不到洛克斐勒若無其事的回答到：「啊，我們能做到那樣已經難能可貴了，這全靠你處理得當，使我們保存了剩餘的百分之六十的資產，這完全出乎我的意料之外，謝謝你！」

　　洛克斐勒在本該有所責備的地方，不但寬容的原諒對方，而且找出一堆讚美的東西來，這真是出乎福特的意料，也出乎我們的意料，但他這種處世的方法卻給我們留下深刻的印象。

　　原諒是獲得對方好感並獲得友誼的有效方法，是勉勵對方繼續努力的動力源泉。「有容乃大」，當你與對方為某個觀點爭執不下時，你還是要設法克制自己，讓對方充分表明他的立場、觀點和想法，不要在中途打斷他。即使你實在不能贊同對方的觀點，你也要耐心的聆聽，並向他們表示你在盡力理解他們的觀點。

第二十九計　忠告悦耳

第三十計　能屈能伸

成大事者能屈能伸

　　忍，東方生存哲學的一個重要範疇。忍，是一種重要心理素養，說起它就要叫人長噓一口氣。忍之不易也可見生之艱難，亦即在不利的形勢下，條件不允許、不成熟的時候，為了保全自己，為了實現人生事業的目標，人們必須學著忍耐著點。

　　俗話說：「事到臨頭三思最好，怒氣上心一忍為高」；還有一句：「忍得一時之氣，免得百日之憂。」也就是小不忍則亂大謀。

　　「成敗學」應該立起一座思考的島嶼，讓讀者超出生活海洋的水平線，站在俯視人生世事波濤的高處，想人生，想生活──既站在人生的過程看，又站在人生盡頭想；既客觀，也主觀，不抬舉英雄，也不忽視凡人。

　　在過程中看，大智大慧的人都說人生瀟灑點好，先哲老子、莊子皆力主如此。站在人生盡頭想，佛祖則指點迷津，超脫慾念，達到普渡眾生脫離苦海的樂境。簡單的說就是：「放下屠刀立地成佛。」

　　凡人生活，但求吃飽喝足，任爾東西南北風，風風不動我心中，只求老婆孩子熱炕頭。全面的看人生實在只是如此，一半是事實，一半是願望。願望只在心中，事實才在腳下。然而，無論事實不是願望，人都要忍著點。或者還不止要忍著點，有時則要忍受一世。為生活，為理想、為志向，甚至為了日常的閒言碎

第三十計　能屈能伸

語，人都忍受著。發洩的時候固然有，忍受的時候更多，這就是人活得很累的原因，忍辱負重很辛苦。但人總是為了目的而忍受，目的一旦實現，所有的忍受即得到安慰。

忍就是等待

　　人生就是忍受與等待。忍受現時痛苦與壓抑，等待機緣到來實現理想與目的。

　　通常暴躁的人難隱忍，性急的人不能安於等待，常常由於這種天性把事情弄糟了。論其原因，天生的脾氣難以壓抑是一回事，但多少有些不明於世事也是原因之一。常言道：「事理通達，心平氣和。」真正做到這樣，在人生不利的時候能忍受、等待，不急不躁，既是明白人，也是追求事業成功的意志力表現，當然也是學習得來的好脾氣。

　　凡是一個有抱負，有才華的人，要實現自己的目標，在無所作為的時候，總是得忍受等待的煎熬。三國時期曹操的死對頭劉備，是一個能忍、會等待的人。走投無路的時候，他到曹操門下棲身，正好，曹操便死死的監視他，劉備心裡明白，便也裝著胸無大志。曹操給他右將軍的官兒，他也笑咪咪到任。沒事做，他也不找事，就在公館裡種菜。關羽、張飛天天急得團團轉，籠中鳥，池中魚，什麼時候能脫身呢？劉備叫他們莫急。急則自投羅網，曹操早就準備好要收拾他們，只是沒找到下手處。就這樣，劉備耐心等待機會，甚至曹操和他面對面飲酒，說「天下英雄就只有你我二人」時，劉備嚇得筷子都掉到地上並說他怕打雷。一個大男人連打雷都怕，還能成大事嗎？劉備騙過了曹操，忍受，等待，終於得到領兵進攻呂布的任務。從此，便是鳥飛藍天，龍奔大海了。所以，在處世中，沒有等待就沒有成功。

小不忍則亂大謀，成大事忍亦不可避免

　　劉備對曹操的忍耐，這一事例本身就有小不忍則亂大謀的意義，不過我們剛才只是談一種人生態度，但小不忍則亂大謀強調的只是一種謀略。小不忍則亂大謀最著名的例子莫過於春秋戰國時的三位英雄所作所為。一是勾踐臥薪嘗膽，一是孫臏裝瘋，再就是范雎裝死。

　　首先是勾踐，他忍受屈辱的故事，使他成為中國歷史上忍辱發憤的代名詞。作為越國君王，只要利於恢復他已經滅亡的國家，他什麼屈辱都能忍受，什麼苦都能吃。在這裡人不能不為自己同類的意志力驚嘆！他心甘情願的給吳王夫差當奴僕，這或者一般落難英雄能做到，但給生病的吳王嘗大便，這就不是一般人能做到的，而尤其是英雄人物寧死不辱。人爭強好勝無非也就是爭一口氣麼？給敵人嘗大便，即便將來反為勝，在敵人面前，還有何威風可逞？但勾踐似乎不考慮這些，對他來說惟有成功才是實實在在的。因此，當他騙得吳王的信任，獲得自由，回越國後仍能一如既往的忍受吳國強加給他與越國的屈辱，他絕不因為稍有自由與權力就張狂起來。他甚至讓自己睡在柴草上，在屋梁上吊一個豬膽，天天不斷的品嘗，以此深思人生事業的艱難。也真是皇天不負有心人，不到十年工夫他就報仇雪恨了。他成功了，他臥薪嘗膽的故事給歷史與後人無窮的思考。

　　再就是孫臏與范雎。孫臏的忍，在於裝瘋，不惜吃豬糞以蒙騙龐涓，從而躲過大難，逃到齊國，最後打敗龐涓，使龐涓自殺身亡。范雎原本是魏國大夫須賈的門客。他和須賈一起出使齊國。齊襄王在接見中發現范雎很有才幹，就背地裡派人去找范雎勸他留在齊國做事，范雎謝絕了。後來為了這事，須賈懷疑范雎私通齊國，就向魏國丞相魏齊告狀，說范雎私通外國。魏齊就將范雎嚴刑拷打，後來看他沒氣了，魏齊就叫人用破席把范雎裹起來，扔在廁所裡。范雎其實只是暈過去了。夜裡醒來，買通看守士兵逃回家，養好傷又改名張祿逃到秦國。他向秦昭襄王獻「遠交近攻」之計，並當上了秦國丞相。使秦國更加強大，並把魏國作為主要進攻目標。

　　如果孫臏和范雎遇事不能忍辱也許早就沒命了，也就無從說起日後功成名就與報仇雪恨。孫臏、范雎和勾踐三個人忍字都是為謀，無謀即無忍。謀之必要，

第三十計　能屈能伸

忍亦不可避免！

宰相肚裡能撐船

　　匹夫見辱，拔劍而起，這是導致失敗的根源，它表現了人的器量窄小。小不忍則亂大謀，忍的最要緊之處就是要忍得住，所以忍就是要有一種寬大的胸襟與器量。它以退為進，並以此預示後來的成敗，這也就成了弱者與強者的一種差別了。所以忍也絕不意味著只咽氣不吐出來。所謂吐出來，如越王勾踐等那樣，是一種揚眉吐氣法。當然平常人們忍一時之氣，則常常要時間和事實來證明結果。總之，要做到忍得下，看得透，就要宰相肚裡能撐船。

　　可以講講曹操對禰衡的態度，這故事叫「擊鼓罵曹」。禰衡罵曹操，以及他所有對曹操的做法，乃至對東漢末年各地軍閥的看法，都有他的道理，其人品、才能在當時都是第一流的。但曹操面對禰衡放肆的羞辱，為了顧全大局，把所有受到的汙辱都忍下去了，也確實表現了宰相肚裡能撐船的雅量。當時的情景，兩人較勁的起因其實很簡單。曹操請禰衡，實際想讓他做個軍務祕書長，動機是好的。但請人家來曹操卻不請人家坐，這就傷害了禰衡。接著禰衡就挖苦曹操手下無能人，並自誇其才能。曹操大權在握，就要禰衡給他擊鼓，以此羞辱禰衡，禰衡也不拒絕。

　　擊鼓應換新衣，按規定儀式進行，可禰衡只穿隨身衣服。儘管這樣，禰衡到底是才子，他擊了一曲《漁陽三弄》，讓在座的人感動得落淚。曹操手下的人堅持要禰衡換新衣，禰衡卻乾脆裸體擊鼓，以此辱罵曹操是國賊。

　　此時一片喊殺聲，但曹操很冷靜，他容忍了禰衡，他不能因為殺一個手無寸鐵的禰衡，背上忌才害賢的罪名，使天下人才對他望而卻步。如果說這時曹操明智，倒不如說他度量大。他派給禰衡了一項工作，去勸說荊州劉表前來投降，並派他手下重要謀士荀彧給禰衡送行。這一系列的事情曹操都做得很好。

　　事實上，無論大人物平凡人做事胸襟寬闊都是必要的，所謂容人無量。而對於領袖人物來說尤其如此。由此，也可以得出一種結論：成大事者尤其要忍。

最痛苦的是忍，最好的方法是也忍

　　求人時不能立竿見影，很多朋友就心浮氣燥，殊不知此時正是考驗你的心理素養是否到家的時候了，「忍人之所不能忍，方能為人所不能為」。

　　忍之一字，萬妙之門，漢初名將韓信年輕時家境貧窮，他本人既不會溜鬚拍馬，又不會投機取巧，買賣經商。整天只顧研讀兵書，最後連一天一頓飯也難以有著落，無奈之中他只好背上家傳寶劍，沿街乞討。

　　有個財大氣粗的屠夫看不起韓信這副寒酸迂腐的書生相，故意當眾奚落他說：「你雖然長得人高馬大，又好佩刀帶劍，但不過是個膽小鬼罷了。你要是不怕死，就一劍捅了我；要是怕死，就從我褲襠底下鑽過去。」說罷雙腿張開，立了個馬步。眾人一哄圍上，觀看韓信如何動作。

　　韓信認真的打量著屠夫，想了一想，竟然彎腰趴地，從屠夫褲襠下鑽了過去。街上的人頓時哄然大笑，都說韓信是個膽小鬼。

　　韓信忍氣吞聲，閉門苦讀。幾年後，各地爆發反抗秦王朝統治的大起義，韓信聞風而起，仗劍從軍，爭奪天下威名四揚。韓信忍胯下之辱而圖蓋世功業，成為千秋佳話。假如他當初爭一時之氣，一劍刺死羞辱他的屠夫，按法律處死，則無異於以蓋世將才之命抵償無知狂徒之命。假如他當初圖一時之快，與凌辱他的屠夫鬥毆拼搏，也無異於棄鴻鵠之志而與燕雀爭論。韓信深明此理，寧願忍辱負重，也不願爭一時之短長而毀棄自己長遠的前程。

　　這樣的忍耐，不是屈服，而是退讓中另謀進取；不是逆來順受、甘為人奴，而是委屈求全。一旦時機到了，他就能如同水底潛龍奔騰而起，施展才幹，創建功業。

　　當你在逆境中暴怒、哀怨或者頹廢、自棄的時候，記住二千多年前孟子說的一句醒世恒言：「天將降大任於斯人也，必先苦其心志，勞其筋骨，餓其體膚，空乏其身，行拂亂其所為，所以動心忍性，增益其所不能。」

　　裝聾作啞，扮痴賣傻，聽而不聞，聞而不言，言而不動，求人者必須有相當深厚的心理工夫才能達到這種境界，「大肚能容，容天下難容之事；笑口常開，笑天下可笑之人。」彌勒佛之所以能日進萬金，全仗他心理素養修煉到家了。

第三十計　能屈能伸

化解冷遇有妙方

　　託人辦事受到冷遇很常見。對此，不同的人有不同的反應：或拂袖而去，或糾纏不休，或懷恨在心。這樣的反應其實是不利於辦事的，甚至有時會因小失大，影響辦事效果。因此，先了解受到冷遇的具體情況再做不同的反應，是十分必要的。若按冷遇的成因而分，無非以下三種情況：一是自覺性冷遇，即估計過高，對方未使自己滿意而感到受冷落。二是無意性冷遇，即對方考慮不周，顧此失彼，使人受冷落。三是蓄意性冷遇，即對方存心怠慢，使人難堪。

　　當你被冷落時，要區別情況，弄清原因，再採取以下適當的對策。對於自覺性冷遇，自己應反躬自省，實事求是的看待彼此關係，避免猜度人和嫉恨人。常常有這種情況，在準備求人辦事之前，自以為對方會以熱情接待，可是到現場卻發覺，對方並沒有這樣做。這時，心理就容易產生一種失落感。

　　其實，這種冷遇是對彼此關係估計過高，期望太大而形成的。這種冷遇是「假」冷遇，非「真」冷遇。如遇到這種情況，應重新審視自己的期望值，使之適應彼此關係的客觀水準。這樣就會使自己的心理恢復平靜，心安理得，除去不必要的煩惱。有位朋友到多年不見的一個老同學家去探望。這位老同學如今已是商界的實力人物，每天造訪他的人很多，感到應接不暇很是疲勞。因此，對一般關係的客人，一律不冷不熱待之。

　　這位朋友一心想會受到熱情款待，不料遇到情況卻是不冷不熱，心裡頓時有一種被輕慢的感覺，認為此人太不夠朋友，小坐片刻便藉故離去。他憤憤然的下決心再不與之交往。後來才知道，這是此人在家待客的方針並非針對哪個人的。他再一想，自己並未與人家有過深交，自覺冷落，不過是自作多情罷了。於是又改變了想法，並採取主動姿態與之交往，反而加深了了解，促進了友誼。

　　對於無意性冷遇，應理解和寬恕。在交際場上，有時人多，主人難免照應不周，特別是各類人員同席時，出現顧此失彼的情形是常見的。這時，沒被照顧到的人就會產生被冷落的感覺。當你遇到這種情況，千萬不要責怪對方，更不應拂袖而去，而應設身處地為對方著想，給予充分理解和體諒。比如，有位司機開車送人去做客，主人熱情的把坐車的迎進門，卻把開車的給忘了。開始司機有點生

氣，但轉念一想，在這樣鬧哄哄的場合下，主人疏忽是難免的，並不是有意看低自己，冷落自己。這樣一想氣也就消了，他悄悄的把車開到街上吃了飯。等主人突然想起忘了司機時，他已經吃了飯且又把車停在門外了。主人感到過意不去，一再檢討。司機見狀連忙說自己不習慣大場合，且胃口不好，不能喝酒。這種大度和為主人著想的精神使主人很感動。事後，主人又專門請司機來做客，從此兩人關係不但沒受影響，反而更密切了。這種大度對當事人引起的震撼，會比責備強烈得多，同時還能感召對方改變態度，用實際行動糾正過失，使彼此關係得到發展。

對於有意性冷遇，也要具體情況具體分析，給予恰當處理。一般來說，當眾給來賓冷遇是一種不禮貌行為，而有意冷落人那就是思想意識的問題了。在這種情況下，予以必要的回擊，既是自尊的需要，也是刺激對方、批判錯誤的正當行為。當然，回擊並不一定非得是面對面對罵人不可。理智的回敬是最理想的方法。有這樣一個例子：一天，納斯列金穿著舊衣服去參加宴會。他走進門後，沒人理睬他，更沒人給他安排座位。於是，他回到家裡，把最好的衣服穿起來，又來到宴會上。主人馬上走過來迎接他，安排了一個好位子為他擺了最好的菜。納斯列金把他的外套脫下來，放在餐桌上說：「外衣，吃吧。」主人感到奇怪，問：「你做什麼呢？」他答道；「我在招待我的外衣吃東西。你們這裡的酒和菜不是給衣服吃的嗎？」主人臉一下紅了。納斯列金巧妙的把窘迫還給了冷落他的主人。還有一種方式，就是對有意冷落自己的行為持滿不在乎的態度，以此自我解脫。有時候，對方冷落你是為了激怒你，使你遠離他，而遠離又不是你的意願和選擇。這時，聰明的人會採取不在意的態度，「厚臉皮」的面對冷落，我行我素，以熱制冷，以有禮對無禮，從而使對方改變態度。

受點委屈又何妨

求人辦事往往不是一帆風順，一求即成的。許多朋友因受不了求人失敗的挫折感的折磨，悶悶不樂，長噓短嘆，或者整天抹淚，要死要活，君不見，有些人求人不成，跳樓上吊的都有，這太不值得了。

第三十計　能屈能伸

　　翻看美國名人錄，你就會發現，那些功成名就的人，都曾經歷過許多不順、氣餒、挫折與個人的不幸。

　　從名人的傳記和自傳中，你也可以發現，每個人都可能被挫折擊倒而一蹶不振。或者你可以這麼做：設法去了解你公司的老闆、同學中的佼佼者或任何你認為有成就的人，當你深究他們的背景，你就會發現，每個人都是由挫敗中走過來的。

　　在充滿競爭的時代，一個人要想有所成就，不可能不遭敵對、艱難與挫折，但你可以將這些挫敗作為驅策你向上的動力。平庸的人之所以平庸，就是因為一受挫折，便四平八穩的趴在那，再也爬不起來，或趕緊爬到另外一個地方，再也不願拋頭露面。偉人之所以成為偉人，就在於他被擊倒後一定再爬起來，永遠不服輸，這便是所謂的意志剛強，心理素養良好。

　　世界超級富豪艾科卡經歷了無數的挫折。他曾被自己的老闆亨利・福特貓戲老鼠般的玩弄過，但他挺過來了。他說：「個人的痛苦我可以忍受。但是蓄意對我的人格羞辱實在是太過分。當時我滿腔怒火，我可能作出愚蠢的抉擇，我可以把怒火燒向自己，但其後果不堪設想。我也可以將怒火化為力量，設法有所建樹。」

　　人生有無數的小岔路口，也有幾個真的很大的岔路口，那是生死攸關、是非立斷的關鍵時候，只要能堅持最後五分鐘，你就贏了，一個人的奇蹟往往就是在最後的五分鐘內產生的。只要你能頂住，你就是個真的英雄。

　　有些人本打算一旦遇到某人，便立即把心事向對方訴說一番。不料，見了面將對方的臉色、表情、社會地位和職業作了粗略的判斷後，便緘口不語了。你如果一直保持沉默，別人是無從替你理出解決困難的頭緒的。因此說，我們不論遇到任何事情，不要一開始就抱著灰心的態度，縱使被對方取笑，也無傷大雅，何不道出心中的祕密，說不定可找到擺脫困境的方法。

　　你是不是對任何事情一開始即抱定灰心的態度呢？和朋友一起聊天，不必把心事積壓在心中，不妨說出來讓大夥兒聽聽，也許解決你煩惱的程度將是你意料之外的。中國人相信「風水輪流轉」，即使你真的目前境況不如人，風水輪流

轉，三十年河東，三十年河西，誰能認定你日後不能勝過千千萬萬的人呢？不要被成功人士的架子所嚇倒，要有我是將要成功的人的氣概，這樣，你在求人時才能不卑不亢；也只有這樣，你才能將自己的才能正常的發揮得淋漓盡致。

不要說這是不可能的。這世界本身就是一個皇帝輪流做的迴圈鏈。風水轉過來了，想不成功都不行，這就叫運氣來了門板也擋不住。所以，一定要對自己的美好未來充滿信心，常常以信心激勵行動，再以行動反過來加強信心，如此良性迴圈，就一定能達到最終目的。

小不忍則亂大謀

人非聖賢，誰都無法甩掉七情六欲，離不開柴米油鹽，即使遁入空門，「跳出三界外，不在五行中」也還要「出家人以寬大為懷，善哉！善哉！」不離口。所以，要成就大業，就得分清輕重緩急，大小遠近，該捨的就得忍痛割愛，該忍的就得從長計議，從而實現理想宏願，成就大事，創建大業。中國歷史上劉邦和項羽在稱雄爭霸，建功立業之時，其實就是在「忍小取大，捨近求遠」上見出高下，決出雌雄的。這是一種「忍」的功較量。誰能夠「忍小取大，捨近求遠」，誰就得天下，稱雄於世；誰若剛愎自用，小肚雞腸，誰就失去天下，一敗塗地。宋代著名大文學家蘇東坡在評論楚漢之爭時就曾說：漢高祖劉邦所以能勝，楚霸王項羽所以失敗，關鍵在於能忍與不能忍。項羽能伸不能屈，白白浪費自己百戰百勝的勇猛；劉項之爭，從多方面說明了這一點。劉邦所以成大業是他懂得忍下人之言，忍下個人享樂，忍下一時失敗，忍下個人意氣；而項羽氣大，什麼都難忍難容，不懂得「小不忍則亂大謀」的道理，大業未成身先亡，可悲可嘆！

下面幾件事足以說明劉邦與項羽的不同，楚漢戰爭之前，高陽人酈食其拜見劉邦，獻計獻策，一進門看見劉邦坐在床邊洗腳，便不高興的說：「假如您要消滅無道暴君，就不應該坐著接見長者」。劉邦聽了斥責後，不但沒有勃然大怒，而是趕忙起身，整裝致歉，請酈食其坐上座，虛心求教，並按酈食其的意見去攻打陳留，將秦囤積的糧食弄到手。劉邦圍困宛城時，被困在城裡的陳恢溜出來見劉邦，告訴他圍城與攻城都不如對城內的官吏勸降封官，這樣的化敵為友，就可

第三十計　能屈能伸

以放心西進，先入咸陽為王。劉邦採納了他的意見，使宛城不攻自破。

與劉邦容忍的態度相反，項羽則剛愎自用，自以為是。一個有識之士建議項羽在關中建都以成霸業，項羽不聽。那人走後對外發牢騷：「人們說，『楚人是沐猴而冠』！」結果項羽知道了大怒，立即將那人殺掉。楚軍進攻咸陽時到了新安，只因投降的秦軍有些議論，項羽就起殺心，一夜間把二十多萬秦兵全部活埋，從此以殘暴名聞天下。他怨恨田榮，因此不封他，而立齊相田都為王，導致田榮反叛。他甚至連身邊最忠實的范增也懷疑不用，結果錯過了鴻門宴殺劉邦的機會，最後氣走范增，成了孤家寡人。

劉邦也不是不食人間煙火的聖人，據《史記》記載，劉邦在沛縣鄉里做亭長時，好酒好色。當劉邦軍進了咸陽，將士們紛紛爭著搶著去找皇宮倉庫，往自己的腰包裡揣金銀財寶時，劉邦自己也曾被阿房宮的富麗堂皇和美貌如天仙的宮女弄得眼花繚亂，有些邁不動步了。但在部下樊噲「沛公要打天下還是要當富翁」的提醒下，立時醒悟，忍住了貪圖享樂的念頭，吩咐將士封了倉庫和宮殿，帶著將士仍舊回到灞上的軍營裡。並約法三章，對百姓絲毫不犯，這就使他贏得了民心，得到了民眾的支持。

而項羽一進咸陽，就殺了秦王子嬰，燒了阿房宮，收取了秦宮的金銀財寶，虜獲宮娥美女，據為己有，並帶回關東，相比之下，他怎能不失人心呢？楚漢戰爭中，劉邦的實力遠不如項羽，當項羽聽說劉邦已先入關，怒火沖天，決心要將劉邦的兵力消滅。當時項羽四十萬兵馬駐紮在鴻門，劉邦十萬兵馬駐紮在灞上，雙方只相隔四十里，兵力懸殊，劉邦危在旦夕。在這種情況下，劉邦能做到「得時則行，失時則蟠」。先是由張良陪同去見項羽的叔叔項伯，再三表白自己沒有反對項羽的意思，並與之結成兒女親家，請項伯在項羽面前說句好話。然後，第二天一清早，又帶著張良、樊噲和一百多個隨從，拿著禮物到鴻門去拜見項羽，低聲下聲的賠禮道歉，化解了項羽的怒氣，緩和了和項羽的關係。表面上看，劉邦忍氣吞聲，項羽掙足了面子，實際上劉邦以小忍換來自己和軍隊的安全，贏得了發展和壯大力量的時間。甚至是當自己胸部受了重傷時，劉邦也能忍著傷痛，在楚軍陣前故意弓著腰，摸著腳，罵道：「賊人射中了我的腳趾」。以欺騙敵人，

回到自己大營後又忍著傷痛巡視軍營，來穩定軍心。他在於己不利的條件中的隱忍，對暫時失敗的堅忍，反映了他對敵鬥爭的謀略，也展現了他巨大的心理承受力，這是成就大業者必備的一種心理素養。

相比之下，項羽則能伸不能屈，贏得起而輸不起，所以連連中計，聽到「四面楚歌」，就懷疑楚被漢滅，結果一敗塗地，自己先大放悲歌；被劉邦追到烏江時，一亭長要用船送他過河，他卻認為「天要亡我，我渡過去有什麼用？」自動放棄了重整旗鼓，捲土重來的唯一機會，拔劍自刎而死。這個勇武過人、不可一世的楚霸王，最終被自己打敗。可憐的是，他至死也沒明白，他首先是輸在自己能伸不能屈的性格手裡。

劉邦之所能戰勝項羽還在於劉邦能從大局出發，能忍一時之氣，而項羽不能。有時政治上的得失，軍事上的勝負，就在於一念之間，能不能忍住。劉邦被楚圍困在滎陽時，韓信的使者到了。劉邦以為一定是韓信發兵救援的消息，沒想到打開信一看，是韓信要求劉邦給他封一個假齊王的封號，這下劉邦可氣壞了，大罵「我被困在這裡，日夜盼你發兵援救，你不來救，竟要自立為王......」罵到這裡，站在旁邊的張良、陳平趕緊踩了他一腳，接著對他耳語：「如今你正處在困境中，如何還能禁止韓信稱王呢？既然禁止不住，何不就勢封他為齊王，好好對他，讓他好好的守住齊地，不生二心，若不這樣，恐怕韓信就要反叛。」劉邦聽了，立即將怒氣忍了回去，改口說：「大丈夫興兵平定諸侯各國，要做就做真王，為什麼要做假王呢？」於是派張良持詔書前往，立韓信為齊王，並調韓信的兵來打楚軍，結果扭轉了形勢，使自己由處於不利地位變為有利地位，終於借韓信兵力奪得了天下。如果劉邦不忍這一時之氣，恐怕這段歷史就要重寫了。有人說劉邦是能伸能屈而得天下，並不是沒有道理，成就大業就得心裡能擱事，就得能制怒，忍一時之氣換來全盤勝利，這正是成大業者的氣魄。

楚漢相爭，劉邦以弱得天下，留給後人可供思考的問題相當深刻。我們高度評價劉邦的「忍功」，把它看作是成就大業的必備素養，並不是想讓大家都去爭皇帝。在三百六十行中，行行都有大事業可幹；在芸芸眾生中，人人都想出人頭地。拿破崙曾說：「不想當將軍的士兵，不是一個好的士兵。」只是，對於人們

第三十計　能屈能伸

來說，如果你要想當將軍，最好多學一學劉邦。不然，即使讓你當上了將軍，也難免走項羽的老路。

與項羽不同，司馬懿也是能屈能伸，最終成了大事。三國末期，魏明帝逝世，曹芳即位，就是魏少帝。魏明帝死前委託太尉司馬懿和大將軍曹爽，共同輔佐朝政。少帝年幼，無力親理政事，曹爽和司馬懿集軍政大權於身，共掌朝政。

司馬懿為曹家天下立過汗馬功勞，德高望重，權傾朝野，在朝中有很大的潛在勢力。曹爽則是皇帝國戚，甚得魏明帝的寵信，勢力也是很大，與司馬懿不相上下。初時二人共掌朝政，同心同德，曹爽很敬重司馬懿，遇事多與他商量，不擅權專行，後來曹爽逐漸權高勢重，架空司馬懿，只讓他掛職太傅。二人之間，為權力之爭發生嫌隙，久而久之，發展到水火難容。司馬懿雖然大為不滿，但他深知曹爽重權在手，自己一時難以抗衡，只好暗中組織人馬，以待機行事。而且為迷惑曹爽，便稱病居家，對朝政不聞不問，並告誡二個兒子司馬師和司馬昭，安份守己，不可爭強鬥勝。

時隔不久，傳來邊境告急的軍情，東吳軍隊分兵兩路進攻六安和淮南，請求朝中發兵邊關救急。一時間急得曹爽不知所措，趕緊召集眾臣商議對策。退兵之計還未落實，又傳來急報，樊城又遭東吳攻擊。連連告急，使曹爽如同火上澆油。無計可施，只好以皇帝的名義派人去請司馬懿來朝議事。

司馬懿老謀深算，對戰局瞭若指掌，同時也料定曹爽必來相請，認為藉此時機出戰，一來可以打擊曹爽的氣焰，二來可以樹立自己的威望。司馬懿來到朝中後，決定親自帶兵出征。無計可施的滿朝文武，見司馬懿親征邊關，深信定可退敵，人心振奮，為司馬懿舉行了隆重的出征儀式，曹爽親自將他送出津陽門外。司馬懿率軍直奔樊城，對東吳部隊採取出其不意的突襲，很快打敗了圍城的吳軍，然後又轉戰六安，解了重圍。前後不足一個月，司馬懿就解了邊關之危，班師回朝，聲望大增。

曹爽為了奪取皇位，進一步獨專朝政，排斥異己，在軍機要地安置親信。朝中大臣對曹爽的專橫和野心，雖看得清楚，但敢怒不敢言。曹爽唯一的顧忌就是司馬懿。他命心腹河南尹李勝，借出任荊州刺史之機，以向馬懿辭行為由，前去

探聽虛實。

司馬懿自上次邊關出征得勝回朝後，兵權又被曹爽剝奪，一直採取忍耐退讓的策略，稱病居家，不問政事。得知李勝來訪，便知其實質用意，於是作了一番苦心安排。

李勝來到司馬懿的居室，司馬懿正在侍女的服侍下更衣，只見司馬懿渾身顫抖，久久的穿不上衣服。司馬懿又稱口渴，待侍女捧上粥來，司馬懿以口去接，將粥弄翻，粥流了一身，樣子十分狼狽。李勝說：「聽說太傅風痺舊病復發，沒想到病情竟這樣嚴重，我受皇帝恩典，委為荊州刺史，是特來向太傅告辭的。」

司馬懿故意裝作氣力不濟的樣子說：「我年老體衰，活不了多久。你調任並州，並州臨近胡邦，要多加防範，以免給胡人製造進犯的機會啊！恐怕我們今後再難相見，拜託你今後替我照顧兩個兒子司馬師和司馬昭。」

李勝說：「我是出任荊州，不是並州啊！」

司馬懿又問道：「你不是說並州嗎？」

李勝又重複說：「不是並州，是荊州。」

司馬懿說：「我精神恍惚，沒有聽清楚你的話。憑你的才能，必可以大建一番功業。」

李勝回去後，將所見所聞的詳情告訴了曹爽，並說：「司馬太傅不過是一具沒有斷氣的軀殼而已，身體極其虛弱，神志恍惚不清，這樣的人還有什麼值得顧慮呢？」

曹爽聽後大喜，從此對司馬懿消除戒心，不加防範。不久，魏少帝曹芳前往洛陽南山拜謁魏明帝高平陵，曹爽以及他的弟弟曹義、曹彥和心腹親信一同隨行。

司馬懿見時機已到，就立即發動了兵變，他以太后的名義傳布詔令閉鎖城門。派其子司馬師、司馬昭統領數千禁軍。迅速占領城中要害部位，解除曹爽的親信的兵權。城中被控制後，司馬懿親自出城勸降曹爽，他向曹爽說：「如果你放棄反抗向我投降，我將保留你的性命，否則將會斬殺你的全族，讓你死無完屍。」曹爽部下見司馬懿如此不仁不義，都十分憤慨，紛紛力勸曹爽調兵平定司

第三十計　能屈能伸

馬懿叛變，曹爽猶豫再三，感到自己已落入絕境，沒有能力平叛司馬懿，於是不得向司馬懿投降。曹爽自以為被免除官職後，也可當個隱居坐享清福，然而，事與願違，時過不久，司馬懿以曹爽大逆不道，圖謀篡位的罪名，連同親信黨羽全部誅殺。

這場爭鬥以曹爽慘敗而告終。曹爽失敗的致命錯誤是緊要關頭缺乏冷靜，被司馬懿的「屈」所迷惑。而司馬懿能屈能伸，巧妙的欺騙了曹爽，使其解除戒心，疏於防範，贏得了時間。並在時機成熟之時，不失時機的斷然起事，從而一舉成功。

勾踐能伸能屈，臥薪嘗膽成霸主

越王勾踐臥薪嘗膽，克己復禮的典故眾所周知。當越國戰敗被吳軍圍困在會稽時，眼看就要亡國，勾踐接受了范蠡的建議，忍著屈辱去吳國講和，為了討好吳王夫差，勾踐帶著夫人住在闔閭的王墳旁邊的一間石屋裡，勾踐幫夫差餵馬、牽馬，夫人給吳王充當侍女，夫婦倆畢恭畢敬的伺候吳王，忍受奇恥大辱。對於勾踐來說，由一國之君淪為另一國之君的馬夫，無疑是由天堂掉進地獄。特別是還要連累自己的愛妻同他一道忍受奴隸般的侮辱，任人驅使，這需要多大的忍耐力？但為了等待時機，東山再起，他咬牙忍了足足三年時光，終於使吳王放鬆了警惕，以為他真心歸順了吳國，將他放回越國。回越後，為了報仇雪恥，勾踐再度施行忍功，為了避免被安逸的生活消磨意志，他在吃飯的地方掛上一個苦膽，每餐必嘗一嘗苦膽，還要自問：「勾踐，你忘了會稽之恥了嗎？」睡覺時他將席子撤掉，拿柴草當褥子。勾踐一面自己臥薪嘗膽，一面不斷的給吳王夫差送美女，贈珠寶，消磨吳王的意志。當然，他也不忘練兵與增強國力，經過九年時間的精心策劃和準備，勾踐終於忍到時機成熟的那一天，一舉打敗吳軍，滅了吳國，逼得夫差自殺，自己做了春秋時期的新霸主。臥薪嘗膽說的雖是古代帝王爭霸的故事，但它卻無可辯駁的說明「忍小」是「謀大」的策略和手段。有人或許會說，勾踐所受的差辱夠大的了，犧牲未免太大。但拿一國與一人相比，個人的差辱再大也是小恥，喪權辱國才是大恥。以個人的受辱，忍一時的苦難，而興國

定邦，這就是「以小謀大」。儒家的所謂「克己復禮」就是這個意思，以忍住個人的私欲，恢復和重建一國之「禮」，損失再大也是值得的。

委屈求全化解矛盾

　　凡是有人群的地方就有矛盾。世界這麼擁擠，你不犯人，人還是會犯你。有人安於自己的生存空間，也會無端的受到侵擾、誤解。此時據理力爭完全是正當的。但是這樣一來，往往後果嚴重。這就需要忍耐，委屈求全，這也是對他人生存空間的尊重。在生活中常有這樣的窩囊事發生，比方當人家丟了驢，正在尋找的時候你恰好就在拴驢的樹下乘涼休息。這時候不用用驢的主人懷疑你的清白，就連自己也會感到不好意思起來。越想解釋越解釋不清，驢主人越發堅定自己的懷疑是對的。於是怒從心頭起，惡向膽邊生，爭吵甚至是大打出手，仍舊糾纏不清，只要驢沒找回來，就得繼續爭辯下去，冤冤相報沒完沒了，在鬧心的「持久戰」中誰也別想安寧。即使最後把驢找到了，臉面已撕破，友誼和睦都不復存在了。這種由於誤會而引起的紛爭特別讓人惱火，既傷腦筋又傷和氣，有時甚至帶來破財和殺身之禍。可是我們中國古代的先哲們卻有化解此事的高招，那就是忍。

　　後漢時期有名的義士陳重，是個非常大度能自我犧牲的人。有一次陳重同一個宿舍的人回宿舍時誤將鄰居的褲子帶走了，褲子的主人懷疑是陳重拿的，陳重沒有辯白就買了條新褲子送給那人。傳說陳重一生中做了許多這樣的事，他的一個同事負債累累，有一天債主前來要債，陳重就不聲不響的幫他還清了，而且事後閉口不談此事。可見他替人還一條褲子已經不算什麼大事，問題在於：你明明沒偷，人們卻懷疑你偷，這在面子和人格上就說不過去，更何況陳重不但默認了，頂著小偷的罪名不說，還要誠心誠意的破財替人賠償，是不是太窩囊了呢？其實不是，他暫時犧牲名譽，破了點錢財，消除了鄰居的怨氣，換來的是平安和永久的信任，因為誤會總有解除的時候。

　　以上兩位先人都是當時有名氣有地位的人，他們並沒有做賊，卻被人誣為梁上君子，這是對人格的侮辱，是對自己的不尊重，俗話說：「做賊心虛。」既然

第三十計　能屈能伸

沒有做賊應該氣壯才是。他不尊重你，不分青紅皂白的冤枉你，你也可以不尊重他，和他理論理論，最起碼解釋幾句總可以吧？為什麼非要忍著呢？其實，他們這樣做，正是他們的聰明之處。忍一時委屈，保全了大家的和諧、寧靜，並不會損失什麼，反而會贏得一個更寬闊的心靈空間。

第三十一計　軟磨硬泡

軟磨硬泡達到目的

　　一九四六年四月，土光敏夫被推舉為石川島芝浦透平公司總經理。當時，日本大戰初敗，百姓生計窘迫，企業的發展更是困難重重，其中最大的困難就是籌措資金。即便是那些著名的大企業，資金也相當的緊，更何況芝浦透平這種沒有什麼背景的小公司，就更沒有哪家銀行肯痛快的借錢給它了。土光擔任總經理不久，生產資金的來源就擱淺了。為了籌措資金，土光不得不每天去走訪銀行。

　　一天，土光敏夫端著便當來到第一銀行總行，與營業部部長長谷重川郎郎商議貸款事項。土光一上來就擺出了不達目的誓不甘休的氣勢。長谷則裝出愛莫能助無奈之態。雙方你來我往，談了半天也沒談出結果來。

　　時間過得飛快，一看到疲倦的長谷有點像要溜走的樣子，土光便慢條斯理的拿出了帶來了便當說：「讓我們邊吃邊談吧，談到天亮也行。」硬是不讓長谷與營業員走開。長谷只好服輸，最終借給了他所希望的款項。

　　後來，為了使政府給機械製造業支付補助金，土光曾以同樣的方式向政府開展申訴活動。於是在政府機關中的霞關一帶，就傳開了說客土光的大名。土光的行為具備了主要的泡蘑菇戰術要領：一、臉皮要厚，不至於一見到「釘子」就縮回頭；二、明顯的表達了不達目的不罷休的決心；三、表面上是軟磨硬泡的無理性，實際上是以真誠感動了對方。換句話說就是要設法軟化被泡對象，講究「軟

第三十一計　軟磨硬泡

磨硬泡法」的禮貌性、合性理。要不慍不火,而不能讓對方真的生氣而翻臉。

一位拉關係的高手,用一個「黏」字概括了自己的經驗:「要說拉關係,我們是行家了。有用得著的人,不論用什麼辦法也能把他黏上。在輕工業局管資料的那個老薛,簡直就是我們衣食住行的父母,不和他拉上關係可不行?你別看他現在跟我們吃吃喝喝,有說有笑的,當年見到我可是連個招呼都不打。那時候我只是在辦公室裡和他見過一面,人家連正眼都沒瞧我一眼。我可不怕他架子大,很快就把他的底摸清了。當天晚上,我買了一個高級兒童玩具,就往他們家去了。他還是不理我,臉色陰沉得快要下雨了。我假裝沒看見,拿出玩具和他小兒子玩起來了。他雖想趕我走,但這句話他硬是沒說出口,因為他最疼他小兒子,我這叫投其所好。

「從此之後,我三天兩頭往他家跑,每次都買點玩具、挑比較便宜的買。這時候送禮若太重了,反而讓他生出防範之心。老薛對我還是愛理不理的樣子,我還是假裝看不見,與他小兒子一起玩。我這人最討厭小孩,在家裡連自己的孩子都不抱,現在可真有耐心,四十歲的人跟個七八歲的小孩子玩上了,但我不在乎。

「我就這樣跟老薛泡上了蘑菇,每次都是跟他兒子玩,一句也不提正經事。終於有一天,他耐不住性子,找我來聊聊。我暗地裡鬆了一口氣,關係就算套上了。人嘛,都長著心,處長了自然就會有感情,只要你能熬得住就行。」

「我知道有人說我這叫丟人現眼,真是書生之見!天底下誰能不求人,求人就得低三下四,難道還讓人家反過來跟你說好話不成?我丟了面子,但辦成了事,掙了錢,你沒丟面子,但是什麼事辦不成。」

「我的臉只有四個字,那就是死皮賴臉,也可以說只有一個字,那就是黏。我不是大官,也沒有當官的親戚,所有的關係都得現拉⋯⋯」

軟磨硬泡一試就靈

日常生活中,有時碰上了讓你怦然心動的異性,可老是無法接近和搭話,令人總是抱憾良久。下面介紹愛情交際學中巧妙的與素不相識的異性「黏」上

的辦法。

要樹立搭訕並非是什麼不要臉的觀念，克服恐懼心理。

一見傾心而終成眷屬，這種富有浪漫色彩的愛情故事在西方國家屢見不鮮，但在亞洲大多數似乎只存在於言情小說或少男少女的玫瑰色的夢中「黏」上由於受「男女授受不親」、「男女之間要設防」等傳統思想的影響，即使你與對方一見鍾情，也只好把這種情愫深藏於心，甚至故意無動於衷，自己折磨自己。有人說：「愛情是一種緣分」，但如何把握住「天賜良緣」卻是一門很深的交際學問。

除了有「道德潔癖」的人，一般情況下，每個都喜歡傾聽別人（尤其是陌生人）交談，如果聽到的是奇聞趣事，則興趣更濃。有的女性看起來高傲甚至冷若冰霜，似乎難以接近，實際上這種女人內心的孤獨感更強，她是用冷漠的面具來掩飾內心的不安，而你得體的搭訕反倒容易引起她的積極反應。因此，你不必顧慮，要有勇氣。上前攀談時要面帶微笑，微笑能消除自己的緊張情緒，並且能融洽談話的氣氛。同時，應以充滿真誠、明亮有神的眼睛注視對方，這不僅是一種禮貌，也是溝通感情的輔助語言，容易使對方減少戒備疑惑，產生信賴。但不宜長久凝視對方，注視使人感到親切，但凝視陌生人則容易讓對方覺得害怕。

尋找共同點作為話題，即可「黏」住對方。

「物以類聚，人以群分」，每個人的社交圈，實際上都是以自己為圓心，以共同點（年齡、愛好、經歷、知識層次等）為半徑構成無數的同心圓。共同點越多，圓與圓之間交叉的面積越大，共同語言也越多，也最容易引起對方的共鳴。比如，同班同學就比同校學生親密，同宿舍的又比同班的要好，同桌比同宿舍的更容易建立起牢固的友誼。因此，在與他人搭訕時，一定要留意共同點，並不斷把共同點擴大，對方談起來才會興致勃勃，談話才會深入持久。如電影裡有這麼一段情節：彼此陌生的男女主角坐在火車上，看得出，這位男主角對坐在對面的女士頗有好感，於是他開始無話找話：「小姐，請問你去哪裡？你沒帶行李，估計不是出來旅行的吧。」女士回答：「我去恩菲爾德鎮，沒必要帶行李。」「哦，恩菲爾德鎮，那可是個風景優美的好地方，難道不是嗎？」女士笑著點了點頭。

第三十一計　軟磨硬泡

那位先生又說：「對了，車站邊的那個咖啡館還在嗎？一年前我去過一次，那兒的咖啡味道真是棒極了！」女士：是的，我週末也常去那裡，氣氛挺不錯，布置得也很有情趣。」……就這樣，雙方從一個小鎮談到咖啡、共同的愛好、對方的姓名、生活經歷等等，共同點不斷擴大。待女士下車時，彼此成了一對依依不捨的朋友。

多談對方關心的事情，以免使對方反感。

搭訕中，你不可大肆吹噓自己，這只會令對方反感。你必須把對方關心的事放進去。對方關心什麼呢？人們最關心的是自己，這是人類最普遍的心理現象。比如，當我們觀看一張合影相片時，最先尋找的是自己，如果自己的樣子被照得走了樣，就會認為整張照片拍得不好。因此，你必須談對方所關心的，不斷提起，不斷深入，對方不僅不會厭惡，而且還會認為你很關心體貼他（她）。筆者的一位朋友的戀愛經歷很能說明這個問題。有一次，他到銀行去匯款，人很多，年輕的女行員忙個不停，有點不耐煩，看起來她對這份工作不滿意。朋友一見這位漂亮的女行員，心裡突然產生了一個念頭：「我想使她對我有好感，必須得和她談與她有關的事。」經過觀察，朋友發現了她的優點。輪到她幫他填支票時，他邊看她寫字邊稱讚說：「妳的字寫得真不錯，現在像我們這樣的年輕人，能寫這樣一手好字的確實不多見。」女行員吃驚的抬起頭，滿臉通紅：「哪裡，哪裡，還差得遠呢。」朋友真心誠意說：「真的很好，你大概練過書法吧。」女行員說：「是的。」「我的字寫得一塌糊塗，能把你用過的字帖借給我練練字嗎？」女行員爽快的答應了，並約好下午到辦公室來取。一來二往，兩人有了感情，並最終結成良緣。

不要過於嚴肅或帶著架子，如能幽默一點，效果會更好。

與陌生的異性交談，不能一本正經，態度嚴肅，要有幽默感。幽默是人際關係的潤滑劑，是智慧的結晶，它帶給別人的是快樂，誰能拒絕這令人賞心悅目的禮物呢？有這樣一則故事：在擁擠的公共汽車上，一個男孩不慎踩了別人的腳，回頭一看，原來是位女孩，女孩滿臉怒氣瞪著他，男孩忙說：「對不起，對不起，

我不是故意的。」接著又伸出一隻腳，認真的說，「要不，你也踩我一下。」女孩一下子被這句話逗樂了。男孩再次趁機搭訕，女孩很樂意的和他交談。他的活潑和幽默，給女孩留下了很深的印象。有的人自我感覺很好，而且各方面條件確實不錯，但為什麼常常在與異性搭訕時遭到冷遇，自討沒趣？關鍵就是有優越感，高高在上，談起自己眉飛色舞，這是令人討厭的。即使你取得了巨大成功，但如果一味的自吹自擂，只會令人望而遠之。一般而言，人們對那些經歷坎坷、屢遭不幸而最終出人頭地的人容易產生同情、親密和佩服。因此，政治家或歌星，為了提高知名度和贏得支持，往往再三渲染自己為取得成功付出的巨大努力或童年的不幸遭遇。這實際是一種技巧，借所謂心理學上的共感現象來贏得人心。由此可見，在與陌生的異性交談時，對自己的成功不妨不經意的談談就好，而要多多交流昔日的坎坷、拼搏的艱難和不幸的遭遇，這樣就容易喚起對方的好感和欽佩。

策劃好一個小事件，讓它顯得是偶然巧合。

有時，你可能沒有機會和陌生的意中人接觸，更談不上去搭訕，在這樣的情況下，你可以「製造」一個機會。有一本紀實小說寫了這樣一個情節：一九六〇年夏天，一個星期六的下午，一位五官端正、衣著入時的青年手捧一束紅玫瑰，禮貌的敲著一間公寓的門。公寓的主人是德國外交部年輕女祕書海因茲。她謹慎的打開門，面對這位不速之客，她不知所措，難堪之餘，這位男士連連道歉：「我敲錯了門，是個誤會，請原諒。」然後轉身離去。未走兩步，又轉身走過來對海因茲說：「請收下這束鮮花，作為我打擾你的補償。」海因茲盛情難卻，於是將他請進房裡，兩人就這樣認識了。實際上，這個偶然的誤會是男青年早就策劃好了的。不過，像這樣的善意「欺騙」，並不傷害對方，似乎不必苟責。需要注意的是，在與陌生異性交談時，不要議論彼此熟悉的人的是非，更不可刨根挖底的詢問別人的私生活，要把握好分寸，如果不小心談及對方敏感的內容，要巧妙而迅速的轉移話題。另外，不可嘻皮笑臉胡攪蠻纏，更不能用粗俗的，下流的語言挑逗對方，這是品質低劣，內心骯髒的反映，只會引起對方的反感。

第三十一計　軟磨硬泡

好事多磨，死皮賴臉達到目的

　　拿破崙的妻子約瑟芬是前博阿爾內子爵夫人，她一向水性楊花、生活放蕩。當拿破崙在義大利和埃及戰場浴血搏鬥時，新婚不久的她卻與一個叫夏爾的中尉偷情私通，對拿破崙毫無忠貞可言。她原以為拿破崙會戰死在沙漠中，已經不再等待他回來。一七九九年十月，拿破崙打贏了戰爭從埃及回到法國並受到人們熱烈歡迎的消息傳到巴黎後，約瑟芬驚呆了。拿破崙成了歐洲最知名的人物，法國的救星，前程無量。原本她欺騙了拿破崙，並想拋棄他，這時又後悔了。於是她不辭辛苦，坐著馬車，長途跋涉，去法國南部的里昂迎接拿破崙。她想在拿破崙與家人見面前見到他，並趁著他興奮之時矇騙住他，不讓自己的醜事暴露。

　　她好不容易到達里昂，可是拿破崙已從另一條路走了，並與家人會合。拿破崙對妻子的不貞早有耳聞，只是不怎麼相信，當他確信約瑟芬對他不忠時，他暴跳如雷，下決心與其離婚。約瑟芬知道大事不好，日夜兼程趕回巴黎。

　　拿破崙吩咐僕人不讓她走進家門。她勉強進了門，靜下神來，決定壯著膽子去見丈夫。她來到拿破崙的臥室門前，輕輕敲門，拿破崙沒有回答。轉動門把，無濟於事。她再次敲門，並溫柔而哀惋的呼喚，拿破崙沒有理睬。

　　她失聲大哭，但拿破崙無動於衷。她哭著，用雙手捶打著門，請求他原諒，承認自己因一時的輕率、幼稚而犯下了錯誤，並提起他們以前的海誓山盟……說如果他不能寬恕，她就只有一死。仍然打動不了拿破崙。

　　約瑟芬哭到深夜，不再哭了，她忽然想起孩子們，眼睛一亮，燃起了希望之光。她知道，拿破崙愛她的兩個孩子，這是打動拿破崙的心的好辦法。倘若孩子們求他，他可能會改變主意的。孩子們來了，天真而笨拙的哀求著。

　　人心都是肉長的，約瑟芬這一招終於成功。拿破崙雖然懷疑約瑟芬已背叛了他，然而她的哭聲在他的腦海裡泛起他們相愛時的美好回憶。而孩子們的哀求聲衝破他心中設下的防線，他早已熱淚盈眶。於是，房門打開了，拿破崙與約瑟芬重歸於好了。後來拿破崙登基時，約瑟芬成了皇后，榮耀之至。

　　在軟磨硬泡之中添加些眼淚，可以更加有效的軟化對方，讓你的苦苦哀求更為動人，達到加速感化對方的效果。伸手不打笑臉人，打「哭成一個淚人兒」的

懇求者更很少有人會這麼做。

「眼淚戰術」並不一定局限於哭泣，凡是裝成一付可憐樣的辦法，都屬於這種技巧。推銷員與記者的做法一般比較典型。

推銷員推銷產品時，很可能遭到客戶的拒絕，但過了一段時期之後，他又毫不氣餒的再次來了，客戶看到他汗水淋漓，卻還滿臉笑容，不買就覺得再也過意不去了，於是就買了一點。

下雨下雪是推銷員上門的好日子。外面下著雨，別人都躲在家裡，而推銷員站在門口，不能不使你產生同情心，因而難於拒絕。雖然我們都很清楚的知道，這是推銷員所採取的一種策略，但畢竟他要這樣做啊，對此你能無動於衷嗎？

這種推銷方法，就是巧妙的利用了人類的感情。本來不打算購買的人，也會產生「再也不能讓他白跑了」的想法，使他們有種心理負擔和欠人情債的感覺。要使對方大幅度的退讓，就要能夠讓對方多累積些微小的心理負擔，當這種心理負擔擴大到一定程度時，對方就只能讓步了。

新聞記者從事採訪工作，一般是在晚間和早晨進行。譬如：在發生某種巨大的政治事變時，新聞記者就事先打聽到與此相關的人，等下班後，或者上班前，去進行採訪。因為這種時候，一般人都在休息，而新聞記者還在工作，就會使對方產生心理負擔，不告訴他這件事的內幕，心裡就會過意不去。

跑斷腿磨破嘴，不到黃河心不死

同樣的意思，反覆說服，反覆渲染，反覆強調，不達目的，誓不甘休。面對頑固的對手，這是一種有力武器。

宋朝的趙普曾做過太祖、太宗兩朝皇帝的宰相，他對朝廷的忠誠和政績都是非常明顯的。他是一個勤懇的高級行政官員，學問方面卻比同級官吏們稍差些，他登上宰相職位以後，其不足的方面被太祖察覺。一天，與太祖議政後太祖溫和的勸他多看一點書，趙普從此以後手不釋卷，退朝以後就把自己關在房間裡讀書。

這件事說明他是個兢兢業業、知不足而善補救的人。他一生全力投身政治，

第三十一計　軟磨硬泡

輔佐宋朝皇帝治理天下，是不可多得的名相。他是個性格堅韌的人。太祖一句委婉的批評，使他養成至死手不釋卷的習慣；反過來，在輔佐朝政時自己認定的事情，就是與皇帝意見相悖，也敢於反覆的堅持。

有一次趙普向太祖推薦一位官吏，太祖沒有允諾。趙普沒有灰心，第二天臨朝又向太祖提出這項人事任命事項請太祖裁定，太祖還是沒有答應。趙普仍不死心，第三天又提出來。連續三天接連三次反覆的提出，同僚也都吃驚於趙普何以臉皮這樣厚。太祖這次動了氣，將奏摺當場撕碎扔在了地上。但趙普自有他的做法，他默默無言的將滿地些撕碎的紙片一一撿起，回家後再仔細黏好。第四天上朝，話也不說，將黏好的奏摺舉過頭頂立在太祖面前不動。太祖為其所感動，長嘆一聲，只好准奏。

趙普還有類似的故事。一位大臣按政績已該晉職，身為宰相的趙普上奏提出，但因太祖平常就不喜歡這個人，所以對趙普的奏摺又不予理睬。但趙普出於公正，不計皇上的好惡，前面所提的那種韌性的表現又重複起來。太祖拗他不過，勉強同意了。太祖又問：「若我不同意，這次你會怎樣？」趙普面不改色：「有過必罰，有功必賞，這是一條古訓，是不能改變的原則，皇帝不該以自己的好惡而無視這個原則。」也就是說，你雖貴為天子，也不能用個人感情處理刑罰褒賞的問題。這話顯然衝撞了宋太祖，太祖一怒之下拂袖而去。趙普死跟在後面，跟到了後宮皇帝入寢的門外站著，垂首低頭，良久不動，下定決心皇帝不出來他就不走了。據說太祖很為此感動。

外國有一種說法叫「人盯人」。同樣的內容，二次、三次不斷的反覆向對方說明，從而達到說服的效果。運用這種說服法，要有堅韌的性格才行，內堅外韌，對一次的失敗，絕不灰心，找機會反覆的盯上門去。需要注意的是，運用此法要有分寸，超過限度，傷害了對方的感情，反而會得到相反效果。所以要謹慎處理，以不過度為限。

第三十二計　以退求進

以退求進達目的

　　以退讓開始，以勝利告終，是人情關係學中不可多得的一條錦囊妙計。你得先表現得以他人利益為重，實際上是在為自己的利益開闢道路。在做有風險的事情時，冷靜沉著的讓一步，尤能取得絕佳效果。

　　成功的第一步是讓自己的利益和意圖絲毫不露，讓對方因為你能投其所好而情願做你要他做的事。尊重並突出別人的觀點和利益，這是我們欲求他人合作的最有力的法寶。人們常常不會正確使用這一法寶，是因為他們常常忘記了，如果我們過分強調自己的需要，那別人對此即便本來是有興趣的，也會改變態度。

　　要感動別人，就得從他們的需要入手。你必須明確，要一個人做任何事情，唯一的方法就是使他自己情願。同時，還必須記得，人的需要是各不相同的，各人有各自的癖好偏愛。只要你認真探索對方的真正意向，特別是與你的計畫有關的，你就可以依照他的偏好去對付他。

　　你首先應當將自己的計畫去適應別人的需求，然後你的計畫才有實現的可能。比如說服別人最基本的要點之一，就是巧妙的誘導對方的心理或感情，以令他人就範。如果說服的一方特別強調自己的心理或感情，或是說服的一方特別強調自己的優點，企圖使自己占上風，對方反而會加強防範心。所以，應該注意先點破自己的缺點或錯誤，暫時使對方產生優越感，而且注意不要以一本正經的態

第三十二計　以退求進

度表達，才不會讓對方乘虛而入。

　　有些被拜託者，以為幫助了別人，有恩於你，心理上會不自覺的產生一種優越感，說不定還要對求助者數落一番。當你認為自己可能會被人指責時，不妨先數落自己一番，當對方發覺你已承認錯誤時，便不好意思再指責你了。

　　赫蒙是美國有名的礦冶工程師，畢業於美國的耶魯大學，又在德國的弗萊堡大學拿到了碩士學位。可是當赫蒙帶齊了所有的文憑去找美國西部的大礦主的時候，卻遇到了麻煩。那位大礦主是個脾氣古怪又很固執的人，他因為自己沒有文憑，所以就不相信有文憑的人，更不喜歡那些文質彬彬又愛講理論的工程師。當赫蒙前去應聘遞上文憑時，滿以為老闆會樂不可支，沒想到大礦主很不禮貌的對赫蒙說：「我之所以不想用你就是因為你曾經是德國弗萊堡大學的碩士，你的腦子裡裝滿了一大堆沒有用的理論，我可不需要什麼文縐縐的工程師。」聰明的赫蒙聽了不但沒有生氣，反而心平氣和的回答說：「假如你答應不告訴我父親的話，我要告訴你一個祕密。」大礦主表示同意，於是赫蒙對大礦主小聲說：「其實我在德國的弗萊堡並沒有學到什麼，那三年就好像是稀裡糊塗的混過來一樣。」想不到赫斯特聽了竟然笑嘻嘻的說：「好，那明天你就來上班吧。」就這樣，赫蒙運用了必要時不妨讓步的策略輕易的在一個非常頑固的人面前透過了面試。

　　也許有人認為赫蒙那樣做不十分合適，問題是能不能做到既沒有傷害別人又能把問題解決。就拿赫蒙來說，他貶低的是自己，他自己的學識如何，當然不在於他自己的評價，就是把自己的學識抬得再高，也不會使自己真正的學識增加一分一毫，反過來貶得再低也不會使自己的學識減少一分一毫。

　　美國著名政治家哈欽斯三十歲那年就任芝加哥大學校長，有人懷疑他那麼年輕是不是能勝任大學校長的職位，他知道後只說了一句：「一個三十歲的人所知道的是那麼少，需要依賴他的助手兼代理校長的地方是那麼多。」就這短短一句話，使那些原來懷疑他的人一下子就放心了。人們遇到了這樣的情況，往往喜歡盡量表現出自己比別人強，或者努力的證明自己是有特殊才幹的人，然而一個真正有能力的領袖是不會自吹自擂的，所謂「自謙則人必服，自誇則人必疑」就是這個道理。

讓步其實只是暫時的退卻，為了進一尺有時候就必須先做出退一寸的忍讓，為了避免吃大虧就不應計較吃點小虧。

退讓一步又何妨

美國有位總統，因為用人問題，遭到一些人強烈反對。在一次國會會議上，有位議員當面粗野的譏罵他。他極力忍耐，等對方罵完了，他才用溫和的口吻道：「你現在怒氣應該平息了吧，照理你是沒有權利這樣責問我的，但現在我仍然願意詳細解釋給你聽……」他的這種禮讓姿態，使那位議員羞紅了臉，矛盾立即緩和下來。試想，如果那位總統得理不讓人，利用自己的職位的優勢，咄咄逼人的進行反擊的話，那對方議員絕不會服氣的。

由此可見，當雙方處於尖銳對抗狀態時，得理者的忍讓態度，能使對立的敵對情緒降溫。下面介紹一些適時退讓的方法，請諸位切記常常使用：

給台階，你好我好大家好。

生活中常有一些人特別固執己見，十分容易為些小事情與別人爭論，而且火藥味濃烈。這時候，得理的一方應當有饒人的雅量，他可以一邊解釋一邊折衷調和，最好使用不帶刺激性的的語言形式，以避免衝突的擴大。有一位先生，一次上岳父家吃飯，用餐時翁婿兩人聊起了一條高速公路的修建問題。那先生強調：公路的進度一再推遲，是有關方面的一個嚴重錯誤；而岳父則不同意，認為公路本來就不該興建。兩人你一言我一語，爭論漸趨激烈。後來那位泰山大人把問題扯到「年輕人都自私，沒有環保意識」上面，顯然是在批評那位先生。那先生怕再爭論下去傷和氣，便開始緩和下來，他婉轉的說：「可能我們的看法永遠也不會合拍，可是，那沒有什麼，也許我們都是對的，也許我們都是錯的，這也是未可知的事。」那先生的一席話，不僅給自己搭了台階，也給爭論雙方打了圓場。避免了雙方爭論不休，矛盾擴大，影響感情。試想，如果那先生意氣用事的與岳父爭下去，結果會如何呢？很可能惹火岳父被臭罵一頓。

第三十二計　以退求進

熄怒火，事情原來如此這般。

不少時候，人和人之間互相發火，是因為互不了解、有失溝通造成的。這時候得理的一方切不可因對方的錯怪而以怒制怒。最好的方式是多加解釋自己的想法以溝通或者道歉、勸慰，與對方達成諒解或共識。一所醫院裡，病人擠滿了候診室。一個病人排在隊伍中，將手上的報紙都看完了也沒有挪動一步，於是他怒火中燒，對著護士大喊：「你們這是什麼醫院？這麼多人排隊你們看不見嗎？為什麼不想辦法解決？我下午還有急事呢！」護士面對病人的怒火，耐心解釋說：「很抱歉，讓你等了這麼久。是這樣的，醫生去開刀了，搶救一個危急的病人，一時脫不了身。我再打電話問問，看看他還要多久才能出來。謝謝你的耐心等候。」患者排很久的隊得不到及時診治，責任並不在那個護士身上，但是面對病人的錯怪，他卻沉住氣採取以退讓的方式一面解釋，一面勸慰，這就比以怒制怒，火上加油的回答好多了。

對付蠻橫，這一切都怪我。

面對蠻橫無理者，得理者若只用以暴制暴的方式，常常會大上其當。這時候，平息風波的較好方式莫過於得理者勇敢的站出來，主動承擔責任，以自責的方式對抗惡人惡語，以柔克剛。有一個商場營業員，遇一個中年男子來退貨一隻電鍋。那鍋已經用得半新半舊了，他卻粗聲粗氣的說：「我用了一個多月就壞了，這是什麼爛品質？你再給我換一個！」營業員耐心解釋，他卻大吼大嚷，並滿口髒話說什麼「我來了你就得給退，光賣不退算什麼！」營業員雖然是占理的一方，但為了不使爭吵繼續下去，便溫和的對他說：「這種電鍋已經用一段時間了，是沒有品質問題的，按規定是不能退的。如果你執意要退，那就乾脆賣給我好了。」就在她掏錢的時候，那個粗暴的男顧客臉紅了，他終於停止了爭吵，悄然離去。顯然，營業員的寬容與退讓的應對方式起了良好作用。因為它反襯出對方的無理和人品低劣，店員的以退求進有效的制止了事態的擴大。

止爭吵，算了，我只是想提醒你。

一位丈夫徹夜未歸，次日才像幽靈般的回到家中，妻子埋怨了幾句，兩人便

你一言我一語的吵起架來。忽然，妻子說：「算了，沒什麼了不起，男人晚上不回家都成流行了——我唯一要提醒你的是：『熟悉的地方還是有好風景的！』」那妻子雖然占理，卻沒有去「棒打落水狗」，只是調侃了幾句，便使一場衝突體面的結束了。

破僵局，實現夫妻邦交正常化。

冷戰中的夫妻，如果一個是「室內型」的人，一個是「室外型」的人，那情況還好些，一個在外面遊蕩，一個在家中幹自己的事；如果兩人都是「室外型」性格，那這小家庭就有三分動盪與七分的危險；如果兩人都屬「室內型」的那類人，那日子過的無疑是十分的彆扭。

就大多數夫妻而言，雙方是誰也不願在冷戰中打持久戰的，關鍵的問題是雙方誰先主動來打破冷戰的僵局，一般說來，大都是男方先來點低姿態，也有女方主動示弱服軟的。不管哪一方，只要你不想讓夫妻間的冷戰威脅這個家庭，只要你有心想迅速結束冷戰狀態，實現夫妻「邦交」正常化，你應該好好的學學下面的幾招。

（一）不把話說得太絕，為對方留有餘地。

（二）請朋友做客或約對方看電影，藉機搭話。

（三）熱臉迎向冷屁股，向對方大獻殷勤。

（四）打個電話，找個藉口說說話，可減少尷尬。

（五）請求對方幫個忙，打破堅冰。

（六）佯裝生病或不舒服。讓對方來關心你。

總之，打破僵局的方法很多，夫妻之怨宜解不宜結。其中最根本的一點是：任何情況下都不可以有給對方一點顏色看、懲罰對方一下，非讓他（她）低頭認罪不可的種種不良心態。有話說話，有理講理，寧要爭吵也不要冷戰，這是許多和諧的夫妻總結出的一條老經驗。而一旦處於冷戰中沒有人主動來給你們調解，那就靠雙方「繫鈴人」來努力解開沉默無言這個「鈴」了。

總而言之，做人不可太固執，是你的錯理所當然要致歉和解；如果是占理的一方，退讓一步海闊天空，人們最終會承認你的正確，並稱讚你的寬宏大量。因

第三十二計　以退求進

此，以退求進也是調和夫妻關係的一種方式。

以退求進天地寬

　　有一位在美國留學的電腦博士，辛苦了好幾年，總算畢業了。可是，雖說是拿到了漂亮的博士文憑學歷，卻一時難以找到工作。

　　他屢次被各大公司拒絕，生計沒有著落，這個滋味可是不好過，他苦思冥想，想找辦法謀個職位，免得因為沒有錢路過不論是餐廳時，都要加快步伐。咦！有了，他總算想到了一個絕妙的點子。

　　人總是這樣，吃得飽飽的，穿得暖暖的，住得好好的時候是不在會有什麼令人驚訝的救命點子的。倒是聞著烤鴨的香味，看著留在錢包裡的最後五塊錢時，會突發奇想，急中生智。他決定收起所有的學位證明，以一個最低身分去求職。

　　這個方法還真靈，一家公司老闆錄取他做程式輸入員。這活可真是太簡單了，對他來說簡直是「用高射炮打蚊子」，不過，他還是一絲不苟，勤勤懇懇的做著。

　　不多久，老闆發現這個新來的程式輸入員非同一般，他竟然能看出程式中的錯誤。這時，這位先生掏出了學士證書，老闆二話不說，立刻給他換了個與大學畢業的專業相稱的職位。又過了一段時間，老闆發現他時常還能為公司提出許多獨到而有價值的見解，這可不是一般大學生的水準呀！這時，這位男孩又亮出了碩士學位證書，老闆看了之後又給他升了職。他在新的職位上幹得很出色，老闆覺得他還是與別人不一樣，非同小可，於是，老闆把他找到辦公室，對他進行質詢。這時，這位聰明的人才拿出來他的博士證書。老闆這時對他的水準有了全面的認識，便毫不猶豫的重用了他。

　　憑藉著他的絕妙的點子。這位博士終於獲得成功。現代社會跟過去不同了。如今提倡「自我推銷」，既是推銷，就要有推銷術，如果這位博還是拿著自己的文憑，一家接一家的去亮出所有文憑，或許他現在還沒有工作，或者不能得到如此的重用。

　　這位博士的點子好就好在以退為攻，看上去是自己貶低了自己，也讓別人看

低了，但是身處低位，被人看輕，不要緊，一旦有機會，就可以大放異彩，展露才華，讓別人、讓老闆對你一次次刮目相看，你的形象便慢慢高大起來了。

相反，一上來就亮個博士證書，容易被人看高了，一旦希望值過高，容易引起失望。況且，一上來就亮個最高學位證書，假如人人都這樣求職，相稱的高職位又不是總是空在那裡等你，所以還是別出心裁，以屈求伸以退求進者更容易達到目的。

「新瓶裝舊酒」，以退求進達目的

退讓是表面上作出了讓步，實際上卻暗中進了一步。所謂「換湯不換藥，還是老一套」，又所謂「新瓶裝舊酒」。表面上換了瓶子向對方退讓一步，可酒還是老酒，酒勁反而更大，因此對方肯定要猝不及防的毫無還手之力了。

有一次，世界著名演員侯波在表演時說：「我住的旅館，房間又小又矮，連老鼠都是駝背的。」旅館老闆知道後十分生氣，認為侯波詆毀了旅館的聲譽，要控告他。

侯波決定用先退讓一步的辦法，既要堅持自己的看法，又可避免不必要的麻煩。於是他在電視台發表了一個聲明，向對方表示歉意：「我曾經說過，我住的旅館房間裡的老鼠都是駝背的，這句話說錯了。我現在鄭重更正：那裡的老鼠沒有一隻是駝背的。」

「連那裡的老鼠都是駝背的」，意在說明旅館小而矮；「那裡的老鼠沒有一只是駝背的」，雖然否定了旅館的小和矮，但還是肯定了旅館裡有老鼠，而且很多。侯波的道歉，明是退讓承認自己的錯誤，實是批評旅館的衛生情況，不但堅持了以前的所有看法，而且讓諷刺的程度更深刻有力。

再如，英國牛津大學有個名叫艾爾佛雷特的學生，因能寫點詩而在學校小有名氣。一天，他在同學面前朗誦自己的詩。有個叫查理斯的同學說：「艾爾佛雷特的詩是從一本書裡偷來的。」艾爾佛雷特非常惱火，要求查理斯當眾向他道歉。

查理斯想了想就答應了。他說：「我以前很少收回自己講過的話。但這一次，

第三十二計　以退求進

我要認錯了。我本來以為艾爾佛雷特的詩是從我讀的那本書裡偷來的，但我到房裡翻開那本書一看，發現那首詩仍然在那裡。」

兩句話表面上不同，「艾爾佛雷特的詩是從我讀的那本書裡偷來的」，也就是指艾爾佛雷特抄襲了那首詩；「那首詩仍然在那裡」，指的是被艾爾佛雷特抄襲的那首詩還在書中。意思沒有變，而且進一步肯定了那首詩是抄襲的，但這種嘲諷和挪揄的程度更深了一層。

運用「舊酒裝新瓶」法要注意以下兩點：

要有明確的目的。

論辯技法是為論辯目的而使用的。運用「舊酒裝新瓶」法，其意圖是在論辯局勢不利的情況下靈活機動的換一個角度來進一步堅持自己的觀點。如果背離了論辯的主旨，就會變為純技巧性的東西，流於語言遊戲，那麼就失去了價值與意義了。

「舊酒裝新瓶」，「裝」法要巧。

舊酒裝新瓶其「裝」法法很多，但關鍵在於一個巧字，上述幾例均很巧妙。例一是抽象的否定，具體的肯定，否定了旅館的小和矮，但還是肯定了旅館有老鼠，而且還很多，所以衛生條件差，只不過巧妙的轉換了一個角度。例二是巧換同義詞句，同義詞句是意思相同或相近的一組詞句，詞句雖異，但含義相同或相近，巧換同義詞句，就能達到「舊酒」裝「新瓶」的目的。查理斯前後兩句話均表達了同一個意思，而後一句諷刺意味更濃了。這種方法的妙處有很多。它可以以假掩真、以虛蔽實，它反語正說，虛實不定，的確是令對手難以捉摸、防不勝防的以退為進的高超技術和策略。

兩虎相鬥，後退一步為上

夫妻之間的吵架，經常是由小事引起的。對方原本只是有些小過失，可另一方如果不依不饒，得理不繞人，必然會導致摩擦升級。下面是一對夫妻從摔茶杯開始一直到摔電視的經過，很有值得借鑑之處。

兩虎相鬥，後退一步為上

　　星期天，王薇和丈夫都在家。由於工作上有點小麻煩，丈夫最近的情緒比較低落。王薇一上午忙著打掃房間，收拾家裡，丈夫拿著一張報紙斜靠在沙發上翻來覆去的看著。王薇知道丈夫最近不順心，也就沒要叫他幫著做家務。

　　王薇收拾小茶几的時候，一不小心把丈夫放在上面的茶杯碰掉地上摔碎了。偏偏事有湊巧，就在昨天，王薇剛打碎了一個杯子，沒想到今天又打碎了一個。這套茶具是丈夫一位老同學從日本帶回來送他的，做工非常精緻，丈夫很珍愛，時常一邊把玩，一邊讚嘆這套茶具確非尋常俗物。平時丈夫幾乎捨不得拿出來用的。沒想到讓妻子兩天就打碎了兩個，當下臉就拉長了。王薇的火氣也一下子就上來了：「不就是兩個杯子嗎，看你心疼的，好像我連兩個杯子都不值。不要在外面受了氣，回來整天給我臉色看，拿老婆當出氣筒算什麼英雄好漢，再威風也威風不到哪兒去。真有本事的，也不至於把兩破杯子看得比老婆還寶貝。」

　　這下子可算捅了馬蜂窩，在丈夫眼裡，由於他的心境不好，作妻子的應該處處遷就他，安慰他才對。妻子這樣說，使平日裡老婆對他的好處一下子無影無蹤了，有的只是氣憤和惱怒。

　　本來工作中的麻煩早就令他感到痛苦和沮喪，妻子的一番嘲諷挖苦使他覺得這個家更沒有什麼值得珍惜的了：「嫌我沒本事，我就是沒本事，你看著辦吧。外面有本事的男人多的是，遺憾的是你沒那享福的命，只好找我這個沒本事的男人做丈夫。」

　　妻子也不示弱：「那也不一定，說不定哪天我就找一個有本事的男人給你看看。」隨著情緒的失控，雙方偏離了夫妻之間交談的正常軌跡，也偏離了就事論事的原則。

　　丈夫抄起茶几上的水瓶奮力一摔，王薇覺得心都快碎了，絕望而毫無理智的哭罵：「摔吧！有種你把東西都摔完！」此時，丈夫已經徹底失去了控制，瘋狂的衝動在王薇的罵聲中變成了最後的絕望，正在氣頭上的夫妻，幾乎很少有人能在這關鍵時刻保持哪怕一絲一毫的冷靜與策略，更不用說有一方主動讓步了。

　　當王薇明白過來的時候已經晚了，丈夫順手抄起一隻啞鈴擊碎了剛買不到一年的日本進口的大螢幕電視機，將近一萬元。

第三十二計　以退求進

　　這種類型的吵架，在夫妻戰爭中最為普遍，由於其心理動機的隱蔽性，往往具有突然發生的特點。工作中的麻煩導致的情緒低落是這場戰爭的潛在心理因素，以妻子打爛了一個杯子為由尋找了一個災難性的突破口。在王薇看來，自己已經做得夠好的了，丈夫不但不領情，反而因為一個杯子而責怪自己。於是反感情緒立即被點燃。雙方的爭吵由杯子轉移到相互攻擊，夫妻戰爭的升級當然就不可避免了，最終的後果是雙方都難以預料的。

　　唯一可以避免災難性後果的條件是：必須有一方主動退讓。當丈夫責怪王薇的時候，王薇若主動退讓的話，丈夫立即就會覺得這樣對待妻子是不公平的，會覺得內疚和後悔。同樣，當妻子埋怨，「你說話別那麼難聽好不好，我又不是故意的。」這時候如果丈夫主動退讓的話，妻子就會體諒到丈夫的心情不太好，我應該理解他，甚至為自己不小心打爛了杯子增添了丈夫的煩惱而感到自責。

　　這種因小問題而導致激烈衝突的情形，並非只發生在夫妻之間。很多小事卻最終發展成悲劇性結果的事情，常在報紙上見到。如果在生活中你遇到類似情況，對方正在氣頭上，聲音高點，話難聽點，你應該保持冷靜而不應火上澆油。切記：兩虎相爭，必有一傷，退讓一步天地寬。

第三十三計　左右逢源

左右逢源的交際法則

開會時起立發言可以加強自己發言的分量。

有些演講由於主講人發言的時間較長，主辦單位會特意準備椅子讓主講人坐著發言。碰到這種情形，我一定會婉拒對方的好意。為什麼呢？因為同樣的講演內容，站著和坐著說的效果完全不同。我們若以歌手在舞台上的表演為例，站著唱與坐著唱，不但歌聲的效果不同，它給人的感受也完全不同，前者會比後者更讓人覺得有活力。同樣的道理，講演時站著說，聽眾的感受往往會更為強烈。因此，開會時若起立發言給人的感受一定比坐著發言更強烈、更有迫力（壓迫力）。此外，站著發言的另一個優點，可以居高臨下，掌握全場聽眾的氣氛。特別是那些對自己的講演沒有信心的人，更應該站著發言。雖然發言內容是一樣的，但站著發言這一個小小的改變，就可以使聽眾留下「積極」的好印象。

搶先接電話。

動作比別人慢，往往會讓人留下做事消極的印象。因此若想讓別人留下做事積極的印象，就要比別人早一步行動。例如，電話鈴響時，比別人搶先接電話；有客人到公司洽談，立刻上前接待。雖然這都只是一種小小的動作，但會讓人留下反應快、做事積極的好印象。

第三十三計　左右逢源

比別人早到公司。

有位職員當年剛進入三多利酒廠時，每天都是最早到公司上班，有時會因到得太早，甚至連公司的大門都還沒開！雖然他謙虛的表示是由於他的能力較差，因此必須比別人早到公司上班，來彌補自己能力的不足，但事實上，他每天都那麼早到公司，絕對有其正面的意義！試想，當其他的同事睡眼惺忪的趕到辦公室時，你已經捲起袖子在做事了，他們的感受將會如何？積極、有幹勁就是這樣表現出來的！

挺直腰桿快步走可給人留下精力充沛的印象。

有位曾在高級餐廳打工的學生說，他們進入餐廳正式工作以前，除了有各種基本知識訓練外，老闆還要再三交待他們在餐廳內工作時，必須以快速的步伐行走。許多人很佩服這老闆，因為若讓侍者慢慢吞吞的走，不但服務速度會慢，同時也會讓客人留下不好的印象，慢慢的走往往會給人一種很疲倦、無精打采的感覺。讓侍者快步走，可以說是這家餐廳的優良傳統，是他們自我表現的一種方法。不只是侍者，任何人只要挺直腰桿快步走，就會讓人覺得積極、有幹勁！有位象棋大王在陷入低潮時，就是利用挺直腰桿快步走來消除自己的消極心理。走路的方式往往會被人們所忽視，但卻是我們在自我表現中不可忽視的重要一環！

用力握手。

握手不僅是一種交際的禮儀，同時也是表現自己的強力武器。我仔細的觀察到一些政治家在競選時，一連與數十甚至數百人握手後，他們的手已經因失去血色而顯得蒼白，由此不難推測他們是多麼用力的與人握手。從心理學的立場來看，一個人若是被人用力的握手，自己就會很自然的用力握回去。握手雖然看起來只不過是手與手的交流，實際上卻是一種心與心的交流。因此用力握手可以讓對方感受到自己的熱情與意念，並給人一種強大的印象。事實上，握手越用力，越可以讓對方留下深刻的印象。反過來說，若是對方用力的握我們的手，我們下意識中就會用力的握回去，以免自己居下風。有位東方人每次遇到比自己高大的外國人，就會先下手為強的用力握對方的手。的確手被人用力一握，往往會感受

到一股強大壓力！尤其是被第一次見面的人用力一握，那種強烈的感受常會使人難忘！

不坐滿整張椅子。

假如你正在很認真的向一個人解說某件事的時候，對方卻將自己的身體深深的靠入沙發中，並且還把上半身也深深的陷入沙發中，你會有什麼感受？如果對方是上司那還沒話說，如果是同事，你可能就會向他說：「你能不能認真的聽我說」。為什麼呢？因為將身體深深的陷入沙發的姿勢，在別人的眼中，看起來往往就是一種不認真的態度。特別是連上半身也深深的陷入沙發中，給人的印象將會更為惡劣。相反的，若僅坐椅面的一半聽人說話，例如只坐椅面的前三分之一部分，給人的印象會更好。尤其是採用這種坐姿時，身體的上半身會自然的向前傾，可讓對方產生聚精會神的感受，因此會讓對方產生做事積極的印象！好好利用這一效果，可以有效的表現自我，讓對方留下好印象。

邊聽邊記筆記。

在你演講時，總會有一些聽眾拿著筆記本邊聽邊記。不知不覺中你會對這些人產生好感。因為記筆記不但表示要留下一份紀錄，並且還顯示了想將對方所說的話，留在記憶中的積極態度。當然任何人都不會把沒用的話一一記下來，反過來說，我們做筆記就是表示認同對方說話的內容，對於對方是一種敬意的表現。好好利用這種心理，可以使對方感受到我們的心意。通常上司對我們說話時，就是再無聊的話我們也不得不聽，此時若能用記筆記的方式，不但能消除無聊感，同時也可以讓上司留下好印象。一邊聽講一邊記筆記，是需要有靈活的頭腦才能勝任的工作。因此勤記筆記不但可以發展自己的能力，而且可以贏得上司的青睞，更有事半功倍的效果。

捲起衣袖工作。

將長袖衣服的袖子捲起來，露出我們的肌膚，可以使人產生充滿活力、做事積極的印象。聽說年輕的女性往往會對捲起衣袖做事的男人產生好感。據了解，豈止是年輕的女性，任何人對捲起衣袖做事的人都會產生好感！

第三十三計　左右逢源

簽名的字體大一些。

政治家與一般人的名片最大的差別，就是政治家的名片上除了姓名之外，其餘如住址、電話等其他一概不印，並且姓名也用比一般人的名片上所使用的還大的字體來印刷。這些都顯示出想讓對方記住自己姓名的意圖。這一點非常值得我們學習！事實上姓名就是我們的另一個身分，只要對方記住我們的姓名，也就等於認識了我們。因此簽名時盡可能將字體寫大一些，就可以加深對方的印象。根據一位教師的經驗，通常將自己的姓名簽得很大的學生，他的學業雖然不一定就很好，但往後的成就卻往往會較大。這就顯示寫大字的人較有積極性！

邊說邊做手勢。

在美國時，所看到美國學生，每個人在課堂上起立發言都是邊說邊做著各種手勢，這種熱烈的學習氣氛，在東方學校的課堂中是不易見到的。尤其是當學生要表達與教授相反的意見時，那種激烈辯論的情形，在東方更是絕對看不到的！當我們觀賞希特勒演講的影片時，也會發現他常使用各種激烈的手勢，來加強他演說的效果。這正是希特勒的個人魅力所在。或許這是國民性的差異緣故，東方人說話時通常不打手勢。但我們若能在說話時配合一些手勢，就可以使給對方的印象更為深刻。由此我們可以知道，倘若手勢打得好，有時談話的內容雖然不怎麼樣，亦可讓對方留下深刻的印象。所以我們不能忽視手勢的重要性。

主動坐到上司的旁邊。

在學校裡，上課時通常沒有排固定的座位，但奇怪的是每一次上課時，同學們所坐的位置卻幾乎都是固定的。成績好、喜歡發表意見的同學，通常會坐在距離老師較近的座位，而成績差、常常心不在焉的同學，則通常會坐在後面幾排的座位。其實這個道理非常簡單。坐前幾排的學生不但較容易為老師所重視，就是被老師叫起來解答問題的機會也比坐在後排的學生多出許多。因此對自己有信心的學生，就會選擇前排的座位，反之，對自己沒信心的人，就會很自然的往後坐。同樣的心理也會出現在一般公司職員的身上，對自己越有信心的人，越喜歡和上司在一起。因此參加事先沒安排座位的集會時，主動坐在上司旁邊，可以表

現自己的自信心！

額外的工作以及意外的工作，可使別人感受到你的熱心。

新聞記者的工作是相當辛苦的。他們一天二十四小時，都必須為了採訪新聞而工作，有時他們發現了好不容易找到的他們想要訪問的人，但前去訪問常常會被對方以「沒什麼好談的」為理由而予拒絕，因此他們便白忙一場。在外行人的眼中，或許他們的這種做法被認為是在浪費時間，但事實上他們卻有必須這樣做的理由。他們是想憑著一天二十四小時不停的工作，讓受訪者產生憐憫的感情，進而因同情而透露一些消息給他們。雖然受訪者也知道記者用的是苦肉計，但卻仍會產生同情心！有一位任職於某雜誌社的記者，就為了想獲得一位正在監獄服刑犯人的獨家新聞，在他入獄的三年內不斷的寫信和他連絡，結果在他出獄後，果然讓他採訪到他所需要的獨家新聞！因此有些額外的工作以及意外的（沒想到的）工作，反而可使別人感到你的熱心。

到對方的住處請教。

有人常說「公務員的服務態度欠佳」。雖然最近他們已經開始改善他們的服務態度，但仍讓人有不舒服的感覺。究其原因，最主要的是我們必須到他們那裡才能辦事！另一個原因是到這些場所辦事，往往會被這些公務員連名帶姓的叫來叫去，而這種直呼其名的叫法又通常是上司對下屬的叫法，因此被叫到的人往往就會感到不是滋味了。上述兩種原因，往往會成為我們身心兩方面的負擔，一件小小的手續有時必須花上一整天的時間才能辦好。而這種不愉快的感覺，就是讓我們對公務人員的服務態度產生抱怨與不滿的原因。和人見面也是一樣，如果對方表示「到我公司來吧」，有時就會覺得很不是滋味。相反的，若對方說「我到你那邊去吧」，就會有很舒服的感覺。因為在自己熟悉的環境與人見面，心裡總會多一層安全感。為了顯示自己的誠意，我們不妨到對方的處所請教，雖然這樣會比較累，但收穫卻往往會非常的豐碩。

將自己的「夢想」說出來。

表現自己魅力的方式很多，而其中很值得一試的，就是將自己的「夢想」說

第三十三計　左右逢源

出來。例如我們可以對別人說「我希望將來能住在國外，最好是在西班牙買一個小城堡……」，或許有人會覺得你幼稚無知，但一般人卻會覺得說這些話的人天真可愛，充滿了魅力。有「夢想」的男人才是富有魅力的男人。「在我有生之年，一定要用我的雙腳走完絲綢之路」有這種「夢想」的男人是否會讓人覺得很有魅力呢？答案應該是肯定的。擁有遠大目標的人，他的整個人都會給人有一種「大」的感覺。女性和這樣的男性在一起，就會產生連自己的夢想都可以實現的感覺。夢想就是「幻想」，因此就算是完全超現實也無所謂，只要擁有屬於自己的「夢想」，整個人就會充滿了魅力。

該認真時就全心投入，該笑時就開懷大笑。

有些人無論是高興或煩惱，都不會在臉上顯示出喜怒哀樂的表情。當然，面無表情的人並不代表他們內心是冷酷的，相反的，這種人的心思，有時會比尋常人更細膩。但由於面無表情，別人就無法從他們的表情中了解他們的心思。因此對於這些看起來毫無反應的人，人們自然就會產生「他們反應遲鈍」的感覺。感情的表現越積極，越能讓人了解當事人內心的感受，而被感受性強的人，往往也會讓人覺得非常有魅力。因此我們在應該認真的時候，就要全心投入，在該笑的時候，就開懷大笑，才不會讓人覺得我們反應遲鈍，才不會留下壞印象。

用手握著麥克風演講，表現出自己獨特的形象。

相信任何人都有在不同的場合演講的機會。當使用麥克風說話時，我們用手拿著麥克風講演，更能增加自己的魅力。使用麥克風最重要的一點，就是嘴與麥克風之間的距離應該保持一定，這樣讓人聽起來會比較舒服（聲音不會忽大忽小）。通常較少使用麥克風的人，往往會在不知不覺中將自己轉向背後的黑板使自己與麥克風間的距離拉長，從而使聲音變小。這是一般人最常犯的錯誤，我們務必要注意這一點。如果我們將麥克風拿在手上使用，就可以隨心所欲的走近聽眾席進行講演，如此更易拉近我們和聽眾間的距離。所以當我們使用麥克風講演時，不妨用手握著麥克風，這樣可獲得很好的效果。

左右逢源證實自己實力的幾種方法

一、在開始發表自己的意見之前，先說明自己的意見大綱，會使同席的人產生此人頭腦不錯的印象。

說話清晰可以讓人覺得此人頭腦好。這一道理相信大家都同意，但如何說才能口齒清晰呢？最好的方法，是一開始就將今天所要講的話有哪幾大項，以及每一項的內容如何等先說清楚！為什麼要先做上述的報告呢？由於人類是一種喜歡推理的動物，因此一旦事先表明了大概的內容，聽眾就可以一邊聽講，一邊進行下一步驟要說什麼的推測，並且由於使人有某些心理上的準備，他們對講演內容的吸收也會特別快。

二、若想讓別人接受自己的意見，可嘗試以名言或諺語的方式來表達自己的意見。

有時候我們想拒絕一件事，往往會由於某些因素，使我們無法很乾脆的拒絕，因為一不小心就可能又樹立了另一個敵人！此時我們就必須找藉口來拒絕了。但若所找的藉口又與自己有密切的關係時，雖然對方因此接受了我們的拒絕，但另一方面，他同時也會感覺到直接被人拒絕的憤怒。那麼如何才能既不傷感情又達到拒絕的目的呢？通常，若要真正的做到兩全其美，是相當困難的。這裡有一個比較理想的方法，你不妨試一試，那就是翻一翻歷史，找一找歷史名人說過的話，是否有適合自己目前處境的名言。若有，則我們可借該名人的話，向對方表達自己想表示的意思。例如我們可以用「孔子曾說……」的方式，來表達（暗示）自己目前的心境。這樣一來，對方的感受往往也不會再那麼強烈，而我們想拒絕的目的就達到了。此外，引用名言或諺語，往往也可以加強自己的說服力，這就是心理學上所謂的「間接暗示」效果。

文章中常出現錯字或漏字，會給人留下不夠細心的印象。

文章的好壞、有趣與否，往往會因讀者興趣的不同而有不同的評價。不過，文章中若有錯字、漏字，則相信給任何人都會留下惡劣的印象。在極端的情況

第三十三計　左右逢源

下,一篇好文章很可能會因為一個錯字或漏字而被否定了。其實許多錯誤往往只要稍微注意一下就可以發現的,但若不加以注意就馬虎的交出去,往往會給人不夠細心的感覺。另外,錯字、漏字太多的文章,往往還會讓人對它的內容的正確性產生懷疑。每一篇文章的風格各異,它代表了作者的思想和文風,並且還將廣為流傳,因此在寫文章時,就必須特別小心了。

就算字不漂亮,只要工整讓人容易閱讀,也會給人留下頭腦好的印象。

在批改學生的作業時,最感到頭痛的就是學生寫的字既髒又亂!所謂髒與亂並不是指字寫得漂亮與否,而是指他們往往會將寫錯的字直接塗掉。其實就算字寫得不夠漂亮,也應該可以寫出容易讓人閱讀的字體。如果字寫得容易閱讀,閱讀速度相對的提高,閱讀的心情也就會愉快,對寫這篇文章的人自然會產生好印象。當我們看一篇錯字連篇的文章時,對於寫這篇文章的人在寫這篇文章時是否仔細思考過,往往會產生懷疑。如果你是位有名的大作家,或許寫的字潦草一點還會被人接受,但一般人就沒有這種特權了!一位經常寫字潦草的職員,很可能會因此而被公司解雇。因為上司實在沒那麼多時間,逐字慢慢的閱讀那些寫得潦草又錯字、漏字百出的報告。

點菜時若一直舉棋不定,不能決定自己要吃什麼,會給人留下判斷力不足的印象。

有些人在與人一起到餐廳用餐時,常常無法決定自己要吃的東西。另外,有些人還會在好不容易決定自己要吃的東西後,又要求取消而更換成其他的東西。此時,如果是女孩子,或許旁人還可以容忍,但若是男人如此,則會給人留下判斷力不足的壞印象,並且還會被人瞧不起。因此這樣的表現會給人一種優柔寡斷的印象。雖然有人或許會說,只不過是無法決定自己想吃什麼,怎麼會被人認為優柔寡斷?根本就是小事一樁!但若換個角度來看,就因為是小事,才必須更注意。倘若我們要下一個與自己或公司未來命運有關的重要決定時,任何人都不可能立刻下決定。就算看似立刻下決定,那也是由於他平時就已對這個問題進行了思考,早就胸有成竹。不過對於決定自己要吃什麼,相信任何人都應該能在短時

間內決定。若連「吃什麼」這種決定都要想來想去，不能立刻下決定，則別人就會很自然的聯想到，若讓他決定一件比決定「吃什麼」更難更重要的問題時，則他的表現又將會如何？

想讓人覺得你是「大人物」，最好的方法就是將各種動作放慢。

從前有位朋友曾與一位號稱最偉大的記者有過一面之緣，雖然他的言談舉止相當有深度，但給人的感覺不但不像個大人物！事後想想，這是由於那位記者的各種動作不夠穩重的緣故。雖然動作與人的本質並沒有直接的關係，但我們對一個人的印象，卻往往會因他所表現的動作而有所改變。在一般人的印象中，我們一向就有一種先入為主的觀念，通常所說的大人物，他的各種動作一定是緩慢而穩重的。我們由一些電影中也可以發現，那些所謂的大人物，不論是好人或是壞人，他們的動作都是非常緩慢而且穩重的。因此，若想讓別人把你當做大人物般的看待，我們就應該刻意的將自己的各種動作放慢。緩慢且穩重的動作，不論在視覺或心理上，都可以讓對方感覺到我們是大人物！

直條紋的衣服可使你看起來較高。

錯覺是視覺心理的一種。其中常被人應用的是直條紋與橫條紋帶給人的視覺差異。這項錯覺原理常被用在服裝上。我們若想使自己看起來個子高一點，不妨穿直條紋的衣服，反之，若想使自己看起來胖一點，則可改穿橫條紋的衣服。對自己身高不滿意的人，可以常穿直條紋的衣服，使別人產生錯覺。根據美國一所大學的研究報告，身高與未來的升遷有絕對的關係，一般人站在個子比自己高的人身邊，多少總會感受到一股壓迫感，這是一種不爭的事實。換言之，身材高大的人可以讓別人產生自己能力強的錯覺。因此我們應該多穿直條紋的衣服，讓自己看起來更高更大。這樣可以給別人一種大人物的印象。

好笑就笑，不懂就承認。

以前有兩位雜誌社的編輯，有一次為了連載小說的刊登事宜，兩人一起到一位小說作家的家中拜訪，其中有一位是資深的編輯，另一位則是初出茅廬的新編輯。見面時由那資深的編輯展開話題，但是從將來容易交往的角度考慮，他仍刻

第三十三計　左右逢源

意的安排讓同來的新編輯有說話的機會。可是很意外得是那位新編輯卻根本不答腔。第二天，那位作家就打電話來向資深編輯表示「昨天與你同來的那位後輩頭腦是否有問題？」聽了以上這個故事，我們一點都不會感到驚訝。因為一個人在說話時，都希望讓對方有印象。倘若對方一點反應都沒有，他一定會大感失望。因此我們在聽人說話時，不妨偶爾加入「嚇我一跳」、「了不起」等語表示同感，讓對方感到我們在關心他。這樣也可以給對方留下頭腦反應快的印象。

重複「我認為」、「我的」等語，可以加深別人對自己的印象。

我們在一些政論會等場合，經常可以聽到演講者在他們的話中，不時重複「我認為」、「我的……」等語。對於這些從事政治活動的人而言，向大眾推銷自己是最迫切需要的事。而多用「我」這個字眼，正是加深別人印象的主要方法。與歐美的語言比較，東方人原來就是比較少用「我」這個字，並且在日常的生活中，東方人通常都盡量避免用「我」這個字，只有政治家例外！那麼為何東方人會避免用「我」這個字呢？最主要的原因，就是在潛意識中想逃避責任，不想讓對方知道這是自己的意見、自己的感受，換而言之就是一種潛在的防衛意識，認為如此做能避免與周圍的人發生衝突。的確，一個人若不時表示「我的看法是」或「我認為」，則往往會給人自大、固執的印象。相反的，若想讓別人對自己留下強烈的印象，則不妨在言談中多使用「我認為」、「我的」等語，則必然可以讓別人留下深刻的印象。但這種方法不宜使用太頻繁，否則可能會有反效果，這一點我們必須特別注意。

專精於某一件事，往往可以讓人刮目相看。

在日本放送協會擔任巴洛克音樂解說的皆川達夫先生，他因在日本放送協會從事巴洛克音樂的解說工作，而獲得義大利的音樂首獎，他同時也是巴洛克音樂的權威。他的本職是立教大學西洋音樂史的教授，但他的興趣卻極為廣泛，有的興趣甚至和他的本職毫無關係。高中的時候他曾參加歌舞劇的演出，而且對於葡萄酒也非常內行，甚至還寫了一本有關葡萄酒的書。雖然一般人或許無法像皆川先生一樣，對於任何事都非常深入，但專門研究某一件事並且深入探討，則是任

何人都能做到的！例如對葡萄酒有興趣的話，只要稍微下一點工夫，很快就能精通，甚至成為專家。或者以世界各國的語言來練習「早安」和「你好」，甚至學習一些口技（如學公雞叫）等都可以給別人留下深刻的印象。這些雕蟲小技雖然看似無聊，但往往可因此使別人對你刮目相看。找個機會露一手，就可以加深別人對你的印象，他們絕不會覺得你無聊。

不說「別人預期你會說」的話。

有個朋友為了改建房子，找了一位木匠來估價。結果這位木匠說「這麼好的東西拆掉實在太可惜了！如果是我的話我會原封不動的留下來。」聽到他這麼說，這位朋友立刻對他產生信任感。雖然原來就聽說木匠的手藝非常好，但由於第一次找他做事，因此對於他是否值得信賴，事實上沒有把握。但這種疑慮由於木匠的那句話而一掃而空。為什麼呢？因為他沒說出別人預期他會說的話。我們通常會由對方的職業或社會地位，推測他會說什麼話。例如我們認為推銷員一開口，就會說出一連串自己新產品是如何優良的話，而木工則應該會鼓勵人盡量改建房子。因此當對方說出與自己預期正好相反的話，往往就會因驚訝而不由自主的對他產生信賴感。事實上就有個政治家在競選參議員時，連一句敬請惠賜一票的話都沒說，結果他卻高票當選。這也是同樣的道理。

不按舊例往例辦事。

一些公司每年都會舉辦許多活動，因此每個職員都會有主持活動的機會。當我們被選派負責組織活動時，正是我們表現自己的大好機會。此時若能避免因循守舊，就可以給同事留下能力強的印象。不過也不必樣樣都與眾不同，例如奉命舉辦年終聚餐活動時，只要選一個別人都沒去過的好場所，讓大家吃驚一下，那也就夠了。但必須注意的是，若平時工作不努力，只在舉辦一次宴會時大出風頭，則別人對他的印象也不會太好，或許別人會私下戲稱他是宴會部長。因此這些與眾不同的變化，最好別太誇張，應該盡可能只在一些細節上求變化。另外自己平時的工作表現也必須力求完美，這樣才能讓同事留下工作能力強又會玩的好印象。在社會上只會工作不懂娛樂的人，並不見得會受到別人尊敬，既會工作又

第三十三計　左右逢源

會玩的人，才真正會受到大家的尊重。

說話時直視對方的眼睛。

　　由於工作的關係，我們經常會接觸到各式各樣的人，他們的年齡、嗜好、職業與社會地位都不盡相同。其中最能讓人留下好印象的，是那些與你說話時直視你眼睛的人！談話時相互凝視對方，對雙方來說都會產生緊張感，因此我們會因為在潛意識中想逃避這種緊張，無意中將視線飄離對方的眼睛。最明顯的例子就是搭乘電梯時，大家都會不約而同的注視天花板或地板，避免彼此目光的接觸。因此，我們若能注視著對方的眼睛說話，相對的就會讓對方留下我們對自己充滿自信的好印象！相反的，若我們逃避對方的視線說話，則往往會讓對方留下自信心不足的印象，同時也會在不知不覺中降低了自己在對方心目中的分量。許多人都有看著地下說話的習慣，這種表現往往會給對方留下非常軟弱的印象，對當事者來說，是非常大的損失。因此，為了表現自我，直視對方眼睛說話的習慣。尤其要說服對方時，這一點絕對必要，因為注視對方的眼睛說話，正是讓對方感受到你的施壓及信心十足的最佳武器，並且也是提高自己說服力的最有效方法！

想讓人感覺你的魅力。

　　有一位數一數二的模型船收藏家藤井先生，他家的每一個角落都擺滿了各式各樣的模型船。除了這項興趣之外，他對組織樂團也有濃厚的興趣，他不但自組樂團，也經常舉辦各種演奏會。收集模型船和組織樂團舉辦各種演奏會的活動，對於他的經濟而言，完全沒有正面的影響，因此一些較為現實的人，或許會認為他從事這些活動很不值得，但大多數的人卻會對藤井先生投以欽佩又羨慕的眼光。因為他的做法，可以脫離現實社會的各種利害關係，將自己完全的投入自己的興趣當中，給人以一種純真的感覺。尤其是男性若能保有這種純真少年般的作風，往往會讓周圍的人感受到一股與眾不同的魅力。因為一些人當他們長大成人以後，往往會失去少年時的「夢想」，但他卻永遠保持著屬於自己的「夢想」。

　　因此若想讓別人感覺自己的魅力，就不妨做年輕的裝扮。這裡所謂的年輕裝扮並非要穿戴成年輕人的樣子，而是要由內心深處流露出一種屬於年輕人才有的

氣質！另外，將自己少年時的夢想說給別人聽，也是顯露自己魅力的好方法，不妨一試！

左右逢源化解矛盾

　　大多數的糾紛並非動武那樣的刺激，一般都是文戲。諸如家庭糾紛，親戚朋友之間的糾紛，同事之間的糾紛，鄰居之間的糾紛，陌生人之間的糾紛。如果不及的加以解決，無疑就會影響相互關係和社會的安定團結。因此掌握調解糾紛、化解矛盾的語言藝術有著十分重要的意義。打圓場在很多情況下是憑口齒實施的。

　　動真情，圓中有方，勸中帶威。

　　陳洛與某明星妻子發生矛盾，被拒之門外。陳洛恨不得砸門以解心頭之憤。一位老員警對陳洛說：「好兄弟，你的心情我能理解。我們知道你是她的丈夫，所以這也是你的家。但是如果你在這裡鬧出什麼不愉快，就會讓別人有藉口了，還有一點，收容所春節放假了，一旦鬧出了不愉快，我們還得叫來別的員警，你說哪一個沒有家？哪一個不想過一個團圓的年呢？你好好想一想。」老員警的語言看似樸素，然而卻充滿了對陳洛的理解之情，也包含著對某明星的不得體行為的指責。同時老員警的話也充滿了對他的同事的關心，即陳洛如果鬧出不愉快的事情就有可能使他的戰友過不好春節。不難看出，老員警的語言中還飽含著「不要做違法的事情」之意。正是老員警這融情於理的語言引起了陳洛的思索，使陳洛放棄了衝動行為，從而平息了這場可能觸犯法律的糾紛。

　　妙致歉，達成和解。

　　有些矛盾或者糾紛的雙方都有調解的願望，但一時找不到台階。調解者可以巧妙的代一方向另一方致歉，從而引起另一方的感動而主動的向對方致歉。這樣就可有效的促成雙方和解。著名作家梁曉聲在他的著作中說過一件這樣的事，他的母親與鄰居盧嬸及盧嬸的兒子因用地問題發生了糾紛，他了解情況後，首先批評了母親，指出盧嬸的兒子在窗前多加蓋出一間房子的事情可以理解，因為他家

第三十三計　左右逢源

人多，沒地方居住。然後梁到盧嬸家替母親說了些致歉和好的話。盧叔、盧嬸聽了梁曉聲的話，一人拉住他的一隻手十分動情的說：「不能責怪你的母親，不能責怪你的母親。」盧嬸的兒子還向梁母承認自己與她吵架不對，是不尊重梁母的表現。就這樣兩家互諒互恕，和好如初。

巧表心，幽默化干戈。

某公司一對中年夫婦，婚後近十年雙方關係一直不錯。但最近在社交應酬問題上，兩人發生了矛盾，誰也說服不了誰。由口角到爭吵再到打罵，鬧得面臨分手的嚴重危機。在老闆和親朋好友的關心、勸導和說服下，兩人終於心平氣和的坐下來相互交心，但誰也不願公開認錯，男方終於先開了口，說：「我們是在鬥爭中團結、求生存、求發展，所以今天，能進入這樣一個和平民主、共同協商的階段，是我們雙方努力的結果，它來之不易啊！」可謂言簡意賅，語短情長。女方也就勢接過話頭說：「是啊！正因為它來之不易，所以我們要倍加珍惜今天這個安定團結的大好局面！」夫妻兩人就是在這樣寓諧於莊，亦莊亦諧，妙趣橫生的對話中彼此交了心，化解了矛盾，言歸於好。

左右逢源的技巧

在社交活動中，能適時的提供一個恰當的台階，使人免丟面子，是圓場的一大原則。然而，台階怎麼個給法，左右逢源怎樣恰到好處，並不是所有的人都很清楚。下面介紹一下左右逢源的一些技巧。

調侃自嘲，低調退出，自找台階。

一群二十年後相見的老同學中，有一男一女曾是同桌，因而說話便口無遮攔一些。但該女同學不久前丈夫因病去世，男同學並不知道，因而在玩笑中無所顧忌的提及其丈夫。另一同學知情，便忙阻止，但他不知其詳，玩笑開得更為厲害。阻止的同學只得說出實情，這個男同學可謂無地自容，非常尷尬。不過他迅速回過神，先是在自己臉上打了一下，之後調侃的說：「你看我這嘴，幾十年過去了，還和當學生時一樣沒有遮攔的，只知道胡說八道。該打！該打！」女同學

見狀，雖有說不出的苦澀，但仍大度的原諒了老同學的唐突，苦笑著說：「不知者不怪，事情過去很久了，現在可以不提它了。」一旦因為自己失誤而造成不好下台，最聰明的辦法是：多些調侃，少些掩飾；多些自嘲，少些自以為是；多些低姿態，少些趾高氣揚。像上面的無意中觸舊同桌隱痛的男同學那樣，用調侃自嘲之法，低調退出，便容易輕鬆的找到可下的台階。誰都有可能碰上難以下台階的情況，但只要能多想辦法，給自己找一個台階也並不是太難的事。要給自己找個台階，所有的好方法有一個共同點：都要在窘境中及時調整思路，選擇一個巧妙的角度，改變眼前的被動局面，想方設法爭取主動。

指鹿為馬，巧妙解釋，化解矛盾。

有時某種行為在特定場合中雖有著特定意義，但圓場者為了化解，卻巧妙的解釋為另一種意義。戈巴契夫偕夫人賴莎訪問美國時，在赴白宮出席雷根送別宴會途中，他在鬧市突然下車和行人握手問好。原蘇聯保安人員急忙衝下車圍上前去，喝令站在戈巴契夫身邊的美國人把手從口袋裡抽出來。他怕行人口袋裡有武器，行人一時不知所措。這時，身後的賴莎十分機智，立即出來打圓場，她對周圍的美國人解釋說，保安人員的意思是要人們把手伸出來，跟他丈夫握手。頓時，氣氛變熱烈了，人們親切的同戈巴契夫握手致意。這裡，賴莎機巧應變、妙打圓場緩解了當時尷尬的場面。

擅用虛榮心，以恭維圓場。

古往今來，君子小人無不愛聽好話，有時當事人十分懊惱或不快時，只要旁人說幾句得體的美言，便撥雲見日了。一次，解縉陪朱元璋在金水河釣魚，整整一個上午一無所獲。朱元璋十分懊惱，便命解縉寫詩記之。沒釣到魚已是夠掃興了，這詩怎麼寫？解縉不愧為才子，稍加思索，立刻信口念道：「數尺綸絲入水中，金鉤拋去永無蹤，凡魚不敢朝天子，萬歲君王只鉤龍。」朱元璋一聽，龍顏大悅。

善用假設，巧避鋒芒。

在特定的交際場合，有時礙於面子，有時把握不準，這時可以用假設句去表

第三十三計　左右逢源

達。有時候，與師長、上司辯論，你認定自己的觀點絕對正確不能讓步，可是出於禮貌或無奈不能堅持，在這兩難境地，假設句可說是最好的解圍方式。一個學生和班主任爭論男生能不能到女生宿舍拜訪，老師一口咬定絕對不能。學生很長時間不能說服老師，又見老師似有怒意，為了結束爭論，給老師一個台階下，他巧妙的說：「如果老師說得正確，那我肯定錯了。」這本是一句廢話，它並沒有肯定老師的觀點，然而這位老師聽了卻不再與他爭執。有時，對猝不及防或不願、不好回答的提問，也可採用這種句式。問：「你愛林志玲嗎？」回答一：「如果她愛我，我就愛她。」回答二：「如果可愛，我就愛她。」由於附加了假設的條件，使表達變得婉轉，所以問話人、說話者和涉及對象都能接受。

主動背黑鍋，有利於化干戈為玉帛。

　　上司對下屬之間發生的糾紛，有時只要主動的承擔責任，就可以化解雙方的矛盾。王藍和周珅同在辦公室工作。一次，王藍去市府聽報告，周珅不知道，因此對王藍很有意見，當面質問王藍為什麼不告訴他聽報告的資訊，兩人因此而大吵起來。彭主任了解吵架的原因後，對周珅說：「聽報告沒有通知你，這不是王藍的錯，是我沒有要他通知你，因為你們兩人有一個人去聽報告就行了。你如果有意見就對我說吧，不要責怪王藍啊。」周珅聽後，覺得自己錯了，於是主動向王藍道歉，他們又和好如初。

幽默失靈的時候並不多，用它圓場一般較易奏效。

　　佛洛伊德說：「最幽默的人，是最能適應的人。」幽默是人際交往的潤滑劑，一句幽默語言能使雙方在笑聲中相互諒解和愉悅。作家馮驥才在美國訪問時，一位美國朋友帶著兒子去看他。他們談話間，那位壯得像牛犢的孩子，爬上馮驥才的床，站在上面拼命蹦跳。如果直接了當的請他下來，勢必會使其父產生歉意，也顯得自己不夠熱情。於是，馮驥才便說了一句幽默的話：「請你的兒子回到地球上來吧！」那位朋友說：「好，我和他商量商量。」結果既達到了目的，又顯得風趣。以上介紹了六種常用的左右逢源技巧，還望諸君能夠舉一反三，活學活用。發揮自己的聰明，並時時留心他人的高明做法，是左右逢源技巧取得進步的不二法則。

心理制勝退楚兵

第三十四計　心理制勝

心理制勝退楚兵

　　春秋時期，楚國的令尹（宰相）公子元，在他哥哥楚文王死了之後，非常想占有漂亮的嫂子文夫人。他用各種方法去討好，文夫人卻無動於衷。於是他想建立功業，彰顯自己的能耐，以此討得文夫人的歡心。西元前六六六年，公子元親率兵車六百乘，浩浩蕩蕩，攻打鄭國。楚國大軍一路連攻下幾城，直逼鄭國國都。鄭國國力較弱，都城內更是兵力空虛，無法抵擋楚軍的進犯。

　　鄭國危在旦夕，群臣慌亂，有的主張納款請和，有的主張決一死戰，有的主張固守待援。這幾種主張都難解鄭國之危。上卿叔詹說：「請和與決戰都非上策。固守待援，倒是可取的方案。我國和齊國訂有盟約，而今有難，齊國會出兵相助。只是空談固守，恐怕也難守住。公子元伐鄭，實際上是想邀力圖名，討好文夫人。他一定急於求成，又特別害怕失敗。我有一計，可退楚軍。」

　　鄭國按叔詹的計策，在城內作了安排。命令士兵埋伏起來，不讓敵人看見一兵一卒。並命令城裡的店鋪照常開門，百姓往來如常，不准露出一絲慌亂之色。然後大開城門，放下吊橋，擺出完全不設防的樣子。

　　楚軍先鋒到達鄭國都城城下，見此情景，心裡起了懷疑，莫非城中有了埋伏，誘我中計？遂不敢妄動，等待公子元到來。公子元趕到城下，他覺得好生奇怪。他率眾將到城外高地眺望，見城中確實空虛，但又隱隱約約看到鄭國的旌旗

第三十四計　心理制勝

甲士。公子元認為其中有詐，不可貿然進攻，便令探子先進城探聽虛實，於是按兵不動。

這時，齊國接到鄭國的求援信，已聯合魯、宋兩國發兵救鄭。公子元聞報，知道三國兵到，楚軍定不能勝。好在也打了幾個勝仗，還是趕快撤退為妙。他害怕撤退時鄭國軍隊會出城追擊，於是下令全軍連夜撤走，人銜枚，馬裹蹄，不出一點聲響。所有營寨都不拆走，旌旗照舊飄揚。

第二天清晨，叔詹登城一望，說道：「楚軍已經撤走。」眾人見敵營旌旗招展，不信已經撤軍。叔詹說：「如果營中有人，怎會有那樣多的飛鳥盤旋上下呢？他也用空城計欺騙了我，急忙撤兵了。」這就是中國歷史上第一個使用空城計，利用心理戰擊退敵兵的戰例。

人際心理制勝術

紐約有兩家大公司，一家是巴頓公司，另一家是奧斯本公司。巴頓公司的總經理約漢斯有意將自己的公司與奧斯本公司合併。

有一次，在一個很隨便的場合，約漢斯以相當隨便的態度向奧斯本公司的副總經理史思丁說了一句效力極大的話，不久以後，這兩家公司真的合併了，實現了約漢斯的願望。為什麼約漢斯一句很隨便的話具有如此大的作用力？史思丁告訴了我們的實情，那天約漢斯說：「昨天晚上我分析了你們的推銷處與我們的推銷處，發現兩者並沒有任何利益上的衝突。」「這是什麼意思？」史思丁問。「這與你沒有什麼關係。」約漢斯說完，微笑著離開了史思丁身邊。就這樣，約漢斯的話已種植在史思丁的心裡了。從此以後的幾個星期，他倆見面時彼此都沒有提及那次的談話的具體意思。可是，約漢斯種植在史思丁心裡的疑問，已經在史思丁心中開始萌芽了。

果然，史思丁開始認真的逐一研究和思考問題。漸漸他也覺得將兩家公司合併大有宏圖可展。於是，第二次會晤時，他們首先認真討論的問題就是那規模宏大的事業合併。兩家公司的首腦一拍即合，很快巴頓奧斯本合股公司成立了。

原來，約漢斯採用的這個策略是一個心理制勝的老謀略，在許多年前拿破崙

曾運用過,那就是「依照對方的感覺而引起談判」。

約漢斯只是不留絲毫痕跡的說明了一個要點,接著又很輕鬆的以微微一笑混了過去。這就引起了對方的深思。其實,約漢斯的目的只有一個:他要在自己正式提出建議之前,向對方透露出自己的觀點,使對方有充分的機會考慮他的建議。

別人對於一個新的主意將作何反響,是我們一下子難以預知的,最多我們也只能作一個大致的估計。但是,如果我們按照這種估計行事,一定會有很大風險,而且容易上當失敗。

前面我們不是說過約漢斯所採用的是拿破崙的老策略嗎?那麼拿破崙是如何應用他的策略去滿足他的欲求的呢?事情是這樣的:拿破崙在與俄皇見面的時候,想娶一位俄國公主為妻。當時,拿破崙也是用間接法來表示他的意思的。拿破崙對俄皇說,他需要愉快的伴侶和甜蜜的安慰,需要家庭和孩子。而他目前的妻子比他年長十多歲。接著他又請俄皇原諒,要俄皇寬恕他不是時機的向他發洩了胸中的苦悶和煩惱。話說到此,拿破崙停頓了一會,然後又說:「哦,真對不起,我想現在差不多是用早餐的時候了。」於是,他向俄皇道別。

後來《拿破崙傳》的作者寫道:「這是何等妙的策略呀!他能夠在早餐以前,道出一個含意獨特的話題,使他可以在對這個話題更進一步的討論以前,就找到了避開的機會。而將這個話題變作俄皇的想法,真是聰明絕頂。」

富蘭克林在費城的時候,也是運用這種謀略去實現他的許多計畫的。他一點也不假借官場上的勢力,只是憑藉這種手法,便在費城裝置了電燈及組辦了員警組織、建立了費城大學及美國哲學學會。

富蘭克林在辦每件事之前,他總是先在一個適當的會議上宣布他的主意,或是事先在報紙上發表他的計畫。如果這樣做後所得的反響微弱,他便將這一計畫暫時擱置起來。然後,再慢慢的、小心的設法向那些他所希望借助力量的人表露自己的觀點。

但凡有才幹的人,當他們對付一些新人或者新的問題的時候,他們並不著急,而是十分謹慎、小心的緩慢的處理。

第三十四計　心理制勝

　　史密斯在紐約下議院裡的時候,主張初入議院應「沉默三年」,用意亦是如此。他的上司曾經說:「史密斯是小心謹慎的等待著,直至他對於他自己有了十分的把握、對於新的環境完全熟悉了解之後,他才顯出身手,一鳴驚人。」
　　所以,我們時常發現許多成功的人,在實施一項計畫和行動之前,必費盡心思去考察別人是贊同還是反對,進而引人入自己圈套。

第三十五計　曲徑通幽

愛狗就是愛主人

　　一些人對所養的寵物百般呵護，即使不是名犬也依舊視為至寶。對待寵物就像在疼愛子女，滿懷耐心與愛心的為牠們洗澡，帶牠們出外溜達，這種情感不是外人所能體會的。

　　所以，只要你明白這點，便會懂得在高捧他人時，對象絕非僅僅是一個人。即使你心中暗想「牠只不過是一條狗！」也不可對主人寵愛的家犬敷衍，尤其拜訪上司的府上時，更務必牢記與上司飼養的動物打聲招呼，否則會產生你意想不到的慘痛後果。

　　有一位劇團裡的丑角演員，他曾經因為不了解這點的重要性而犯了極大的錯誤。他老師的家中，飼養了一隻可愛又嬌小的長毛狗，不知何故，每當他到老師府舍拜訪時，這隻長毛狗總是懷著惡意對他狂吠。因此他對這條狗產生反感，就在某次老師家中無人時，他將這條狗帶至郊外，一面指著狗怒罵「你這隻可惡的長毛東西！」一面對其拳打腳踢，把平日所積壓的不快一股腦兒的全發洩出來。演員背後的辛酸總是不為人知，也許是因為平日在幕後受到太多的壓抑，才會把長毛狗當做出氣筒。

　　那隻長毛狗自從被毆打事件後，對他更是懷有敵意，爾後每當他一來造訪，總是狂吠不停，直至他離去為止。

第三十五計　曲徑通幽

　　對長毛狗深知有加的師母，直覺事態不對，便詢問他：「你對我家的長毛狗做了些什麼事？」，他心中暗想「牠只不過是一條狗！」也就一五一十坦白的描述原委。不用說，他肯定倒大楣了。等到他明瞭「雖然牠只是一條狗，卻是一只有來頭的狗」時，事態已經無可挽回。

　　昔日讚嘆他有才幹、懂進退的老師和師母，自從發生了這件虐待動物的事件後，便把他冠上「偽善君子」的名號，對他的印象也大為扣分。更糟糕的是，這個事件波及到他日後演出的機會，時至今日，他依舊停留在原來的工作角色上。

　　讀者在看完上述的例子後，想必已經明確的了解──「高捧他人」的活動對象，絕非僅限他本人。

　　之所以拿寵物來作例子，就是想告訴各位讀者，當你要高捧他人，給人面子時，對其周圍的人物均不可漠視，才能使目標更易達成。如果你行動的對象是一些實權派人物，對於他周遭常接近的如服務台小姐或是祕書等人，絕不可掉以輕心。你必須主動的與她們作私下的情感交流，這樣對你的事務才會產生有利的影響。

　　以業務員來說，一個優秀的業務員必須得到客戶公司女職員（服務台小姐或祕書小姐）的好評，才可能進一步的獲得期望的目標。至於想擁有這些女孩的好感並不困難，你不妨跟她們談些切身之事，如「妳的髮型變了！」或「妳今天不舒服嗎？怎麼看起來無精打采？」之類令人聽完之後感到頗為溫馨的言語，倘若有機會，最好還能在適當的時機送份小禮物，作真誠交意的交流。

　　這種思慮周密、費神用心的態度，就是你受眾人歡迎的一大祕訣。當然，你必須知道適可而止，否則會讓她們產生「對自己有特殊好感」的誤會。更重要的是，要對所有的女性一視同仁，絕不可僅限於某些人。

　　讀者在清楚這些要點後，加上身體力行，相信一定可以成為眾所歡迎的人物，而這就能使你達到所期望的目標。

保住別人的面子達到自己的目的

　　古訓有云：「己所不欲，勿施於人。」可我們往往忽略了這一點。我們常常無情的剝掉別人的面子，傷害別人的自尊心，卻又自以為是。我們在他人面前喝斥別人——下屬或者孩子，找差錯，挑毛病，甚至進行粗暴的威脅，卻很少設身處地去為他們著想，考慮別人的自尊心。

　　分享一段富有啟示性的話：「人，有時會很自然的改變自己的想法，但是如果有人說他錯了，他就會惱火，變得更加固執己見。人，有時也會毫無根據的形成自己的想法，那反而會使他全心全意的去維護自己的想法。不是那想法本身多麼珍貴，而是他的自尊心受到了威脅。」

　　人人都有自尊心，不但大人物有，小人物也一樣，甚至更強烈。當一無所有時，自尊心便是需要固守的最後領地。沒有人願意別人漠視自己作為一個人的存在。有時，人們為了維護自尊，甚至會堅持錯誤，不可理喻。有一次，我花不低的價錢買了一件襯衫，回家試穿了一下，感覺很不舒服，大概是布料的原因。沒過幾天，一位朋友來看我，看見了我的衣服，大呼：「你上當了，這種布料穿到身上咬皮膚，特別不舒服，送給我都不願穿，虧你還花那麼高的價錢買它。」

　　我吃虧了嗎？是的。可是，他的話雖然在理，我聽起來卻特別刺耳，似乎在貶低我的智商。我莫名其妙的開始為自己的面子辯護了：「雖然有點硬，不過穿在身上挺有型的，我還是很滿意……。」

　　第二天，另一位朋友也來拜訪我。她稱讚我身上的襯衫很漂亮，還問我在哪裡買的，說也要買一件。這時，我反應就完全不一樣了：「說實話，這衣服滿貴的，而且穿在身上不舒服，有點刺，我正在後悔不該買它呢！」這時，我甚至為自己的坦白直率而自豪起來。可見，如果對方處理得巧妙而且和善可親，我們也會承認自己的錯誤。但是，如果把難以下嚥的事實硬塞進我們的耳朵裡，結果就適得其反了。

　　保全別人的面子，是我們通向成功的一條寬廣之路。面對別人的過失或窘境，一個蔑視的眼神，一種不滿的腔調，一個不耐煩的手勢，都可能帶來難堪的後果。他會同意我們的觀點嗎？絕對不會！因為我們否定了他的智慧和判斷力，

第三十五計　曲徑通幽

打擊了他的自尊心，同時還傷害了他的感情。他非但不會同意我們觀點，還要進行反擊。如果我們認識不到這一點，常常以一種「堅持真理」的姿態去傷害別人的自尊心，就會使我們的生活處處碰壁，人生的旅途就很容易拐進死胡同。在人際交往中，平等對待別人，尊重別人，才是真理。除此之外，只有衝突和調和，沒有真理。

　　班傑明‧富蘭克林自傳中提到：「我立下一條規矩，絕不正面反對別人的意見，也不讓自己武斷。我甚至不准自己在文字上或語言上持過分肯定的意見。我絕不用『當然』、『無疑是』這類詞，而是用『我想』、『我假設』、『我想像』。當有人向我陳述一件我所不以為然的事情時，我絕不立刻駁斥他或立即指出他的錯誤；我會在回答的時候，表示在某些情況下他的意見沒有錯，但目前看來好像稍有不同。我很快就看見了收穫。凡是我參與的談話，氣氛變得融洽多了。我以謙虛的態度表達自己的意見，不但容易被人接受，衝突也減少了。我最初這麼做時確實感到困難，但久而久之就養成了習慣。使我提出的新方案能夠得到的重視。儘管我不善於辭令，更談不上雄辯，遣詞用字也很遲鈍，有時還會說錯話，但一般來說，我的意見還是得到了廣泛的支持。」

　　從中我們得到的啟示是：為了讓腳下的路更好走，我們應該讓別人保住面子。

好事多磨，曲徑通幽

　　某些以魚類為生的鳥類，其嘴的形狀直直的，上下兩部分都又長又寬闊。吞吃食物時，有的常常把捕到的魚兒往空中一拋，讓那條魚頭朝下尾朝上落下來，然後一口接住嚥了下去，這吃法可以使魚在透過咽喉時，魚翅的骨頭由前向後倒，不會卡在喉嚨裡。為人處世，求人辦事也一樣會碰到各種「刺兒」，這個時候便不能「直腸子」，而應該想辦法兜個圈子，繞個彎避開釘子。這是做人應該具備的策略和手段。連沒有褪去羽毛的鳥都會「把魚倒過來吃」，聰明人怎能赤膊上陣，硬碰釘子，讓刺卡在喉嚨中呢？

　　對於令人敬畏的對象，最好先提出請求之前，兜個圈子，提及他的興趣或近

況，使對方覺得「這人好像很了解我」而加深他的印象。

有位編輯向一位名作家邀稿。那位作家一向以難於對付著稱，所以這位編輯在去他家之前，感到既緊張又膽怯。對話開始並不成功，因為不論作家說什麼話，這位編輯都說「是，是」或者「可能是這樣的」，無法開口說明要求他寫稿的事。他只好準備改天再來向他說明這件事，今天隨便聊聊天就結束這次拜訪。

突然間他腦中閃過一本雜誌刊載有關這位作家近況的文章，於是就對作家說：「先生，聽說你有篇作品被譯成英文在美國出版了，是嗎？」作家猛然傾身過來說道：「是的。」先生，你那種獨特的文體，用英語不知道能不能完全表達出來？」「我也正擔心這點。」他們滔滔不絕的說著，氣氛也逐漸變為輕鬆，最後作家竟答應為編輯寫稿子。

這位不輕易應允的作家，為什麼會因為編輯一席話，而改變了原來的態度呢？因為他認為這位編輯並不只是來要求他寫稿，而且又讀過他的文章，對他的事情十分了解，所以不能隨便的應付。讓對方以為自己對他的事非常清楚，就能像那位編輯一樣，在心理上占優勢。

一般人要和名人或有頭銜的人見面時，都會產生膽怯的心理。如果在氣勢被壓倒的情況下，不太敢開口說明要求的事，如此一來雙方都很尷尬。這時不論多小的事情沒有關係，首先要談起對方的興趣、近況等，彷彿自己對他的事非常了解。我們可以說：「聽說你最近戒菸了，是否真的呀？」「前幾天我在電視上看到你。」這些好像沒有什麼重大意義的話，可以打開對方的心扉，將他拉進自己的話題中。

拐彎抹角達到目的，雙方皆大歡喜

有一種巧繞迂迴的方法為實話虛說，藉機抒情。十九世紀俄國著名作家杜斯妥也夫斯基便是以此奇術摸清了小祕書的芳心，逼她供出了底牌。

一八六六年，對杜斯妥也夫斯基是具有重要意義的一年。妻子瑪麗亞和他的哥哥相繼病逝。為了還債，他為出版商趕寫小說《賭徒》，請了速記員，她叫安娜‧斯尼特金娜，一個年僅二十歲，性情異常善良和聰明活潑的少女。

第三十五計　曲徑通幽

　　安娜非常崇拜杜斯妥也夫斯基，工作認真，一絲不苟。書稿《賭徒》完成後，作家已經愛上了他的速記員，但不知道安娜是否願意做他的妻子，便把安娜請到他的工作室，對安娜說：「我又在構思一部小說。」「是一部有趣的小說嗎？」她問。「是的。只是小說的結尾部分還沒安排好，一個年輕女孩的心理活動我把握不住，現在只有求助於妳了。」他見安娜在認真傾聽，繼續說，「小說的主人公是個藝術家，已經不年輕了⋯⋯。」主人公的經歷就是作家自己，安娜聽出來了，她忍不住打斷他的話：「你為何折磨你的主人公呢？」「看來你好像同情他？」作家問安娜。「我非常同情他，他有一顆善良的心，充滿愛的心。他雖遭受不幸，依然渴望愛情，熱切期望獲得幸福。」安娜有些激動。杜斯妥也夫斯基接著說，「用作者的話說，主人公遇到的女孩，溫柔、聰明、善良、通達人情，算不上美人，但也相當不錯。我很喜歡她。」「但很難結合，因為兩人性格、年齡懸殊。年輕的女孩會愛上藝術家嗎？這是不是心理上的失真？我想請妳幫忙，聽聽妳的意見。」作家徵求安娜的意見。「怎麼不可能！如果兩人情投意合，她為什麼不能愛藝術家？難道只有相貌和財富才值得去愛嗎？只要他真正愛他，她就是幸福的人，而且永遠不會後悔。」「妳真的相信，她會愛他？而且愛一輩子？」作家有些激動，又有點猶豫不決，聲音顫抖著，顯得窘迫和痛苦。

　　安娜愣住了，終於明白他們不僅僅是在談文學，而且在構思一個愛情絕唱的序曲。安娜小姐的真實心理正如她自己所言，她非常同情主人公，即作家杜斯妥也夫斯基的遭遇，且從內心裡愛慕這位偉大的作家，如果模稜兩可的回答作家的話，對他的自尊和高傲將是可怕的打擊。於是安娜激動的告訴作家：「我將回答你，我愛你，並且會愛一輩子。」後來，作家同安娜結為伉儷，在安娜的幫助下，杜斯妥也夫斯基還清了壓在身上的全部債務，並在短短的後半生寫出了許多不朽之作。杜斯妥也夫斯基向安娜求愛的妙計，歷來被世人當做愛情佳話，廣為傳誦。

第三十六計　講究謀略

搞關係要善套近乎

　　某甲參加一個社交聚會，交換了一大堆名片，握了無數次手，也搞不清楚誰是誰。幾天後，他接到一通電話，原來是幾天前見過面，也交換過名片的朋友，但因為那位朋友名片設計特殊，讓他印象深刻，所以某甲記住了他。

　　這位朋友也沒什麼特別目的，只是和他東聊西聊，好像兩人已經很熟了那樣。某甲不太高興，因為他與那個人沒有業務關係，而且也只見了一次面，他就這樣打電話來聊天，讓他有被侵犯的感覺，而且，也不知和他聊什麼好！在現代社會中，這種情形常會出現，以這位某甲的朋友的角度來看，他有可能對某甲的印象頗佳，有心和他交朋友，所以主動出擊，另外也有可能是為了業務利益而先行鋪路。但不管基於什麼樣的動要，他採取的方式犯了人際交往中的忌諱——操之過急。

　　拓展人際關係是名利場上的必要之事，但在社會上，有一些法則還是必須注意，這樣才能達到預期的效果，而不致弄巧成拙。

　　這個法則就是「一回生，二回半生不熟，三回才全熟」，而不是「一回生，二回熟」！「一回生，二回熟」還太快了，「一回生，二回半生不熟，三回才全熟」則是漸進的，而且是長期的、讓對方不知不覺的。

　　之所以要謹記「一回生，二回半生不熟，三回才全熟」，是因為幾個原因：

第三十六計　講究謀略

第一，人都有戒心，這是很自然的反應，一回生，二回就要求熟，對方對你採取的絕對是關上大門的自衛姿態，甚至認為你居心不良，因而拒絕你的接近，名人、富人或有權勢之人，更是如此。

第二，每個人都有自我，你若一回生，二回就要熟，必定會採取積極主動的態度，以求盡快接近對方，也許對方會很快感受到你的熱情，也給你熱情的回應，可是大部分人都會有自我受到壓迫的感覺，因為他還沒準備好和你變熟，他只是在不失禮的應付你罷了，很有可能第三次就拒絕和你碰面了。

「一回生，二回熟」的缺點還不只上面提的兩點。因為你急於接近對方，所以很容易在不了解對方的情形下，以自己作為話題，好持續兩人交談的熱度，這無疑是暴露自己，若對方不是善類，你這不是自投羅網嗎？在社會上生存，的確需要有人同行，但同行朋友的獲得必須花上一段時間，「一回生，二回半生不熟，三回才全熟」正是最佳良策。保持平靜的、持續的接觸，這樣子拓展出來的人際關係才是可以信賴的。

軟硬兼施達到目的

就交際謀略而言，更多是偏向軟的手段，所謂有話好好說，遇事好商量，遇事讓人三分⋯⋯都是人們待人接物中常有的態度和常用方法。但不是所有的時候軟的手段都靈驗，有的人就是欺軟怕硬，敬酒不吃吃罰酒，聽不進好話，惡話倒可以讓他清醒。這樣的話，強硬的態度與手段就成為必要。

到江州漁船上搶魚的李逵，不講道理，好話聽不進，直到碰到浪裡白條張順，把他誘進水裡，水上的硬工夫，把一個鐵漢子黑旋風淹得死去活來，他才不敢冒失了，也才真正領教了逞強的苦頭。浪裡白條張順，也是軟的辦法用盡，才來硬的。並且用計把李逵引到水上，讓他英雄無用武之地，這樣，張順才可以發揮自己的硬工夫。

就客觀情況而言，在人們的交際活動中，軟與硬的兩種手段是相輔相成、密不可分的。如果有所偏頗，自己就得吃虧。也就是一個人如果太軟，則易給人弱者的印象，覺得你好欺負，於是經常受到別人行為、言語、態度的戲弄與不恭

敬。這種現象是普遍的，因為不可能指望每個人的修養都那麼好，都能公正無欺的待人，而恰恰相反的是，更多的人們多少總有點欺軟怕硬的毛病。因此交際中不可一味的軟。當然，與人交際，也不可太硬，一個人太強硬，必然使人覺得他渾身長刺，無此一來別人對他態度是：你太狠我不惹你，惹你不起還躲不起嗎？但這是一般時候的態度，到節骨眼上，別人忍無可忍，他便會落入牆倒眾人推的處境。所以，為了生活平安，辦事順利，初入社會的人或者過分軟弱、過分單純的人，務必要了解軟硬兩種手法的效用，心中懂點軟硬兩種手法交替使用的謀略與隨機應變方法。

　　軟硬謀略，隨機應變，甚至在情場上，對自己所鍾愛的人，也要表現得靈活、果斷、態度鮮明。而在男女雙方，男子又更需具備這種心理的自覺。

　　從軟硬兩種形態來講，愛一個人，一往情深，這是軟的。愛上了，要勇於向對方表達。但要委婉含蓄的表達，還是直接明白的表達，只是方式的問題，但只要敢表達這就是硬的手法。愛要大膽的告訴對方，勇敢的爭取，這正是男子漢的美德。表露之前，雖然要考慮成敗，但切不可因此而作繭自縛。盡心盡力、勇敢爭取了以後的失敗，總比無所作為，失之交臂而終生遺憾要好得多。

　　在情人及夫妻之間，也須恰當的有軟硬兩種手法。鬧矛盾了，須有一方主動和解，撫慰對方，這是軟的。但如果涉及原則問題、感情危機，則必須堅持原則，有勇氣批評自己從心底愛著的人，並且不可讓步。這是硬的手法。嚴格的說，只有經得起風雨的愛情才是真實的，在原則上模糊處理，這不是勇者、智者和勝利者的心理狀態與行事風格。

　　所以，軟與硬，作為一種謀略，或者作為一種交際手段，無論何種場合，不可偏廢。從理論上講，軟，展現友善、修養、通情達理；硬則顯示尊嚴、原則和力量。它作為軟硬謀略的兩個方面，存在的基礎應是真實與合理，否則，軟硬兼施便成了狡詐，成功只是一時，終究必吃大虧。

第三十六計　講究謀略

對別人的小過錯多加寬恕

在東漢時代，班超是西疆領土的開拓者，也是西域人民的實際領袖。從漢明帝到漢和帝，班超在西域經營了幾十年，退休後回到洛陽，漢和帝就派了一個看起來十分聰明的將領任尚接替班超出任西域的都護。任尚向班超請教說：「我初次擔當這麼大的責任，深恐難以勝任。您在國外三十年，望您指教我該怎麼做。」

班超告訴他：「出塞的官員，差不多都是在國內犯過錯誤才出塞立功贖罪的，並不都是小心謹慎、克己奉公的人。至於外域的人，更是各懷心計，很難使他服從，卻很容易激起反抗。你的性格嚴正急迫，但俗話說，太清澈的水裡不藏大魚，太苛急的要求失去團結。我的意思是，凡事應該求簡單，對小過錯多加寬恕，分層負責，你只管整體綱要，小節就不要多加挑剔了。」班超說完便下朝回家了。

綜觀班超在西域的真正角色：他不僅是成功的冒險家，立功萬里的勇將，更是洞悉世態人情的成功政治家。他能把一盤散沙的西域各國像磁石一般吸引在他身邊，這本身就是奇蹟。他曾一度奉旨要離開西域，疏勒國大將為挽留他而自殺，于闐國王抱著他的腿痛哭，不讓他走。政治家的魔力，父母官的吸引力達到如此程度，即使是超天才的人物都不敢忽視他。

任尚一到西域，按自己的一套做，僅僅四年，西域各國全部叛變，並且聯合進攻任尚。東漢王朝沒辦法，只有召回任尚，然而經任尚這一鬧，東漢王朝在西域的局面已不可收拾。班超與任尚的成敗對比，尤其是班超指點任尚的那句格言：「水太清不藏大魚，人太聰明不能團結人。」這其中包含辯事者寬容的態度、性格，不是一種謀略又是什麼呢？要懂得急，也懂得緩，即要做到真的張弛有度，便是真的明白文武之道了。

學會眉來眼去

　　一位女士想當公關小姐，到某公司和總經理面談。她穿著正規套裝，衣襟上插一朵淡雅的小花，微笑的大步向總經理走去，在用力的和總經理握手時，她直視他的眼睛，結果，她終於如願以償得到了這份工作。有人問她：「你當時和總經理眼波交流之時，他沒占便宜？」她笑了：「怎麼會呢？眼神交流就是眼神交流，沒什麼別的。」

　　她講得很有道理。當兩人互相注視時，即使不說一句話，也會有相當的收穫。注視，是兩個人眼波的對撞和交流，這是一種「電波」，藉此評估對方，表達感情，或者引誘對方，使對方就範。眉來眼去也有規則。一般說來，要善於利用視線，但要避免使對方產生不快。美國一家工廠在處理男女員工平等法的問題時發現，女性的不滿大多是男性上司的「眼神」所引起的。例如「色瞇瞇的眼睛」、「以令人厭惡的眼光打量女性全身」、「用眼睛注視女性頸部以下的部位」等等，均是眼神所產生的擾人問題及不良結果。

　　學會眉來眼去，等於掌握一項交際的工具。如果對方回答你提出的問題時，眼睛卻不正視你，東張西望，甚至故意避開你的眼神，這代表他的回答不可靠且言不由衷。如果他的瞳孔放大，則表示他被你的話打動，已經在接受你的意見了。如果他皺著眉頭，則表示不同意你的話。

　　由於性別的關係，男女之間的眼神學問就有太多奧妙了。女性比男性喜歡直視對方，尤其在和異性說話的時候。但是，女性的視線常常容易轉移。當然，情人之間或夫妻之間的視線例外。白居易的詩句「回眸一笑百媚生」，道出了美女眼波的無窮魅力。《西廂記》寫崔鶯鶯令張生「餓眼望將穿，饞口涎空嚥。空著我秀骨相思病染，怎當得臨去秋波那一轉。」美女之眼一閉一轉，先顯嬌憨之態，再露離怨之色，令人神魂顛倒。難怪，公關小姐一出現，效率往往就會高出幾倍。

第三十六計　講究謀略

學會笑臉迎人

　　微笑外交是處於不利地位的弱者更應該採取的交際謀略，因為它使人們在隱忍中求得發展。至於在一般情形下，微笑外交則在於製造一種好的生存與發展的環境與氣氛。正如常言云「和氣生財」，用微笑去對待每一個人，你就會成為最受歡迎的人。微笑，它不花費什麼，卻創造了許多奇蹟。它豐富了那些接受它的人，而又不使給予的人損失什麼。它產生於一剎那間，卻給人留下永久的回憶。它創造人際關係的和諧和快樂，建立人與人之間的好感，它是疲倦者的休息室，沮喪者的興奮劑，悲哀者的陽光。所以，假如你要獲得別人的歡迎，請給人一個真心的微笑。

　　法蘭克‧貝特格是全美國最著名的推銷保險人士之一，他說他許多年前就發現了面帶微笑的人永遠受歡迎。所以，他在進入別人的屋子之前，總是停留片刻，想想他所高興的事情，於是，他臉上便展現出開朗的、由衷而熱情的微笑；當微笑即將從臉上綻放的剎那間，他便推門進去。

　　當成千上萬的商人用微笑去迎接顧客，然後再回來看看收穫，就可以清楚微笑有多大的價值。帶著一種輕鬆愉悅的心情去和一些滿腹牢騷的人交談，過去很討人厭的傢伙，變成了一個受人歡迎的人；過去很棘手的問題，現在也變得容易解決了。

　　毫無疑問，微笑為許多人帶來了許多方便和更多的收入。你可能發現以前和別人相處很難，現在可就完全相反，你學會了讚美、賞識他人，努力使自己用別人的觀點看事物。從此你就會快樂、富有、擁有友誼與幸福。不會微笑的人生活中將處處感到艱難。

　　如果你臉上天生沒有微笑，那麼你要練習，在你聲音裡加進微笑，當你講話的時候就微笑，單獨一個人時，也一樣微笑。你得去練習，去微笑，使你臉上泛起微笑為止。你要做到下面這幾點：

　　當你不想笑的時候也要笑。或許你認為這太難了，我不高興，難道還要去微笑嗎？是的，告訴你，無論你心事多麼沉重，多麼哀傷憂鬱，你都不要讓別人知道。把煩惱留給你自己，讓別人相信你現在非常愉快，在溝通中，讓人以為你是

愉快的總是好的。即使你在不想笑的時候，你仍然要保持微笑。每當你感到不喜歡笑的時候，就應該是你笑得最多的時候。

當你高興的時候，人們認為你感覺很好，很快樂，於是他們也會跟著你笑。你越快開始與別人分享的快樂，你就會發現，別人臉上也會伴著微笑。用你整張臉去微笑，一個美麗的微笑並不單屬於嘴唇而已，它同時需要眼睛的閃爍、鼻子的皺紋和臉頰的酒窩。把你深皺著眉頭舒展開來，當你做這個動作時，它就成了一個微笑。

運用你的幽默感，任何人都有幽默感，只不過有人把他深藏在無人知道的角落裡。你也有幽默感，當你跟別人走在一起時，可以說說笑話，那樣有助於你練習微笑。但是所說的笑話不是那種低級趣味的笑話，或是尋別人開心的惡作劇，指的是好的、真正有趣的笑話。

大聲笑出來，假如微笑具有超級魅力的話，那麼發自肺腑的大笑就更具有魅力吧！或許你有過這種經驗，當你在電影院看電影時，有一位觀眾因劇中一個好笑情節而哈哈大笑，整個影院就會被感染而演變成哄堂大笑。

上面所說的都是你練習微笑的方法，如果你是一個害羞的人，在別人面前無法自由自在的笑，那麼，再告訴你一個方法：那就是你在鏡子前自我練習微笑，等你臉上泛起了真正的笑容後，再到人們面前去表演。

學會套近乎

依靠關係辦事是很普遍的現象，關係是一種感情的凝聚和利益的通融。就有了關係也就有了門路，有了利益，就有了各種隨時可以兌現的希望。所以，不但平常人重關係，達官顯貴也重關係，不但下級重關係，上級也同樣重關係。一旦哪一個環節的關係出了問題，便很可能會影響到他的切身利益甚至仕途前程。

與某些重要人物或關鍵人物關係親密的人都是神通廣大的人，他們不僅能把與自己或朋友利益有關的合理合法的事辦得非常漂亮，而且還有可能越過法律和道德的界定辦成一些超越權限的事，有了好的關係，正話可能被反說，反話可能被正解，黑白可能被顛倒，是非可能被混淆，儘管這樣做有些不合理，但它非

第三十六計　講究謀略

常合乎一個「情」字，因為合乎了「情」也就合乎了「關係」，為了關係，人間絕大部分事差不多都可以辦到。所以，聰明的人切不必迷信純粹的「真」和純粹的「好」，這世間萬事及其關係是從來不為「是」與「非」和「對」與「錯」預備的——就是說，並不是只要是對的，就一定得到保全和愛護，而只要是錯的，就一定被人排斥和否定。複雜的社會生活有時會使這兩種情況互換，壞事反而被辦成了，好事反而被拒絕了——那麼，怎樣來理解這種觀念呢？答案很簡單：關係使然。

所以，要想辦成事，必須靠關係。特別是下級找上級辦事，必要時更是攀附一下關係才容易，與上級攀附關係，應該注意的問題有很多。

要了解掌握上級的身世和社會關係網。

任何一位上級都有自己的人情關係網。這個網的形成與他的身世和人生經歷有直接的關係。要想與他攀附關係，必須先暗地裡多留心和注意他的身世和社會關係網，包括他的同鄉關係、親屬關係、朋友關係、同學關係、上下級關係等等，掌握了這些關係之後，鑒於直接與某上級建立關係多有不便，則可設法與一兩位與這位上級關係甚篤的人建立關係，這樣，在必要時，便可以借助這些關係的力量，使上級礙於某些關係的面子不好拒絕。

要委婉自然，牽動舊情攀附關係不是生拉硬套，本來沒有親戚關係，偏偏七拐八繞，硬說有親戚關係；或者本來與上級的某位朋友沒什麼關聯，偏偏鼓吹自己與人家情深義重，如此這般，很容易引起上級的厭惡和鄙視。所以，與上級拉關係，要循循善誘，順理成章，委婉自然，讓上級感受到雖是不經意的提起，卻是一語中的，從而牽動上級的舊情，甚至讓上級陷於對舊情舊事的沉緬中。如果能把與上級的關係攀附到這樣，那麼又何愁上級對你託辦的事情袖手旁觀呢？

要講究場合。

在眾目睽睽之下是不便與上級攀附關係的。因為絕大多數上級是不情願公開自己的身世和社會關係的。非但如此，上級本人還會顧忌你多事和多情，而旁觀者認為你是在有意巴結上級。所以，在公開場合攀附關係不但對上級有礙，也對自己有害。與上級拉關係最好是在背後與上級閒聊的時候，或者在酒桌上小酌、

在茶餘飯後散步的時候，或者在上級情緒好的時候，在類似這樣的時間和場合裡與上級套關係最容易切中上級的心意，最容易令上級買帳。

要講一些手段。

作為上級居高臨下，身邊常有溜鬚拍馬、曲意逢迎的人，這種人時刻尋找巴結上級的機會，因而與上級攀附關係也存在著一種畸形的競爭關係。那麼，怎樣在這種競爭中取勝呢？有經驗的人告訴我們，必要時可以使用一些手段，因為任何一位上級都自覺或不自覺的處在錯綜複雜的社會矛盾中，這矛盾有些是對他有利的，有些是對他有害的；有些是他自己一目了然的，有些是他無從覺察的，那麼，你為了攀附於他，就應該認真關注這些矛盾的風吹草動，一旦有什麼特殊情況或特殊機遇，便可透過委婉的手段報告給上司，這樣做可以使你成為上級的心腹之人，還何愁有事他不幫忙呢？所以，只要在攀附關係上下了工夫，就一定能在上級那裡收穫一些感情，憑藉這種攀附出來的感情把自己的事情辦成，也不失為一種追求成功的方法。

留點錯誤讓上司挑

一般來說，偉大的人都喜歡愚鈍的人，記住這一點是不會錯的。任何領導之人都有獲得威信的需求，不希望部屬超過並取代自己。因此，在人事調動時，如果某個優秀、有實力的人被指派到自己屬下，上司就會憂心忡忡，因為他擔心某一天對方會搶了自己的權位。相反，若是派一位平庸無奇的人到自己屬下，他便可高枕無憂了。

因而，聰明的部屬總會想方設法掩飾自己的實力，以大智若愚來反襯上司的高明，力圖以此獲得上司的青睞與賞識。當上司闡述某種觀點後，他會裝出恍然大悟的樣子，並且帶頭叫好；當他對某項工作有了好的可行的方案後，不是直接闡述意見，而是在私下裡或用暗示等方法及時告知上司，同時，再拋出與之相左的甚至很愚蠢的意見。久而久之，儘管在大眾中形象不佳，但上司卻倍加欣賞，對其情有獨鍾。

第三十六計　講究謀略

　　在更多的時候，上司需要並提拔那些忠誠可靠但表現可能並不是那麼出眾的下屬，因為他認為這更有利於他的事業。有個古老的故事叫「南轅北轍」，意思是說，目的地在南方，但駕車的方向卻對準了北方，結果跑得越快，離目標越遠。同樣的道理，如果上司使用了不忠誠的下屬，這位下屬就是同自己對立或者「身在曹營心在漢」之人，那麼這位下屬的能力發揮得越充分，可能對上司的利益損害越大。

　　只有傻子才願意引狼入室。亞伸在某鋼廠宣傳處工作，有一天，處長突然叫他整理一個月度報表。據知情人士透露，這其實是一次考試，它將關係到亞伸是否還能繼續在部門呆下去。本來對這樣的資料，他還挺拿手的，但因為有了無形的壓力，便不得不更用心了。他花了一個通宵，寫好後又反覆推敲，又抄得工工整整。第二天一上班，就把它送到了處長的桌子上。

　　處長當然高興，因為效率很快，字又寫得遒勁、悅目，而且在內容、結構上也沒有什麼可挑剔的。可是，處長越看到最後，笑容越消失了。最後，他把文稿退回，讓亞伸再認真修改修改，滿臉的嚴肅，真叫人搞不清是什麼地方出了差錯。亞伸轉身剛要離開，處長像突然想起了什麼似的說：「對，對，那個副廠長的『副』字不能寫成『付』，改過來就行了。」

　　就這麼簡單一件事！處長又恢復了先前高興的樣子，一個勁的誇他道：「做得很快，不錯。」考試自然優秀的過關。

　　顯然，從這件事中，我們可能得到這樣的啟示：處理上司交辦的事情，一定要盡可能的爭取時間快速完成，而不要過分糾纏於辦事的細節和技巧。因為如果你把事情處理得過於圓滿而讓人挑不出一點毛病的話，那就顯示不出上司比你高明的地方。否則，當上司的就會感到有「功高蓋主」的危險。

　　所以，善於處世的人，常常故意在明顯的地方留一點瑕疵，讓人一眼就看見他「連這麼簡單的都搞錯了。」這樣一來，儘管你出人頭地，木秀於林，別人也不會對你敬而遠之，他一旦發現「原來你也有錯」的時候，反而會縮短與你之間的距離。

　　其實，適當的把自己的能力擺放得低一點，就等於把別人抬高了許多。當被

人抬舉的時候，誰還有放置不下的敵意呢？就像那位處長，當終於發現一個錯別字的時候，他不是立即多雲轉晴了嗎？要知道，只有當他對別人能夠諄諄以教的時候，他的自尊與威信才能很恰當的表現出來，這個時候，他的虛榮心才能得到滿足。

如果上司交辦一件事，你辦得無可挑剔，似乎顯得比上司還高明。你的上司可能就會感到自身的地位岌岌可危，你的同事們可能會認為你愛表現、逞能。置身於這樣的氛圍，你會覺得輕鬆嗎？

如果換一種做法，對於上司交辦的事，你很快就處理完畢，你的上司會首先對你旺盛的精力感到吃驚。但是因為快，你雖然完成了任務但不一定完美，這時上司就能對你指點一二，從而顯示他能力還是高你一籌。並且因為快，同事們也許會覺得你並不怎麼特別，無非「粗線條」一點。同事們認同了你的缺點，就等於在感情上容納了你，把你和他自己是一樣看待的。

利用別人的同情心

您想不想知道一句富有魔力的話，借助於它可以杜絕爭吵，消除隔閡並使他人認真聽您講話。這句話是：「您認為應該這樣的話，關於這一點我絲毫不責怪您。如果我處在您的位置，我也會這樣認為。」這樣的回答可使最愛吵架的人態度溫和下來。講這些話時態度要真誠，因為如果您處於他的位置上，您的感受確實會像他那樣。

尤羅克是美國著名的劇團經理人，在較長時間內和夏里亞賓、鄧肯、巴芙洛麗這些名人打交道。有一次，尤羅克對我講，與這些明星打交道他領悟到的第一點就是，必須對他們的荒謬念頭表示贊同。他為曾在紐約劇院演出過的最著名的男低音歌唱家夏里亞賓等人當了三年的劇團經理人。夏里亞賓的性格是這位劇團經理人經常不安的原因。他表現得就像一個被寵壞的孩子。拿劇團經理人的話說「他是個令人難堪的人」。比如，該他演唱的那天，他就打電話給尤羅克先生說：「我感覺非常不舒服，今天不能演唱。」尤羅克先生和他爭吵了沒有？沒有！因為他知道，劇團經理人是不能和演員爭吵的。他馬上就找到夏里亞賓的住處，準

第三十六計　講究謀略

備向其表示同情。「多可惜呀！」他說，「你今天當然不能再演唱了。我這就吩咐他們取消這場演出。這樣您總共要損失兩千美元左右，但這對您能有什麼影響呢？」夏里亞賓吐出了口長氣說：「您能否過一會兒再來？晚上五點鐘來，我再看感覺怎樣。」

晚上五點鐘，尤羅克先生又來到夏里亞賓的住處。他再次表示了對自己的同情和婉惜，也再次建議取消演出。但夏里亞賓長嘆了一口氣說：「請您晚些時候再來，到那時我可能會覺得再好一點。」晚上八點三十分，這位演員同意了演唱，但有一個條件，就是要尤羅克先生在演出之前宣布歌唱家患感冒，嗓子不好。尤羅克先生說一定照此去辦，於是他撒了這次謊，因為他知道這是促使夏里亞賓登場演出的唯一辦法。同情心──這是人們天生迷戀的東西。這樣，如果想要人們支持您的觀點，請記住這句話：「對他人的想法和意願要抱有同情心。」

用測驗的方法檢驗員工的能力

鐵路建築專家哈里曼是建設南太平洋鐵路的總裁，他正在品評他的總經理克魯斯里。在一段不長的時間裡，哈里曼收到了不少的信函，都是涉及克魯斯里的。那些成捆的電報和信件都是問及克魯斯里的一些瑣碎的事情。

「克魯斯里的能力怎樣？」「這樣大規模的建設，他知曉的程度如何？」「他的判斷能力、用人能力又是如何？」……

哈里曼將這些信函一一仔細品讀，並把關鍵性的一些東西忘錄在自己的筆記上。克魯斯里也知道這些來函的內容。他與他的至朋好友一起預測著哈里曼，認為哈里曼會使用一種較為特殊的方法去測驗、品評自己的為人、性情、能力以及對一些瑣事是否具有熟練的應變、處理能力。

克魯斯里知道哈里曼的脾性，知道他對任何人都是一樣的：不是完全信任，就是一點也不信任。如果是後者，他會立即將他辭退，換上他所信賴的人。克魯斯里說：「在後來我與哈里曼相處的時間裡，他不止一次的叮囑我，如果他不問，就不需我去解釋什麼，以免浪費時間。同時也不必樣樣事情都向他反映，照自己的判斷去解決鐵路建設中所出現的問題。」

用測驗的方法檢驗員工的能力

後來，克魯斯里的工作能力受到讚揚，不到一年的光景他便接替了哈里曼的職位，就任南太平洋鐵路建設總裁。原來，哈里曼用這些測驗方法，去品評、了解他的下屬克魯斯里是有深刻用意的。他是想考察克魯斯里的全面的工作能力，培養自己的接班人。斐宮爾尼也採用了許多測驗去品評他的員工，其中有些軼事頗具趣味。最為典型的一例是：一位好像很有能力的工程師為了讓其升遷而接受測驗。有一次，他正在工作時，部門主任忽然吩咐他去解決一個難題，實際上那個難題已由別的員工解決掉了。結果，這位工程師將這一問題解決得十分圓滿。幾次考驗之後，他便被提升為部門主管。

其實，在日常工作中，許多有前途且為上司看中的人時時受到測驗。如主任休假期間往往會叫他所信任的人或助手代理他全權處理公務。如果一位居於管理地位的人，讓他的下屬去解決某一問題，實際上他可能早已想好了解決這個問題的方法，或者早就已經把這個問題解決了，他只是在測驗他的部下是否也具有這種解決問題的能力。

一個富有潛力的人，時常受上級的命令做這做那，這是上級測驗他在所給予的權限之內究竟做得怎樣。有不少職員，始終得不到更快的升遷，就在於他的上司在有意無意之中測驗他時，他表現平平，顯示不出他的能幹與潛力，上司也只好讓他留在原職位，頂多也只會看在他的任勞任怨上給予一點點小小的升遷。

所以，一個有潛能的人，當你的上司器重你，委你以某些方面的特別任務時，說明他已開始重視你、並正在測驗你。這是你走出眾人行列的極好機會，你不僅要意識到，而且還要緊緊的抓住它，不要輕易讓這機遇錯過。否則，你將後悔莫及。

有位著裝整潔的年輕人叫柯韋狄，他來到斯克尼勃的報館登記，希望得到一席職位。幾天以後，斯克尼勃如見了這位年輕人。在第一次會見中斯克尼發現柯韋狄是個有用之才，於是直接委以重任。果然不出所料，幾年以後，斯克尼勃成為大出版家，柯韋狄則當了新聞聯合的社長。

在召見柯韋狄之前，斯克尼勃已聽到了不少關於柯韋狄的傳聞，很是看不起他。如召見談話開始不久，他們兩人之間的談話就異常熱烈，簡直像吵架動怒一

第三十六計　講究謀略

樣。這位大老闆想把這位年輕人嚇倒，或者使柯韋狄沉不住氣、生氣或者惱怒，甚至想引誘他說些愚蠢的話來。可是，柯韋狄偏不中計，他旁敲側擊，轉移斯克尼勃的攻擊，顯示出了相當的實力。了解斯克尼勃的人都知道他是一個喜愛舌戰的人，他喜歡將一個明知是詭辯的議論提出來，藉以測驗他的下屬的應變能力才幹以及思維的敏捷程度。

斯克尼勃應用這種測驗人的方法，看起來似乎有點太過特殊和粗野，其實這也是普通測驗的一種，有些上級也常常用到。

紐約中央鐵路的總裁史密斯常問別人對某件事情勉強得來的結果，是否認為滿意。他認為，如果這個人說「我是滿意的」，那麼他就猜測這個人不是什麼有用之才；如果這個人說「我已盡力了，可是我希望做得更好一點」，那麼，他就考慮將這個人放在身邊，作為備用。有位大商業家曾經說：「洞察一個人最好的機會便是當面詳細的詢問對方的經歷。要在他沒有任何設防時加以提問。若是胸懷坦蕩，他一定會毫不猶豫的回答你的發問。如果這個人欲言又止，面帶窘色，那就應該認真仔細的考察了。不然他為什麼不敢非常敏捷、迅速的回答問題呢？」他還說：「一年中，我至少要與五千名求職者談話，凡是回答問題吞吞吐吐的人，他們以往至少在某處或者某個問題上有些小小的過失。因為他們擔心說出來讓我們知道後，對他的求職產生不良的影響。」

接著這位商業家談到了他考察與聘用人的祕訣：「我對於求職的人的第一步考驗，就是將本公司的條件說得平平淡淡，一點也不動人。或者我會乾脆告訴他，在我的公司裡工作時間很長、很艱苦，薪水也不是很高，並且還要時常外出，到那些枯燥無味的小地方上去出差……不過，最後我還是會把將來有可能的發展告訴求職者。如果這個求職者目光深遠，能看到前途與美好的結局，他會是很願意付出代價去工作的。我也從中看出他們的個性。」

接著他又說：「當我將情況用暗淡的話語描繪出來時，如果求職者微微一笑，說：『這你不能嚇倒我，因為這是我願意做的職業。』對這種人我會特別留心，錄取時作為首選。如果求職者支支吾吾，說：這樣呀，那我回去與家人商量一下之後才能答覆您。那麼對於這種人，我是拒不接受的。」

所以，大凡有作為的人，都會留心這些方式。上述種種測驗只不過是他們了解你的一種方式罷了。但是，世上偏就有那麼些人，常常忽視這些測驗與測試。

　　由此可見，無論任何人，只要能稍稍留心觀察，是很容易增加自己的實力，左右人們對你的測試與觀察的。

知錯能改路自活

　　西晉大賢士周處，年輕時好勇鬥狠，盛氣凌人，大家見了他都像躲瘟疫一樣的跑開。他很奇怪，便問一個老人是怎麼回事？老人說：「三害來了，大家能不躲著點嗎？」周處便問：「三害是什麼意思。」老人說：「南山上的白額虎，長橋下的鱷魚，加上你，不正是三害嗎？」周處聽了老人的話，大吃一驚，原來自己在鄉親們眼中是一大害。於是，他決心除此「三害」。周處先帶著弓箭上山，射死了白額虎，除了一害；又跳下河，與鱷魚激戰三天，殺死了鱷魚，除了二害。鄉親們以為他被鱷魚咬死了，都拍手慶祝。周處回來後，對鄉親們的態度感到很傷心，他沒想到大家居然這樣恨他。

　　但他毫不氣餒，決心改過自新，改變鄉親們對自己的看法。他找到當時的大學問家陸機，說：「我很後悔自己覺悟得太晚了，浪費了好時光，現在想做一番成功的事業，只怕來不及了！」陸機鼓勵他道：「君子朝聞道夕徒已死可矣！你年紀輕輕，前程遠大，什麼事做不成？人只怕沒有志氣，何必擔心不能名滿天下？」

　　於是，周處發憤改過，一心向善。後來升任吳國御史中丞，直至帶兵西征，以身殉國。

　　犯錯誤的原因可能是因為所認識事物的局限性所致；也可能是因主觀偏見所致。不管怎麼說，犯錯誤是需要勇氣的，能堅持自己的觀點，不為別人的觀點所左右，本是一種成功素養，只是犯錯誤的人走錯了方向，才會離成功越來越遠。如果他們能調整方向，以犯錯誤時的勇氣走正確的道路，完全可能做出驚人的成績。

　　生活中，我們難免會犯各種錯誤，也會為此自責、難過，甚至抬不起頭。其

第三十六計　講究謀略

實，犯了錯誤不要緊，改過就可以了。沒有必要為此彎著腰做人。

改正錯誤，並非輕而易舉的事情。首先必須有知錯的智慧，這就要求多聽取別人的意見，而不自以為是；其次要有認錯的勇氣，如果為了面子，死不認錯，甚至將錯就錯，那就只有大錯特錯了；再次要有和錯誤一刀兩斷的魄力和向正確靠攏，能夠吃苦的精神。我們之所以犯錯，有時是因為不良習慣造成的，如貪圖安逸、貪圖享樂等等。要改變不良習慣，沒有毅力和吃苦精神是不行的。當然，更重要的是，我們要從理性上認識到改正錯誤對人生成功的作用。

因為人們只會為對自己有益的事全力以赴。是否有益，並不在事情本身，而是一個認識的問題。有人認為樂於助人對自己有益，但有的人卻不這麼認為。認識不同，所採取的態度就截然不同。

日本的堀秀政是一位文武雙全的人，曾輔佐織田信長和豐臣秀吉兩位霸主。當時的人都稱讚他是國家棟梁。有一天，在秀政的領地的城牆附近，有人豎立了一面木牌，上面列舉著三十多條秀政的過失。家臣們商量之後，決定把木牌拿給秀政看，並且非常憤怒的說：「豎立這塊木牌的人，實在太可惡了，應該逮捕並嚴厲處罰。」

可是，當秀政把木牌上所寫的內容一一讀過以後，馬上穿好衣服、洗手、漱口，並用很恭敬的態度，把木牌舉起來說：「有人肯這樣嚴格的指正我，實在太難得了，我應該把它看成上天的賜予，並當做傳家之寶，好好收藏。」於是，將木牌用一個精美的袋子包起來，然後裝進箱子裡，並召集家臣幕僚，將木牌上所列舉的過失詳細檢討，從此，秀政的政績更加輝煌了。

同樣是一塊木牌，堀秀政和他的家臣們的看法完全相反。家臣們將它看成是敗壞名譽的毀謗，這很能代表一些小人物對於批評的認識；而堀秀政將它看成善意的批評和有益的教誨，這正反映了成大事者，從善如流的寬廣胸懷。

總之，犯了錯誤不去改正，猶如在死胡通中舉步前行，最終一定會碰壁。過而能改，便能走出歧途，使死路變活路。

知錯能改路自活

交際場上的精準恭維：
戴高帽不是拍馬屁！掌握高效讚美的藝術，建立牢固的信任基礎

作　　　者：	蔡賢隆，吳利平，王衛峰	
發 行 人：	黃振庭	
出 版 者：	沐燁文化事業有限公司	
發 行 者：	沐燁文化事業有限公司	
E - m a i l：	sonbookservice@gmail.com	
粉 絲 頁：	https://www.facebook.com/sonbookss	
網　　　址：	https://sonbook.net/	
地　　　址：	台北市中正區重慶南路一段 61 號 8 樓	

8F., No.61, Sec. 1, Chongqing S. Rd., Zhongzheng Dist., Taipei City 100, Taiwan

電　　　話：(02)2370-3310
傳　　　真：(02)2388-1990
印　　　刷：京峯數位服務有限公司
律師顧問：廣華律師事務所 張珮琦律師

－版權聲明－

原著書名《36 計交際》。本書版權為作者所有授權崧博出版事業有限公司獨家發行電子書及繁體書繁體字版。若有其他相關權利及授權需求請與本公司聯繫。

未經書面許可，不可複製、發行。

定　　　價：375 元
發行日期：2024 年 10 月第一版
◎本書以 POD 印製

國家圖書館出版品預行編目資料

交際場上的精準恭維：戴高帽不是拍馬屁！掌握高效讚美的藝術，建立牢固的信任基礎 / 蔡賢隆，吳利平，王衛峰 著．-- 第一版．-- 臺北市：沐燁文化事業有限公司，2024.10
面；　公分
POD 版
ISBN 978-626-7557-65-5(平裝)
1.CST: 人際關係 2.CST: 成功法
177.3　　　　　113015710

電子書購買

爽讀 APP　　　臉書